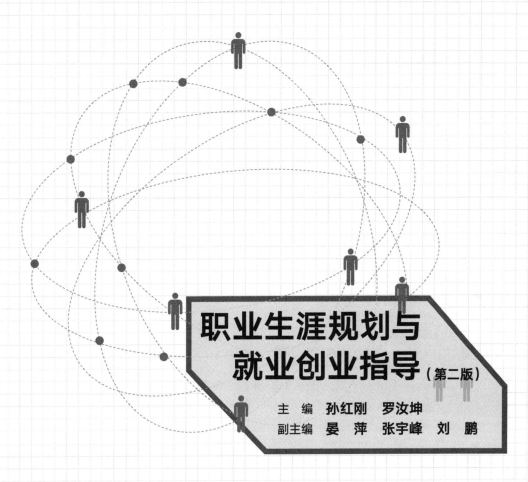

职业生涯规划与
就业创业指导（第二版）

主　编　孙红刚　罗汝坤
副主编　晏　萍　张宇峰　刘　鹏

中国教育出版传媒集团
高等教育出版社·北京

内容简介

　　本教材秉承"生涯规划从入校开始，就业指导从入学开始，创业启蒙从自我开始"的理念，根据大学不同阶段的特点，融合了职业生涯规划、就业指导和创业启蒙的内容，分为三篇进行诠释。第一篇主要为大学生职业生涯规划的内容，第二篇主要为大学生就业指导的内容，第三篇则根据大学生的具体情况介绍了创业的相关内容，循序渐进地提高大学生对职业生涯发展的认识，引导大学生提高生涯决策能力，培育职业素养。

　　本书是专门为大学生设计的教材，贯穿大学全程，贴近大学生活实际和成长需要。可以自学，也可以用于职业生涯规划和就业创业指导课程。

图书在版编目（CIP）数据

职业生涯规划与就业创业指导 / 孙红刚，罗汝坤主编；晏萍，张宇峰，刘鹏副主编. --2 版. -- 北京：高等教育出版社，2024.6

　　ISBN 978-7-04-061855-6

　　Ⅰ．①职⋯ Ⅱ．①孙⋯ ②罗⋯ ③晏⋯ ④张⋯ ⑤刘⋯ Ⅲ．①大学生－职业选择 Ⅳ．① G647.38

　　中国国家版本馆 CIP 数据核字（2024）第 046889 号

Zhiye Shengya Guihua yu Jiuye Chuangye Zhidao

策划编辑　杨世杰	责任编辑　杨世杰	封面设计　赵　阳	版式设计　于　婕
责任绘图　李沛蓉	责任校对　王　雨	责任印制　刁　毅	

出版发行　高等教育出版社	网　　址	http://www.hep.edu.cn
社　　址　北京市西城区德外大街 4 号		http://www.hep.com.cn
邮政编码　100120	网上订购	http://www.hepmall.com.cn
印　　刷　中农印务有限公司		http://www.hepmall.com
开　　本　787mm×1092mm　1/16		http://www.hepmall.cn
印　　张　17.5	版　　次	2018 年 9 月第 1 版
字　　数　410 千字		2024 年 6 月第 2 版
购书热线　010-58581118	印　　次	2024 年 6 月第 1 次印刷
咨询电话　400-810-0598	定　　价	39.80 元

编写人员（按姓氏拼音排序）

陈少华　陈　星　成　茜　邓高燕　胡　娜　矫璐蔚　李　杰

刘海为　刘　鹏　陆　烨　罗汝坤　商利新　孙红刚　王方方

王梦昭　王　位　晏　萍　闫　咏　翟斯凡　张亚琼　张宇峰

第二版前言

党的二十大报告明确指出,人才是第一资源,实施就业优先战略,强化就业优先政策,健全就业促进机制,促进高质量充分就业。高校毕业生是国家宝贵的人才资源,是促进就业的重要群体。大学生职业生涯规划与就业创业指导的发展过程,也随着社会的发展和进步不断发生日新月异的变化。举目远眺,放眼世界,对大学生职业生涯规划与就业创业指导的研究更是百花齐放、百家争鸣。在这样的背景下,理清大学生职业生涯规划与就业创业指导的发展脉络,编写一本能够获得广泛认可的教材,就显得尤为重要。

2018年由高等教育出版社出版的《职业生涯规划与就业创业指导》,做了一个科学性、可读性与实用性深度结合的尝试。它充分考虑到当代大学生的特点,注重大学生的自我管理,以大学生职业生涯规划为手段,以提升就业创业能力为路径,以实现大学生更加充分、更高质量就业为目标来组织教材编写,力求用生动和精练的语言来阐述基本道理,力求用丰富翔实的案例对理论进行诠释。该书问世以来,蒙读者垂青,至今已重印多次,被国内诸多高校用作大学生职业生涯规划与就业创业指导课程教材与主要参考书籍之一。欣慰之余,我们深知,教材中仍存在不少问题,更有许多有待提高和完善之处。为此,在出版社和广大读者的支持下,作者从2022年开始,着手该书的修订再版工作。经过与广大读者的沟通,我们认为教材存在部分内容深度不够、新近变化未能充分反映、近期研究成果未能充分体现等问题。

在"职业生涯规划从进入学校开始,就业创业指导在入学教育时进行"的理念指导下,我们充分吸纳了读者的建议,进行了多项修订。再版的教材进一步强化了体系创新和对基本理论的侧重,把最新的理论观点贯穿于教材内容之中,通过系统的章节教学,传授给学生。教材还将有关数据和内容更新到最新年份。如增加了习近平总书记2022年在四川考察时有关高校毕业生就业的讲话精神、国家"十四五"规划阐述的现代产业体系等重要内容,全面分析了2022年大学生就业力调研报告。此外,再版教材尽可能改正了第一版中的错误和疏漏。

对于全书内容,基于以下考虑,我们并未作过多删减。一是对大学生职业生涯规划与就业创业指导的基本脉络和历史发展,应该有清楚的阐释。二是教材的使用者完全可以根据本校的实际情况,进行适当取舍。

在整个教材修订过程中,第一版各章节作者提供了翔实资料,并在与主编进行充分讨论的基础上进行增删,最后统稿工作由主编完成。整个统稿过程中,大家的合作态度令人感动。在修订过程中,我的同事史艳敏、王炜然、岳铭、郝洁提出了大量修改意见。近年来,也有不少热心读者,尤其是高校一线教师对教材修改提出了宝贵建议。对于所有这些支持和帮助,在此一并致以由衷的感谢!

　　回顾大学生职业生涯规划与就业创业指导的发展历史,一方面因我国高校就业创业教育的快速发展而备受鼓舞,另一方面,也深感高校就业创业教育发展担子很重,应该深思与警醒。借此教材再版的机会,衷心希望读者,尤其是高校的同行学者们不吝赐教,继续多提宝贵意见,以便本教材进一步完善。

编者于上海临港滴水湖畔

2023 年 12 月 1 日

第一版前言

大学生朋友们,随着社会的发展和进步,中国的高等教育发生了翻天覆地的变化。自1999年以来,在校大学生人数呈现剧烈的增长趋势,大学教育也逐步由"精英式教育"转向了"大众化教育",大学生的优越地位正随着严峻的就业形势走向衰退,这些问题困扰着每一个即将走向社会的大学生。

几年的大学学习,你们的知识和技能有了长足进步,你们幻想着美好未来,计划毕业后大干一场,实现自己的人生价值,创造幸福的生活。但是,残酷的就业现实却使得你们产生强烈的困惑,你们马上要面临择业、就业、创业这些人生中从未遇到的新课题,不少人因为没有做好人生规划而走了弯路。

本教材旨在指导和帮助大学生了解职业及职业生涯规划,开展必要的就业指导并进行创业启蒙教育。第一部分着重讲述职业生涯规划内容,包括职业生涯规划导论、认识自我、了解环境、职业决策、职业生涯规划书以及大学生职业生涯规划管理6章内容;第二部分着重讲述就业指导内容,包括大学生就业指导导论、大学生就业制度与就业政策、大学生求职择业准备、大学生求职择业的方法与技巧、大学生就业权益与法律保障以及大学生职业适应与职业发展6章内容;第三部分着重讲述创业启蒙内容,包括大学生创新创业导论、大学生创业过程以及大学生创业运行管理与风险评估3章内容。

全书以"职业生涯规划从进入学校开始;就业创业指导在入学教育时进行"为理念,通过职业生涯规划,帮助同学们熟悉职业情况,有目的地发展自己的个性与潜能,把个人志趣与社会需要结合起来,把当前的学习与适应未来的职业生活结合起来,使同学们更好地了解自己、了解职业、了解社会,树立正确的职业理想和择业观念;通过就业指导,培养造就良好的职业素质和健康的择业心理,确定自己的职业方向和目标,合理地选择自己的就业岗位,学会搜集就业信息,掌握一些求职应聘知识、技能和相关法律常识;通过创业启蒙,帮助同学们了解创业内涵、提升创业素养、规避创业风险、提高创业成功率。

本教材充分考虑到当代大学生的特点,注重大学生的自我管理,以制定大学生职业生涯规划为手段,以提升就业创业能力为路径,以实现大学生充分就业为目标来组织全书编写。力求用生动和精练的语言来阐述基本道理,力求用丰富翔实的案例对理论进行诠释,让学生读起来有如沐春风、发人深省的感觉。为此,本书在编纂过程中,特别注重理论体系的科学性、内容结构的创新性、语言风格的可读性、案例分析的针对性、学习效果的实用性。总体而言,本书是一本专门为大学生编写的,适用于大学生成长需要的教科书。

职业生涯规划与就业创业指导不仅仅是一门课程,更是一项深入细致的工作,须将其与学生培养过程和思想政治教育工作结合起来,与学生的成长成才过程融合起来才能产生更好的效果。因此,在教材的使用过程中请任课教师注重宏观层面的引导。本教材涉及面较广,任课教师可以根据教学时间、教学对象的特点,对教材内容进行选择处理。

编者于上海临港滴水湖畔

2018 年 6 月 15 日

目录

第一部分　职业生涯规划

第二部分　就业指导

第三部分　创 业 启 蒙

第一部分　职业生涯规划

第一章　职业生涯规划导论

本章提要

职业是每个人生命中都会遇到的问题,一个人的大部分时间是在工作岗位上度过的,职业为每个人提供了展示才华的舞台。因此,每个人都应该对自己的人生进行科学合理的规划,加强对自身的管理。通过本章的学习,我们能够认识生涯及生涯规划的科学含义,能够了解生涯规划的重大意义,了解生涯发展的各个阶段,熟悉职业生涯规划的核心理论。

案例导入

在祖国的历史长河里,有这么一位英雄。在事业如日中天之际,他毅然选择回归当时几乎一穷二白的祖国,希望为自己的国家贡献力量。在他心里,国为重,家为轻;科学为重,名利为轻。五年归国路,十年两弹成。他开创祖国的航天路,披荆斩棘,把智慧锻造成阶梯,留给后来人攀登。他是中国家喻户晓的伟大的科学家,中国载人航天奠基人,中国航天之父、中国导弹之父,也是中国自动化控制之父和火箭之王,让中国导弹和原子弹的发射向前推进了至少20年,为新中国的成长做出了不可估量的贡献。他就是钱学森。

钱学森(1911—2009),出生于上海,祖籍浙江省杭州市。1929年9月,他以优异成绩考入上海交通大学机械工程系。1935年9月,他进入美国麻省理工学院航空工程系学习。1936年9月,他转入美国加州理工学院航空系,在世界著名力学大师冯·卡门教授指导下,从事航空工程理论和应用力学的学习研究,先后获航空工程硕士学位,航空、数学博士学位。

钱学森在美国学习工作期间,始终心系祖国,密切关注国内局势变化,决心早日学成报效祖国。1948年,他为了准备回国,退出美国空军科学顾问团,辞去海军军械研究所顾问职务。新中国成立后,他回国的心情更加急迫。1950年夏,为了顺利返回祖国,他向加州理工学院提出回国探亲,但临行前被以莫须有的罪名拘捕,遭受无理羁留达5年之久。他不屈不挠、顽强斗争,在毛泽东、周恩来等党和国家领导人的亲切关怀下,经过我国政府的严正交涉和国际友人的热心援助,冲破重重阻力,于1955年10月回到祖国,并立即投入到新中国建设的热潮中。当时的美国海军次长丹尼·金布尔这样评价他:钱学森无论走到哪里,都抵得上5个师的兵力。1991年10月钱学森被国务院、中央军委授予"国家杰出贡献科学家"荣誉称号,被中央军委授予一级英雄模范奖章。1999年9月被党中央、国务院、中央军委授予"两弹一星功勋奖章"。

第一节 职业生涯规划概述

一、生涯及生涯发展

1. 生涯释义

"生涯"这个词古已有之,语出《庄子·养生主》"吾生也有涯,而知也无涯",原谓生命有边际、限度,后泛指人生、生计等意思。如:宋诗《庐州界上寄丰帅》写道"功名非我有,何处问生涯",元杂剧《刘玄德独赴襄阳会》第一折"叠盖层层彻碧霞,织席编履作生涯"等。

在我们的日常生活中,也常能见到"生涯"一词,如:戎马生涯、艺术生涯、教育生涯等。那么,"生涯"究竟是怎样的一个概念呢?

"生涯"(career)在牛津英语词典中的定义是"一个人的工作生活和专业成就的一般进程",Carrière在古代法语中意为载人或运货的马车通过的路,后引申为任职期、历程。《辞海》

对"生涯"一词的定义是：指从事某种活动或职业的生活。

实际上，"生涯"的概念广泛涉及个人的生活、学习和工作，与个人生活息息相关，更关系到一个人毕生所受的普通教育或专业指向的训练。

舒伯（Super，1976）对生涯的概述是：生涯贯穿于人的一生。个人在一生中会扮演多种角色，包括职业角色和生活角色，角色的扮演促进个人的自我发展。他将人的生涯划分为五个阶段，从成长阶段、探索阶段、建立阶段、维持阶段到衰退阶段，诠释了每一阶段的任务与角色。根据舒伯的论点，生涯便是生活里各种事态的演进方向和历程，是人一生中的各种职业角色和生活角色的综合演进，由此表现出个人独特的自我发展形态。

生涯并不仅限于个人在生命历程中的某个时刻，而是动态发展变化的过程。由于遗传、家庭、经历和所处社会环境等的不同，每个人的生涯也会有所不同。因此，生涯的发展是个性化的发展，即使处于同一时代或同一文化背景下的人们，受生涯发展中其他因素的影响，每个人也会有属于自己的生涯。

生涯发展（career development）的理念则更为宏大，它集合了所有塑造人的生涯的经济、社会、心理、教育、生理及机遇因素；它受到资金和财务资源、团队协作、社会阶层、个体身心、教育水平和经历、个人特质以及机遇等因素的影响，上述因素以某种复杂的方式结合起来，就可以塑造个人的生涯，影响个人职业生涯道路的展开。

2. 生涯及相关概念

生涯是人的一系列行为与选择的结果，人们可以通过对选择的收益及其风险和代价进行评估，做出合适的选择。从历史的角度看，"生涯"这一概念还很年轻。20 世纪之前，职业选择对多数人来说，是生来就注定的。许多人通过"子承父业"承袭父母所从事的职业，沿着家庭铺设的道路一直走下去，而无须自己规划或做出决策，这一现象在中外皆有存在。既然缺乏有效的生涯选择，也就很难谈得上生涯规划。

20 世纪之后，在西方工业革命带来的产业变革背景下，诞生了众多新型的职业，这是前人从未经历过的。伴随着产业转型发展，21 世纪知识经济时代的信息化浪潮涌来，仅仅几十年间，更多的工作机会不断产生，一些旧的职业形态逐渐消失，社会提供了数量庞大的可供选择的工作岗位，人们的自由选择机会变多了。但是，随着产业的更替发展，机遇与风险并存，要应对复杂的职业体系问题，单一的职业培训已不能满足人们的要求。帕森斯（Parsons，1908）首创了职业局项目，指导求职者审视自己的个性特点，调查当地的就业选择情况，帮助他们选择最佳的工作机会，这就是生涯咨询的肇始。次年，帕森斯在著作《选择职业》中进一步介绍了这一项目，提出了职业选择的三阶段模型：知己（自我评估）、知彼（外部资源考察）和人职匹配（理性决策）。

自 20 世纪 50 年代初期，生涯理论家日益推崇一种观念，即生涯不仅是一份职业或一个工作，也是决定人们如何生活的贯穿一生的过程。而今，生涯教育是为了帮助和引导学生认识自己，了解专业与职业以及社会需求，正确处理个人兴趣爱好、能力特长与社会需求之间的关系，从而增强职业意识和职业适应能力，正确地选择符合社会需要及自身特点的专业或职业（王方全，2018）。

由此我们不难发现，"生涯"与"工作"既相互联系，又有明显的差异。所以，生涯规划与寻找工作之间，显然也存在着区别。

生涯是指个人通过从事工作所创造出的一种有目的的、延续不断的生活模式。"创造出"是指生涯是人们在愿望与现实之间妥协和权衡的产物。"有目的的"是指生涯对个人来说是有意义的，生涯不是偶然或拼凑发生的，是经过规划、慎重考虑和处置的结果。"延续不断"指生涯并非指向某个事件或选择而产生的结果，也不局限于某一特定的领域或职业，而是一个持续一生的过程，它受到个人内在和外在力量的影响。"生活模式"意味着生涯所含的多重生活角色的整合（Sears，1982）。

生涯涵盖的范围宽广，包含了个人从青春期到退休后，一系列有酬和无酬职位的综合，除了职业之外，还包括任何与工作有关的角色，如：学生、退休者、持家者、公民等角色。舒伯就曾在其生涯规划理论中指出，一个人的自我价值能否得以实现，不单单取决于一份职业，而是从其他的社会角色和生活角色也能够得到自我的实现。如：大学生涯是大学生追求自我实现的重要阶段，一名大学生的兴趣，如果不能从专业学习中得到充分的释放，则应利用大学的宝贵时间，扬己所长，认真规划其他角色，从而获得更多的自我实现。

工作（work）是指在一定时间内，通过重复的一系列动作，操作和处理一系列具体事情的过程与结果。

工作的目的，既是为了维持个人在社会中的独立生存，同时，也是一项社会责任。劳动者可以通过某一工作来创造社会价值，并获得其自身生存发展的资源。因此，工作是一种为自己和他人创造价值的活动。工作不仅限于有偿的活动，一些无偿的、志愿的，但能够产生积极影响的活动也应包括在工作范畴。如：社区志愿者为老人送温暖、马拉松志愿者维护赛道秩序、掌握一项最新的技能等。总之，工作即是对生涯进行操作化定义的方式。

在现实生活中，尽管人们可能拥有相近的兴趣、相同的技能，从事相同的职业，甚至为同一家单位工作，但他们的生涯仍然不同。工作即生涯的看法不免狭隘，事实上，两者既有现实层面的交叉，又存在层次上的不同。进而，谈到生涯规划与寻找工作，亦不难发现其不同之处。生涯规划从人的角度赋义，因为"生涯只有在个人寻求它时，它才存在"。近年来，生涯规划更转向"发展属于我自己的生涯"的方向。而工作存在于产业、行业或某个单位中，可与人们赋予它的意义相分离，通过研究其物质性的一面，就能发现它。因此，寻找工作仅仅是开展"工作"这种活动的序曲，一般而言，人需要在社会中找寻工作，寻求谋生之道。

延伸阅读

工作从何而来？《反思工作》（Second Thoughts on Work）一书的作者，经济学家萨·莱维坦和克利福德·约翰逊（Sar Levitan & Clifford Johnson，1982）认为，工作产生于公众对产品或服务的渴望。实际上，工作之所以产生，是因为我们的消费者想要，而不是我们需要。当我们对服装、车子、学位、老年人照料或儿童抚养等产品和服务的需求增加时，这些产品和服务的供给者就会采取必要的步骤增加产品和服务的供给量。供给者通过两个基本步骤实现增产，要么延长现有工作者每周工作的小时数或天数来增加其工作量，要么通过创造新的工作机会雇佣更多的工作者。当然，在这些需求减少时，生产商就会缩减生产，工作机会也会相应减少。

经济体中工作机会的增长来自新兴的小企业和创业者(Samuelson,2010)。以美国为例,每年有50万家新企业成立,但其中的一半,存在不会超过5年。许多这样的企业提供高度专门化的产品与服务(如餐厅、汽车维修店等),它们是新工作的主要园地。

从工作者个人的视角,可选择的工作方式有:全职工作、非全职工作、弹性时间工作、加班工作、轮班工作、兼职或多重职业、远程工作、自由职业、临时工作等;从工作供给者的视角,可选择的用工方式则有:直接签约用工、外包或租赁用工、派遣用工、雇佣实习生和培训生等。

随着经济全球化、科学技术的发展,组织结构、工作关系的转变,对传统的工作方式产生了较大的冲击与影响,个人的工作场所正在越来越多地通过信息网络与世界范围的其他工作场所相连接,组织规模在收缩,长期雇佣的关系在缩短。我们需要面对的是全新的、充满竞争的工作环境。

(选自《职业生涯发展与规划》(第4版),作者罗伯特·里尔登等,侯志瑾等译)

二、职业生涯规划的意义

人的生涯发展既是一个自然生命的成长过程,也是一个自我设计与创造的过程。现代社会中,由于"职业"在所有"事件"和"角色"中具有非同寻常的效用,很大程度上影响和决定了人生的其他角色和经历,对个人生涯发展起到了至关重要的作用,因此,生涯是以职业为主轴和动力源的。

职业是指参与社会分工,用专业的技能和知识创造物质或精神财富,获取合理报酬,丰富社会物质或精神生活的一项工作。职业是人们在社会中所从事的作为谋生手段的工作。从社会角度看,职业是劳动者获得的社会角色,劳动者为社会承担一定的义务和责任,并获得相应的报酬;从国民经济活动所需要的人力资源角度来看,职业是指不同性质、不同内容、不同形式、不同操作的专门劳动岗位。

职业生涯规划的概念于20世纪50年代提出,它从促进人生健康发展和组织协调发展的视角,力图使职业指导更加贴近求职者和社会经济发展的需要。20世纪90年代末,职业生涯规划理论从欧美传入我国,并引起我国高等教育界的关注。做好职业生涯规划是正确选择适合自己职业的前提,而理想的职业选择则是个人能够实现事业成功并获得自身发展的重要条件(崔颖,2012)。

通过大学期间的学习、思考与实践,职业生涯规划的意义可概括为"四个有助于"和"两个促进":

(1)有助于学生从单一的、以找工作为目的的行动,转至对个人终身生涯发展的关注;

(2)有助于学生正确评估自我、发现不足、了解社会,提前思考未来适合的职业、自己想要的生活方式;

(3)有助于学生做好从校园人到职业人的转变准备,为学生走向社会、成就自我做好积累;

(4)有助于学生树立更为完善的世界观、人生观、价值观,形成客观、科学、具有可操作性的职业理想;

（5）促进学生的学习自主性,鼓励学生明确自身前进发展的动力和方向,按照目标循序渐进地实现自己的规划;

（6）促进学生的社会化发展与大学教育的融合,同时,鼓励学生将自我发展融入相应的社会义务和社会责任,提升和完善自己。

总结和凝炼国内外职业生涯规划教育的背景、趋势及其意义,对于当下的大学生职业生涯规划教育具有重要的启发和作用。

延伸阅读

小张是一个非常快乐而甜美的女孩,大学毕业后,她来到某地从事市场营销工作。随着见识的增长,小张渐渐对这种单纯的市场营销工作失去了热情,她在心里开始渴望能涉足国际期货市场。但是,小张对此了解得并不多,要想涉足人才济济的国际期货市场,简直是一件不可能的事情。

有一次,小张在结束了一天的工作回到住所后,像往常一样拿起书本来打发时间,她从书上看到了一则不起眼的小故事:"一位特别想吃鱼的贫穷老人,既没有钱买鱼又没有足够的体力去捕鱼,让人奇怪的是,他每天清晨去河边散步都会带上一只鱼篓。尽管所有人都笑他太蠢了,但他还是一直保持着这个习惯。终于有一天,他像往常一样去河边散步,发现河边竟然有几条大鱼搁浅了,原来在前一天夜里,上游突然截水,于是河面的水位迅速下降,有三条大鱼搁浅在了一个浅滩上,于是老人就用这只在别人看来完全是多余的鱼篓,把三条鱼都装了回来!"

看了这则故事,小张明白了一个道理,要想捡到鱼,必须要时时刻刻都带着鱼篓,哪怕是在散步的时候!

从那以后,小张就开始买大量关于国际期货市场的书籍,见缝插针地阅读学习。世上无难事,只怕有心人!转眼两年过去了,在这两年时间里,她在勤奋的学习中掌握了丰富的国际期货市场知识。

次年,小张在无意中看到了当时某银行国际期货市场部的一则招聘启事,招聘的是一位总裁行政助理。抱着试试看的心态,小张从原工作地来到另一座城市参加了面试。非常幸运的是,小张被选中了。

成为总裁行政助理后,小张又逐渐意识到,如果不想一辈子做这份工作,就需要拥有其他技能,于是她利用业余时间,考取了在金融行业工作必须持有的执照与证书。也正是因为有了这些资本,加上她跟随总裁之后的努力工作,从行政助理开始一直做到了某期货交易所的区域总监,成了一位业内屈指可数的成功女性。

生物学家、化学家巴斯德曾说:"机遇只偏爱那些有准备的头脑。"有不少人认为小张的成功是因为遇到了总裁先生。对此,小张笑言:"能碰见鱼固然重要,但更重要的是一个人是不是时刻都带着他的鱼篓!"

（选自《毕业5年决定你的一生》,作者林少波）

第二节 职业生涯规划的内容与步骤

一、职业生涯规划的内涵

职业生涯是一个人一生的工作经历,特别是职业、工作待遇、职位变动及工作理想实现的整个过程。职业生涯是人一生中最重要的历程,人们从青年时期参加工作,到退出工作岗位,职业生涯约占人生的三分之二,也是人生中精力最旺盛、创造力最强盛的时期。

所谓职业生涯规划,是指个人结合自身情况、机遇和制约因素,为自己确立职业目标、选择职业发展路径以及制订教育、培训和发展计划,并为实现职业生涯目标而确定行动方案。规划的实质是选择追求的目标和实现目标的最佳方案。因此,职业生涯规划的实质就是,结合自身情况及各种制约因素,为实现职业目标制订一个完备的行动方案。简而言之,就是指个人为自身的职业发展所做的策划和准备。

大学阶段正处于职业生涯中的准备和探索阶段,对于大学生群体来说,职业生涯规划有着更具体、更重要的内涵。在大学阶段,应当客观、全面地认识自己的能力、兴趣、个性和价值观;了解各种职业、行业、环境的需求趋势和影响因素;确立职业生涯发展目标,选择实现这一目标的职业方向;制订出行之有效的实施方案,包括相应的学习和培训计划,并做到及时反馈和修订。

 小贴士

密歇根州立大学的高校就业研究所(2010—2011 年)回访了 2 300 名招募在校学生的雇主,问题是"大学生可以为找工作做什么准备?",雇主提出了以下几条建议:(1)获取经验(投入工作、获得注意);(2)拓展关系(工作网络与关系质量);(3)重视第一印象(印象管理);(4)专业(从学生到职业人的转变);(5)面试前的准备(了解你的雇主、减轻焦虑);(6)坚持(乐观、积极向上);(7)现实(降低期待,开放和灵活的态度)。

二、职业生涯规划的类型

按照规划的时间维度,职业生涯规划可以分为短期规划、中期规划、长期规划和人生规划4 种类型。其中:

(1)短期规划是指 2 年以内的规划,主要是近期目标,规划近期应完成的任务;

(2)中期规划是指 2—5 年的职业目标和任务,是最常见的职业生涯规划;

(3)长期规划是指 5—10 年的规划,主要是设定较长远的目标,以及为实现此目标应采取的措施;

(4)人生规划是指整个职业生涯的规划,时间长达 40 年左右,设定整个人生的发展目标和阶梯。

个人职业生涯规划从短期到中期,再到长期,直至整个人生规划,如同台阶,需要一步一步去发展。在实际操作中,时间跨度太长的规划由于环境和个人自身的变化难以把握,而时间跨度太短的规划意义不大,所以,一般将职业生涯规划的重点放在 2—5 年的中期规划。这样既便于根据实际情况设定可行目标,又便于随时根据现实的反馈进行修正或调整。

三、职业生涯规划的核心理论

职业生涯规划较为完善成熟的理论,可分为:过程取向理论、结构取向理论、职业类型学理论、认知信息加工理论等,相关理论的创始者有:舒伯(Super)、帕森斯(Parsons)、霍兰德(Holland)、彼得森(Peterson)、桑普森(Sampson)、里尔登(Reardon)等人。

(1)过程取向理论:将人的一生看作生涯发展的全过程,生命中经历的各种事件和抉择,是解决生涯问题、实现自我价值的发展历程。

理论家代表人物:舒伯

舒伯是"过程取向理论"最为重要的代表之一,他于 20 世纪 50 年代初开始,提出了关于生涯发展的新思路,如:生涯彩虹理论、九种生活角色等,他指出,职业选择部分基于个人的自我概念,这一观点与人格、职业这两个概念紧密结合,形成了舒伯对生涯的看法。

舒伯的生涯发展理论,将人的一生从生命的起始到终点,划分为五个阶段。每个阶段的主要任务见表 1–1。

表 1–1　生涯发展阶段

阶段	主要任务
成长阶段 0—14 岁	认同并建立起自我概念,对职业的好奇占主导地位,并逐步有意识地培养职业能力。
探索阶段 15—24 岁	主要通过学校学习进行自我考察、角色鉴定和职业探索,完成择业和初步就业。
建立阶段 25—44 岁	获取一个合适的工作领域,并谋求发展,是绝大多数人职业生涯周期中的核心部分。
维持阶段 45—64 岁	开发新的技能,维护已经获得的成就和社会地位,维持家庭和工作两者间的和谐关系,寻找接替人选。
衰退阶段 65 岁及以上	逐步退出职业和结束职业,开发社会角色,减少权利和责任,适应退休后的生活。

从舒伯描绘的生涯彩虹图(如图 1–1 所示),我们可以看到生涯规划立体化了。从长度上,它包括了一个人从生到死的全部生命历程;从空间上,关注包括工作者、公民、休闲者、学生、子女等多种角色。舒伯认为,上述角色是一个人自我概念的具体表现。自我概念包括个人对自己在兴趣、能力、价值观以及人格特征等方面的认识,是个体发展的中心。一个人在工作和生活中的满意度和幸福感如何,要看他在职业角色和生活角色扮演中,能否得到自我发展和自我实现。

(2)结构取向理论:将人的一生中某个时刻发生的事件或活动,作为解决生涯规划发展上的一个时间点,强调个人与环境的适应和匹配(人职匹配)。它也是最早出现的职业选择理论。

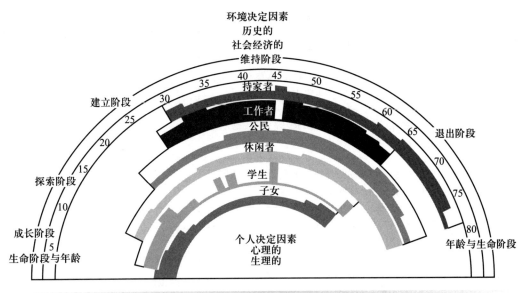

图 1-1　生涯彩虹图

理论家代表人物：帕森斯

帕森斯指出，基于差异心理学的基础，每个人都具有不同的特质，这与个体的成长经历、教育背景、职业选择、社会文化有关，并具有个性化。正如世界上没有两片相同的树叶，同样也没有个性完全相同的人。

结构取向理论聚焦于人之特质与职业相匹配的问题，帕森斯将高质量的自我评估、职业信息，加上专业的咨询者，作为帮助人们解决生涯问题的关键。通过专业指导者运用测评工具，对被指导者进行心理、生理特性的评价与分析，帮助被指导者进行对比和澄清，结合自身评估和环境分析，做好切实可行的职业选择。

"人职匹配"是非常便于操作的，它可以将职业生涯规划简单地分为三步：自我评估、职业环境分析、找到最佳结合点。因此，个体可以在自我分析和外部环境分析的基础上，通过专业指导者的辅导，选择符合自身个性特征、发展要求的可能从事的职业。

"人职匹配"分为两种类型：

① 因素匹配（职业找人）。如：需要有专门技术和专业知识的职业与掌握该种技能和专业知识的择业者相匹配；脏、累、苦这些劳动条件很差的职业，需要有吃苦耐劳、体格健壮的劳动者与之匹配。

② 特性匹配（人找职业）。如：具有敏感、易动感情、不守常规、个性强、理想主义等人格特性的人，宜于从事审美性、自我情感表达的艺术创作类型的职业。

小贴士

性格与职业的匹配

研究表明，性格影响着一个人对职业的适应性，一定的性格适合于从事一定的职业，同时，不同的职业对人有不同的性格要求，如表 1-2 所示。

表1-2　不同性格适合的职业

性格类型	性格特征	适合的职业
变化型	在新的或意外的情境中感到愉快,喜欢有变化和多样化的工作,善于转移注意力。	记者、推销员、演员等
重复型	善于从事连续工作,按固定的步骤办事,喜欢重复的、有规律的、有标准的工作。	纺织工、机床工、印刷工等
服从型	愿意配合别人或按别人指示办事,而不愿意自己独立做出决策,承担责任。	办公室职员、秘书、翻译等
独立型	喜欢计划自己的活动和指导别人活动或对事情做出决定,喜欢独立负责的工作情境。	管理人员、律师、警察等
协作型	在与人协同工作时感到愉快,善于引导别人,并想得到团队成员的喜欢。	社会工作者、咨询人员等
机智型	在紧张或危险情况下能自我控制,发生意外时不慌不忙,善于应对并完成任务。	驾驶员、飞行员、警察、消防员等
表现型	喜欢表现喜好和个性,根据个人感情做出选择,通过工作来表达自己的思想。	演员、诗人、音乐家、画家等
严谨型	注重工作过程中各个环节、细节的精确性。愿意按规程和步骤工作,严谨,追求完美。	会计、出纳员、统计员、校对员、图书档案管理员等

（3）职业类型学理论:关于人格类型和与之相匹配的环境类型的理论。

理论家代表人物:霍兰德

1970年,著名心理学家霍兰德在帕森斯的理论基础上,糅合人格心理学概念,提出了职业兴趣论。霍兰德认为,可以通过一系列的心理测验和兴趣测量,找准定位,寻找与自身条件相匹配、相适应的职业。同时,人们也是在根据自身特点和发展需要,寻找适合自己发展的职业环境。个体在工作领域中,可以承担一定的责任,充分发挥自己的优势特长,认真完成一定工作任务,在实现工作目标的同时得到自我发展,实现自我价值和满足感。因此,无论从兴趣中评估个体也好,还是从职业环境来看,霍兰德提出了职业六边形模型,它不仅适用于人格评估,同样适用于环境分析。其中,职业六边形对应的六种职业类型分别为:实用型（realistic）、研究型（investigative）、艺术型（artistic）、社会型（social）、企业型（enterprise）和事务型（conventional）,以下简写为R、I、A、S、E、C,如图1-2所示。

从图1-2可以看出,霍兰德职业六边形上的六个顶点,分别代表了上述六种不同的类型,相邻的类型相似点越多,离得越远差异越大。霍兰德根据这个模型设计出一系列的测验和评估,通过量表分析得出个体特质和适合的职业类型,为人们选择适合自己的职业领域、实现自我价值提供参考。

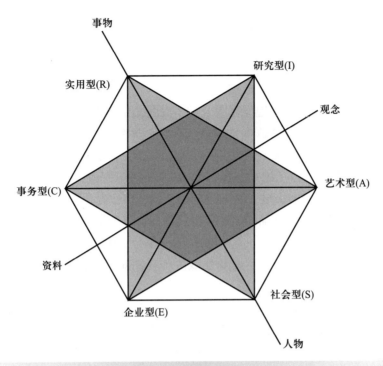

图 1-2 霍兰德职业六边形对应类型

小贴士

霍兰德的六种职业类型概述：

实用型（R）偏爱独立完成工作，喜欢从事具体任务，做事稳妥踏实，但不喜欢语言表达，不喜欢变化，表现谦虚。爱好使用工具进行操作性的工作，身体协调性好，手脚灵活，动手能力强。

研究型（I）偏爱推理分析和逻辑判断，做事想问题理性，喜欢精细化。爱好独立创新和具有想象力的工作。知识丰富，学习能力强，善于思考，喜欢动脑，抽象思维能力强，不断探讨未知的领域。不善于与人沟通，不擅长领导他人。

艺术型（A）有创造力，有想象力，喜欢创新，喜欢与众不同。做事要求完美，较为感性，经常情绪化。喜欢表演，有强烈的表现欲望，个性张扬。喜欢与人交流，心情波动大，兴趣易转移，不能在一件事上保持持久。

社会型（S）喜欢承担更多的社会责任和义务，热心公益事业，关注社会问题，渴望在社会发展中最大化发挥自身的作用和价值。擅长与人打交道，拥有丰富的人际资源网络，喜欢教育别人。

企业型（E）敢于竞争、喜欢挑战，有权力欲望，拥有远大理想。具有领导才能，追求物质财富的同时更注重自身地位。为人理性务实，经常把获得利益、追求金钱地位作为成功的标准，有很强的目的性。

事务型（C）喜欢遵守规章制度，按章办事。为人踏实稳定，做事周密有条理，有计划性。习惯听从别人的指挥做事，落实能力强，时间观念强。做事理性，逻辑思维能力强，善于关注细节,富有自我牺牲精神。缺少创新性,不喜欢冒险。

（4）认知信息加工理论:在生涯问题解决和决策制定的过程中,研究人们的大脑是如何接收、编码、存储和使用信息与知识的。

理论家代表人物:彼得森、桑普森、里尔登

心理学家认为,人的长时记忆里保留着几种不同的知识结构和成分,它们对于生涯决策制定非常重要。1991 年,彼得森、桑普森、里尔登等合著了《生涯发展与服务:一种认知的方法》（Career Development and Services:A Cognitive Approach）一书,在书中,阐述了一种思考生涯发展的新方法:认知信息加工（CIP）方法。该方法基于以下假设:① 生涯选择以我们的思考和感受为基础;② 进行生涯选择是一种问题解决活动;③ 作为生涯问题解决者,我们的能力以我们所知及我们如何思考为基础;④ 生涯决策需要良好的记忆;⑤ 生涯决策需要有动机;⑥ 生涯发展持续进行,是我们毕生学习和成长的一部分;⑦ 我们的生涯很大程度上取决于我们思维的内容和方式;⑧ 我们的生涯质量取决于我们对生涯决策和生涯问题解决了解的程度。

认知信息加工方法是帮助我们学会如何解决生涯问题和进行生涯决策的简单而有效的方法。它强调在决策制定中,如何定位、存储和使用信息,并借此改善生涯发展。信息加工金字塔的模型,包含了进行生涯选择所涉及的各种成分,如图 1-3 所示。

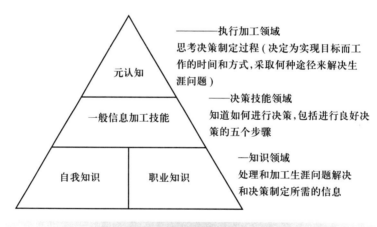

图 1-3 生涯决策的信息加工金字塔

金字塔底部的两个部分,被称为知识领域（自我知识、职业知识）,是信息基础;金字塔的第二级涉及使用,即知道如何进行决策,包含良好决策的五个步骤;金字塔的顶端是执行加工领域,包括思考和控制、执行和加工的过程。

第三节 影响职业生涯规划的因素

职业生涯发展并非都是一帆风顺的,总会受到各种各样内、外在因素的影响。从内部来看,兴趣、能力、职业技能、职业价值观、人格、性别、个人成长的社会阶层和经济状况等,会影响到同学们的职业发展;从外部来看,远到世界局势、国家政策的变化,职业结构的变迁,经济景气的程度,就业机会的多寡,社会文化环境、社会思潮的变化,近到亲戚、朋友、家庭,都有可能对个人的生涯发展产生影响。

了解职业生涯规划的各种影响因素,目的是规避各种负面因素的干扰,帮助大学生更好地开启职业生涯旅程,做好职业生涯规划。

一、内职业生涯

内职业生涯是通过从事职业时的表现、工作结果、言谈举止体现出来的。在职业生涯发展过程中,从事一种职业时的知识、观念、经验、能力、心理素质、内心感受等因素组合及其变化,因个人的动机、愿景、目标等不同而不同,内职业生涯从而形成与发展,它能够反映一个人的价值观与信念。

内职业生涯各项因素的取得,可以通过别人的帮助而实现,但主要还是靠自己努力追求来实现。内职业生涯的各构成因素内容一旦形成,别人便不能收回或剥夺。影响内职业生涯的主观的、内在的因素主要有:

(1)兴趣。兴趣是人们力求认识、掌握某种事物,并经常参与该种活动的心理倾向。或者说,兴趣是人们积极探究某种事物的认识倾向。兴趣对于学习、择业乃至事业发展都产生重要的作用。兴趣是一种无形的动力,当我们对某件事情或某项活动感兴趣时,就会对该种职业活动表现出肯定的态度,并积极思考、探索和追求。如果一个人对某一种职业产生浓厚的兴趣,就会迸发出强大的行为动力,推动着他去挖掘自身全部潜能,大大提高工作和学习效率。

(2)性格。性格是指一个人在个体生活过程中所形成的,对现实稳固的态度以及相应的行为方式。例如,有的人对待工作总是兢兢业业,一丝不苟,踏实认真;在待人处事中总是表现出有高度的原则性,坚毅果断,豪爽活泼,有礼貌,乐于助人,经常同别人共享他的所有而从不吝啬;在对待自己的态度上总是表现为谦虚、自信等,所有这些特征的总和就是他的性格。

性格不是先天赋予的,而是在先天素质的基础上通过家庭、教育、社会环境的影响,以及自身的积极活动才逐渐形成的。性格是可以改变的,人们通过实践活动和自我修养,可改变或发展自己的性格以符合职业的要求。

研究表明,性格影响着一个人对职业的适应性,一定的性格适合于从事一定的职业,同时,不同的职业对从业者有着不同的性格要求。

(3)能力。能力是完成一定活动的本领,是一个人能否进入职业的先决条件,是能否胜任某职业(岗位)工作的客观条件。无论从事什么职业总要有一定的能力作保证。人在其一生之中,要从事各种各样的社会生活和社会生产活动,必须具备多种能力与之相适应。我们这里所言的能力,是指劳动者从事社会生产活动的能力,亦即职业能力。

(4)价值观。价值观是个人对客观事物(包括人、物、事)及对自己的行为结果的意义、作用、效果和重要性的总体评价,是推动并指引一个人采取决定和行动的原则、标准,是个性心理结构的核心因素之一。它使人的行为带有稳定的倾向性。

由于个人的身心条件、年龄阅历、教育状况、家庭影响、兴趣爱好等方面的不同,大学生对各种职业有着不同的主观评价。从社会来讲,由于社会分工的发展,各种职业在劳动岗位的内容上,在劳动难度和强度上,在劳动条件和待遇上,在职业声望和稳定性等诸多问题上,都存在着差别。再加上思想观念等影响,各类职业在大学生心目中的地位有好坏高低之分,这些评价形成了大学生的职业价值观,并影响着大学生对就业方向和具体职业岗位的选择。

（5）信念。埃里斯(A.E.Ellis)认为,人的情绪困扰大部分源于失去功能的思考历程,如:夸大、过度类化、过分简化、不合逻辑、错误的推论、僵化以及未经验证的假设等。因此,情绪困扰是非理性信念下的产物,一个人减少情绪困扰的最好方法就是改变自己的思考方式。埃里斯将信念分为理性和非理性两类。理性信念(rational beliefs)能够促进自我增强并能帮助人们达到目标,这种理性的思维和认知是现实的一种合理考量,通常会引发建设性的行为模式。而非理性信念(irrational beliefs)则是不合逻辑且错误的思维和认知,容易引发武断和绝对性的评价,最后不仅不能达成目标,而且还会造成负面的情绪,如忧郁、生气、焦虑、后悔、自怜、无价值感、愤怒等,以及退缩、逃避、暴力与拖延等不适当行为。

二、外职业生涯

外职业生涯是指从事一种职业时的工作时间、工作地点、工作单位、工作内容、工作职务(含行政职务和专业技术职务)、工资待遇等因素的组合及其变化过程。外职业生涯通常可以通过名片、工资单体现出来。名片上表明工作的地点、单位的类型、担任的职务、职称等内容;工资单里写明基本工资、岗位津贴、福利待遇、奖金等,这些因素就构成了外职业生涯。

外职业生涯的构成因素通常是由别人认可和给予的,也容易被别人否认和收回。外职业生涯因素可能往往与自己的付出不符,尤其是在职业生涯初期。有的人一生疲于追求外职业生涯的成功,但内心极为痛苦,因为他们往往不了解,外职业生涯发展是以内职业生涯发展为前提条件的。

以组织因素为例,社会组织,特别是那些较有代表性的政府机关和企事业单位,对大学生选择职业方向、进行职业生涯规划的影响是很大的。具体说来,组织影响因素主要有以下几个方面:

1. 组织选人、用人的要求

特别要多留意那些具有代表性的组织的选人要求,这些要求都有一定的规律和共同的标准。如对外语、计算机的要求,对大学生团队合作精神的要求,对专业知识的要求等。同学们可以将自身的能力和素质,与这些组织的要求进行对比。通过对比,能够更清楚地发现自己的优势,更清晰地认识自己的不足,从而能够更有针对性地制定适合自己的职业生涯规划。

2. 组织的发展战略

组织的发展战略往往意味着个人的发展机会,如果二者吻合度高,个人得到发展进步的概率就高,反之,则个人的潜力很难得以发挥,抱负很难实现。如果只是一个组织的战略如此,你还可以转向其他组织,但是如果这一职业方向的组织战略大多如此,那就只好转向其他职业方向了。

3. 组织发展态势

组织或行业正处于朝阳时期,人们对其前景普遍看好,该组织或行业的职业发展态势无疑是光明的、远大的、吸引人的。反之,如果一个组织或行业正处于夕阳时期甚至濒临解散,该职业发展态势明显是短暂的。

4. 组织成员收入和福利状况

这是与大学生的现实利益息息相关的，没有人会不关心。收入和福利好的企业，当然大家都向往。组织的人文环境、发展潜力，也是重要的考虑因素。作为社会新人的大学生们，千万不要为了追求眼前利益，而不顾自己长远的发展。

延伸阅读

职业生涯成功的标准

职业生涯成功被界定为个人在工作经历中，逐渐积累和获得的积极的心理感受以及与工作相关的成就，并将其分成客观职业生涯成功和主观职业生涯成功。客观职业生涯成功是指个体在职业生涯中获得的，能由公正的第三方可观察、可衡量、可证实的成果。主观职业生涯成功是指个体从他（她）认为重要的维度，对自己职业生涯内心的理解和评估。

一、客观标准

职业生涯成功的客观标准，从本质上讲，主要集中在由社会认可的较高的薪金和职位上，其他指标可以随薪金和职位的获得而拥有。毋庸置疑，以可感知和证实的薪金和职位作为客观成功的标准，使我们对职业生涯成功的评价，具有了可操作的评价依据，同时也有助于人们明确职业追求的目标。

但片面地追求客观成功，一方面会导致职业价值观的扭曲以及其他一系列不良后果；另一方面，客观成功标准的局限性还在于，它忽视了职业生涯成功因个体、民族、社会、时代不同而形成的差异，忽视了其评价标准所应具有的多元性和层次性。

二、主观标准

在强调客观成功标准的同时，不能忽视主观成功的标准。事实上，很多人在获得客观成功时，主观心理上却伴有失败感，因为薪金和职位并不能满足人的全部需要。

主观职业生涯成功在大多数时候，可操作化的指标是指工作或职业满意度。成功不仅仅是一个社会的客观问题，也是一个人的主观问题。有些被社会认可的成功经理人，其实对自己的职业生涯并不满意。如果从主观职业生涯成功的标准来看，他们常常认为自己是失败的。因此，对于衡量职业生涯成功的标准，应当引入个人的自我实现和工作意义成分，具体包含自我认同、工作满意和精神满足等主观成功的评价指标。职业生涯成功主观标准的重视和提出，弥补了以客观标准片面地衡量职业生涯成功的某些不足。尽管如此，主观成功标准也有其自身的局限性，主观上的工作满意和精神满足只是一种个人化的心理感受，职业满意度并不能真正反映主观成功的本质内涵。

客观职业生涯成功与主观职业生涯成功是职业生涯成功的两个方面，只考察客观成功，或是只考察主观成功都是片面的，我们应从“主客统一”的角度去评价职业生涯成功，同时兼顾主观、客观两方面，二者缺一不可。

（选自《大学生职业生涯规划训练教程》，作者黄晞建、夏伯平）

三、生涯发展与职业选择

内职业生涯的发展是外职业生涯发展的前提，内职业生涯发展带动外职业生涯的发展。

内职业生涯在人的职业生涯成功乃至人生成功中具有关键性作用。因而,在职业生涯的各个阶段,都应重视内职业生涯的发展,把对内职业生涯各因素的追求看得比外职业生涯更重要。

在职业生涯发展过程中,影响职业选择的还有一些关键的因素,包括:

1. 家庭因素

家庭是一个人最初生活和成长的最亲密的小环境,对人的影响无疑是巨大的。家庭对大学生职业生涯的影响也是如此,每个家庭里的父母,对子女都有不同的期望,每个家庭也有不同的需要和特殊情况,这些都对大学生的职业发展具有一定的影响。另外,家庭对大学生选择职业的支持态度,也有很大差别。

2. 社会因素

社会大环境对一个人的职业发展具有深远的影响,因此,了解当前社会现状、预期未来社会发展,同样是进行职业生涯规划的基础。

(1)经济因素。社会经济的发展是制约就业数量和质量的决定性力量。2008年的全球性金融危机,对整个世界经济的发展产生了深刻的影响,各企业单位都或多或少地面临着各种困难,最普遍的对策是收缩开支、压低成本。在这当中,人力成本便成了不得不考虑的因素。此后大学生找工作就变得比往年更难。大学生对未来的职业规划及毕业后的出路选择,都随着这次危机重新进行了洗牌。危机既是"危"也是"机",危机带来困难的同时,也带来了更多的挑战和机遇。因此,大学生应当适时调整和完善自己的职业生涯规划,积极参加实习活动,锻炼并提升自身的各项能力。

(2)政治因素。主要指政策、法律等影响因素。在进行职业生涯规划时,一定要搜集当前国家和各省市对大学生就业相关的政策法规,例如户籍制度、创业优惠政策等,并注意它们的发展趋势,适时调整和改善自己制订的实施方案。

(3)文化因素。一个民族的传统文化必然会潜移默化地影响人们的价值观,而价值观会直接影响人们的职业方向选择。例如,笃信"学而优则仕"的人,价值取向就会是"管理人的人",其职业选择方向就会是管理者、公务员等;一个坚信"自由价更高"的人,职业方向选择就可能是记者、经纪人、自由撰稿人等职业。

影响大学生职业生涯规划的因素是多方面的,各方面因素所起作用也不同。因此,大学生在进行职业生涯规划时,不仅要全面考虑这些方面的因素,还要重点考虑那些影响较大的因素,将其同人生的总体规划结合起来,同人的全面发展结合起来,这样才能使人生和谐发展,取得最大成就。

延伸阅读

李开复在《给中国学生的第六封信:选择的智慧》一文中提到:

人生就是一串困难的选择,是一个不断选择的过程。当我们走过人生的旅程,身后留下来的就是我们选择的结果。如果选择得好,我们会感到快乐和成功,会觉得自己对世界、对他人产生了正面的影响。

当我个人碰到人生重要的选择时,我一直信奉以下的做事三原则:有勇气来改变可以改变的事情,有胸怀来接受不可改变的事情,有智慧来分辨两者的不同。

多少年来，这句话给了我无比巨大的支持和鼓励，帮助我度过了难以计数的人生关隘。在与中国青年分享这三句话后，有位同学针对这三句话，写信问我："读了开复老师的三句话，心里感到很强的共鸣。"

"'有勇气来改变可以改变的事情'代表了用西方式的积极进取的心态，以永不放弃、永不消沉的主动人生态度，鼓励我们靠自己的努力达到目的。'有胸怀来接受不可改变的事情'代表了用中国式的谦恭谨让的度量来培养自己的修养，学会承认和接受真实的、不完美甚至不公正的世界。但是我不知道最后一句该如何理解。有智慧来分辨两者的不同，可是，智慧从哪里来呢？"

其实，"有智慧来分辨两者的不同"就是要求我们使用自己的智慧，主动发现并选择最完整、最均衡的状态，并通过这一选择获得成功。这里所说的"智慧"，既是甄别、判断的智慧，也是权衡、折中的智慧，但从根本上讲，它更是在选择中孕育又在选择中升华的最高智慧——我也把它称作"选择成功"的智慧。

我认为，选择成功的智慧共有八种：(1)用中庸拒绝极端；(2)用理智分析情景；(3)用务实发挥影响；(4)用冷静掌控抉择；(5)用自觉端正态度；(6)用学习积累经验；(7)用勇气放弃包袱；(8)用真心追随智慧。

关于第6点，学习经验不是一蹴而就的事情，有时候要经历漫长的过程。英文中有一句名言：旅途本身就是收获（The journey is the reward）。很多时候，你的收获并不一定是每件事的成功，而是你在走向成功的旅途中经历的一切。旅途中的每一次正确或是错误的选择都会让你学到新的知识、获取新的教训，并以此调整自己的自觉，掌握正确的选择方法。

我曾经遇到这样一件事情。当我从中国回到微软总部后，发现刚接管的部门有一个项目存在方向上的偏差——研发团队并没有把用户摆在第一位，而只知道研究一些看上去很"酷"的技术，我毅然终止了该项目的研发。

当时，有一位职员问我："你怎么能确定，你自己的选择是对的？像 Windows 这样的产品也是在经历了 10 年左右的市场检验后才站稳脚跟的。你凭什么笃定这个项目不会在未来收获惊喜呢？"

其实，我之所以能够快速做出抉择，主要还是因为我在此前的工作中已经有了类似的教训：我曾经在 SGI 公司领导 200 余人的团队研发一套世界最先进的三维漫步技术。这套技术能在 10 年前的硬件上营造出美丽的三维效果。但在做这个项目时，我们完全没有考虑用户和市场的需要，开发出来的三维体验并没有针对某一特定的客户群，而是想解决所有客户的问题。结果，最终的产品无法利用 SGI 现有的营销渠道，产品对硬件和网络的要求也超出了普通用户的承受能力，我们这个项目最终被取消，技术被公司出售。

这件事对我的打击非常大，因为我手下 200 余人都需要寻找新的出路，有的人甚至因此而失业。我的内心深感愧疚。但另一方面，我也从惨痛的教训中吸取了足够的经验。

在整个学习的过程中，无论是错误的选择，还是失败的经历，它们都可以成为印刻在我们心底，能够随时拿出来比较、借鉴的"模板（template）"。当我们面临新的抉择时，我们就会使用过去积累的"模板"来比较、分析各种不同情况下成功的概率，以权衡利弊，做出正确的抉择。

（选自《给中国学生的第六封信》，作者李开复）

☁ 本章小结

本章主要介绍了职业生涯规划的意义,大学阶段是进入职业生涯的预备期,每一位大学生都应认识生涯、生涯规划的深层含义,重视个人职业生涯规划开展的必要性。本章以循序渐进的方法,简要归纳了生涯规划和寻找工作的异同之处,通过学习,大学生能够把握职业生涯规划的基本方法,熟悉职业生涯规划的核心理论,思考影响个人职业生涯发展的一些重要因素。

⚙ 复习思考题

1. 考西、戴斯卡和马泽罗勒(Cawsey,Deszca and Mazerolle)引用了汉迪(Handy)对五种工作类型的描述。作为一名大学生,你已经参与或准备参与以下工作类型的哪一个部分?

(1)工资制工作,依据实践和努力获取报酬;

(2)报酬制工作,依据工作结果获得相应的报酬;

(3)家庭工作,在家里从事的工作(依据工作场景);

(4)志愿型工作,志愿或慈善服务;

(5)学习型工作,研习新技能。

2. 描述自己的生命线

(1)请在白纸上画一条直线,这条直线的长度代表了你生命的长度。思考一下,你期待自己活到多少岁?将直线的一端视为你生命的开始,另一端写上你期待可以活到的年龄。

(2)在这条生命线中,找到你现在的年龄点,并标记出来。

(3)回顾你过往生命历程中发生的重大事件,在直线上方写出两到三件对你有积极影响的事件,并在直线相应位置上标明年龄。

(4)思考一下这些事件对你的影响,即它们如何使你成为今天的你。

◆ 即测即评

第二章 认识自我

本章提要

每个人都是独一无二的个体,每个人也都有一个独一无二的自我概念。随着年龄的增加,大学生逐步增加对自我的认识。科学全面地了解自我是职业生涯规划中的前提和重要组成部分。通过本章的学习,我们能够认识人格的概念和职业性格,了解职业兴趣、职业能力、职业需求、价值观念和职业期望,了解自我认知的途径与方法。

案例导入

　　毕业生小李正处于大四上学期找工作的关键时期,小李的专业与经济相关,因此他的就业面相对比较广,市场、财务、金融、销售等工作都可以胜任。由于小李成绩优秀、为人踏实,他很快就收到了两家公司的橄榄枝。一个是正处于创业阶段公司的市场销售职务,另一个是一家国有大型企业的财务文书职务。

　　这时候小李却犯难了。一方面,小李性格腼腆、不擅长与人交往,在与陌生人说话的时候甚至会脸红;但另一方面,他又非常有进取心,很想未来能开辟一番事业。在创业公司虽然上升通道明显,但销售职位经常需要与陌生客户打交道,一想到这小李就感到非常紧张。可是国企职位虽然不用忙于"外联",但它的工作内容中规中矩,没有什么进步的潜力,这又不符合小李的做事风格。

　　小李想试着从自我认知入手,看看自己究竟更适合哪个职务。"可是与人格有关的信息量实在是太大了,我也不知道哪种好哪种差,更不知道哪种人格适合什么样的工作,请问我该怎么办呢?"

第一节　人格探索

一、人格

　　人格的英文是"personality",来自希腊字 persona,是面具(mask)的意思,指的是希腊演员在演出时所戴的面具,用来代表他们所演出角色的特点和人物性格。人格是指构成一个人的思想、情感及行为的特有模式,这个独特模式包含了一个人区别于他人的稳定而统一的心理品质。人格是一个具有丰富内涵的概念,集中反映了人格的多种本质特征:人格具有独特性,即每个人都有自己独特的心理特点;人格具有稳定性,对行为的影响是一贯的,不受时间和地点的限制;人格具有统合性,即人格是由多种成分构成的一个有机整体,具有内在的一致性,当一个人的人格结构的各方面彼此和谐一致时,就会呈现出健康的人格特征,否则就会产生心理冲突;人格具有功能性,即外界环境的刺激是通过人格的中介才起作用的,如,同样面对挫折,性格坚强的人不会灰心,怯懦的人则会一蹶不振。因此,人格可决定一个人的生活方式。

　　美国霍普金斯大学心理学教授霍兰德(Holland)认为,选择何种专业或职业,本质上是人格的一种表现方式。可见,人格因素与人们对未来职业的选择息息相关。

二、人格的结构

　　人格是一个复杂的结构系统,包括许多成分,主要有气质、性格、认知风格、自我调控等方面。本节主要介绍气质和性格。

1. 气质

（1）定义。气质是表现在心理活动的强度、速度、灵活性与指向性方面的一种稳定的心理特征，就是我们平常所说的脾气、秉性。人的气质差异是先天形成的，无好坏之分，它只给人的言行涂上某种色彩，不能决定人的社会价值，也不直接具有社会道德评价含义。

（2）气质的四种类型。20世纪30年代，苏联心理学家巴甫洛夫根据高级神经活动的特点，对胆汁质、多血质、黏液质、抑郁质等四种气质做了解释。

① 胆汁质：胆汁质的人兴奋度很高，容易冲动，争强好胜，做事勇敢果断，为人热情直率，朴实真诚。但是这种人的思维活动常常是粗枝大叶、不求甚解，遇事常欠思量、鲁莽冒失，做事也常常感情用事。

② 多血质：多血质的人热情、活泼好动、乐观、灵活，他们情绪丰富而且外露，喜怒哀乐皆形于色。他们喜欢与人交往，但交情粗浅。他们思维灵活，行动敏捷，对各种环境的适应力强，教育的可塑性也很强，但是他们缺乏耐心和毅力，稳定性差，见异思迁。

③ 黏液质：黏液质的人安静稳重，沉默寡言，喜欢沉思，表情平淡，情绪不易外露，但内心的情绪体验深刻。他们自制力很强，不怕困难，忍耐力高，表现出内刚外柔。他们与人交往适度，交情深厚，朋友少但却知心。他们的思维灵活性略差，但考虑问题细致而周到，这往往弥补了他们思维的不足。

④ 抑郁质：抑郁质的人情绪体验深刻、细腻而又持久，主导心境消极抑郁，多愁善感，给人以温柔怯懦的感觉。他们聪明而富有想象力，自制力强，注重内心世界，不善交际，孤僻离群，软弱胆小。他们的行为举止缓慢而单调，踏实稳重却优柔寡断。

在生活中，单一气质的人并不多，绝大多数的人是四种气质相互混合、渗透、兼而有之。有些人是两种气质的混合型，如多血—胆汁型、抑郁—黏液型；有些人是三种气质的混合型；有些人则是四种气质的混合型。

（3）气质类型与职业选择。虽然气质没有好坏之分，但了解职业对气质的要求，了解个体的气质类型，有利于发挥每个人的长处，提高职业能力。因此，在选择职业时，大学生可以根据自己的气质特点来选择更适合自己的工作。

2. 性格

（1）定义。性格是一个人在对现实的稳定的态度和习惯化了的行为方式中所表现出来的人格特征。性格是一种与社会相关最密切的人格特征，在性格中包含了许多社会道德含义。例如，有的人正直无私，有的人虚伪自私。像这些具有道德评价含义的人格差异，可将其归为性格差异。

性格是后天在社会环境中逐渐形成的，是人最为核心的人格差异，受人的价值观、人生观、世界观的影响，所以性格具有好与坏之分，体现了一定的阶级性与道德性。

（2）性格类型与职业选择。性格的分类方法很多，用于职业生涯规划的目前比较常用的是迈尔斯–布里格斯性格分类法（Myers–Briggs Type Indicator，简称MBTI）。它是一种迫选型、自我报告式的性格测评工具，用以衡量和描述人们在获取信息、做出决策、对待生活等方面的心理活动规律和不同的性格类型表现。

MBTI将人的性格分为四个维度，从这四个维度，考察个人的偏好倾向，以区分人与人之间的差异。每个维度上，包含了相互对立的两种偏好：

① "外向 extraversion（E）—内向 introversion（I）"维度是发泄及获得心理能量的方向。外向型的人会因外界需要而精力充沛或者因他人的鼓舞而充满活力，他们倾向于探索外部的世界。相反，内向型的人从思想、经验、自我意识等内部世界获得能量，他们相对保守、文静，可以很好地控制自己的情感。

② "感觉 sensing（S）—直觉 intuition（N）"维度是指人们获取信息的方式。感觉型的人倾向于通过视觉、听觉、触觉、味觉和嗅觉等五种方式获取信息，更重视事件中的事实与细节，他们不喜欢没有事实根据的推论或假设。直觉型的人倾向于通过第六感或预感获取信息，他们更关注概念、主意、意见、理论以及对信息不同方面的推论进而探讨未来的可能性。

③ "思考 thinking（T）—情感 feeling（F）"维度是做决策时内心斗争所侧重的方向。思考型的人通过逻辑分析和客观考虑做出决策，他们倾向于从局外人的角度来看待、分析问题。情感型的人倾向于根据个人的主观评价做出决策，他们会更多地依靠情感来做出决定。

④ "判断 judging（J）—知觉 perceiving（P）"维度是就人们的生活方式而言，它表明个体是以一种有计划（确定）的还是随意（即兴）的方式适应外部环境，是信息获取维度和决策维度的综合效应在个人生活方式中的体现。判断型的人更喜欢决定性的、有计划有组织的生活方式，他们喜欢有序的生活。知觉型的人喜欢灵活、自发的生活方式，他们倾向于保持一种灵活的生活方式，几乎不会制定长远的计划。

MBTI 的个体性格类型包含以上四个维度，每个维度又分两个方向，因此，共有 $2×2×2×2=16$ 种性格类型职业倾向。每种 MBTI 性格类型都对应着一种职业倾向，如表 2-1 所示。每种类型都是独特的，没有好坏、对错之分，每个人都可以在适合的环境中发挥自己的特点。

延伸阅读

表 2-1 MBTI 16 种性格类型的职业倾向

ISTJ	ISFJ	INFJ	INTJ
管理者	教育	宗教	科学或技术领域
行政管理	健康护理（包括生理、心理）	咨询服务（包括个人、社会、心理等）	计算机
执法者	宗教服务	教导 / 教学	法律
会计	或者其他能够让他们运用自己的经验亲力亲为帮助别人的职业，这种帮助是协助或辅助性的。	艺术	或者其他能够让他们运用智力创造和技术知识去构思、分析和完成任务的职业。
或者其他能够让他们可以利用自己的经验和对细节的逐一完成胜任的职业。		或者其他能够促进他们情感、智力或精神发展的职业。	

续表

ISTP	ISFP	INFP	INTP
熟练工种 技术领域 农业 执法者 军人 或者其他能够让他们动手操作、分析数据或事情的职业。	健康护理(包括生理、心理) 商业 执法者 或者其他能够让他们运用友善、专注于细节的特点从事相关服务的职业。	咨询服务(包括个人、社会、心理等) 写作 艺术 或者其他能够让他们运用创造力和集中于他们的价值观的职业。	科学或技术领域 或者其他能够让他们基于自己的专业技术知识独立、客观分析问题的职业。
ESTP	ESFP	ENFP	ENTP
市场 熟练工种 商业 执法者 应用技术 或者其他能够让他们利用行动关注必要细节的职业。	健康护理(包括生理、心理) 教学/教导 教练 儿童保育 熟练工种 或者其他能够让他们利用外向的天性和热情去帮助那些有实际需要的人们的职业。	咨询服务(包括个人、社会、心理等) 教学/教导 宗教 艺术 或者其他能够让他们利用创造和交流去帮助促进他人成长的职业。	科学 管理者 技术 艺术 或者其他能够让他们有机会不断承担新挑战的职业。
ESTJ	ESFJ	ENFJ	ENTJ
管理者 行政管理 执法者 或者其他能够让他们运用对事实的逻辑和组织完成任务的职业。	教育 健康护理(包括生理、心理) 宗教 或者其他能够让他们运用个人关怀为他人提供服务的职业。	宗教 艺术 教学/教导 或者其他能够让他们帮助别人在情感、智力和精神方面成长的职业。	管理者 领导者 或者其他能够让他们运用实际分析、战略计划和组织完成任务的职业。

第二节　兴趣探索

俗话说:"干一行、爱一行",可见,对于一个人的职业生涯发展来说,兴趣是至关重要的,兴趣能给我们提供最大的动力。那么,什么是兴趣呢? 如何发现自己的职业兴趣呢?

一、兴趣

"兴趣是最好的老师",兴趣是人积极探索某种事物或从事某种活动的心理倾向。兴趣是一种无形的动力,每个人都会对他感兴趣的事物给予优先注意并进行积极的探索,良好而稳定的兴趣使人保持较高的积极性和自觉性。

兴趣是影响人们工作满意度、职业稳定性和职业成就感的重要因素,同时也是对职业进行分类的重要基础。人们往往更容易适应自己感兴趣的职业,相应的对某项工作也会有更高的满意度和稳定性。因此,兴趣是职业生涯规划中进行自我探索的一个重要方面。

当然,并不是所有的兴趣都应当或能够在职业中得到满足,兴趣也可以通过兼职活动、志愿活动、参加社团、业余爱好等多种方式来实现,关键在于工作和生活中,实现不同角色间的协调与平衡,以及工作与个人爱好的适度统一。

📋 小贴士

兴趣与投入是人生幸福感的来源

芝加哥大学心理学教授米哈利(Mihaly)花30多年的时间对数百位来自各行业的人进行了访谈,研究是什么东西真正令人感到幸福和满足。他发现,和人们通常想象的不同,不是在人们很放松、什么都不做的时候,而是人们专心致志地从事某种活动,甚至忘我地沉浸在这种活动中的时候,他们感到最为愉快和满足。对不同的人而言,幸福和满足可能是跳舞,可能是演奏乐器、绘画,也可能是阅读、写作或即兴演讲等。

米哈利将这种状态称之为"flow"(原意为流动,也被译为"沉浸"或"心流"状态),因为这时候人们的体验好像是被一股潮流往前推动,一切都很平稳而自然地发生了。在这种状态下,人们没有考虑到做这样的事情可能带来什么回报或担心自己的表现是否良好,而只是忘情地投入其中,享受从事这个活动过程本身带来的快乐。而且这种活动通常对我们的体力或智能有一定挑战,同时人们也在最大限度地使用自己的技能。

米哈利的这一发现说明:人们的满足感、幸福感往往来源于从事某种活动,而不是无所事事或单纯的享乐游玩。他一直强调要做自己喜爱的事情,才能获得快乐。而这也正是工作原本的意义所在。对大多数人而言,工作占据的是他们一生之中、一天之中最好的时光。

(选自《大学生职业生涯发展与规划》,作者钟谷兰、杨开)

二、职业兴趣

当个体的兴趣指向与职业有关的活动时,就形成了职业兴趣,而个体在职业活动中的行为偏好往往就是由职业兴趣所引起的。大量的研究表明,兴趣和工作满意度、职业稳定性和职业成就感之间存在着明显的关联。个体的职业兴趣往往从对某种职业产生兴趣开始,随后形成较为稳定的职业兴趣,从而在相应的工作环境中激发出更大的工作热情,产生较高的工作满意度。职业兴趣一旦形成,就会激发个体去深入一个领域、了解一种职业的动机,并且愿意投入非常多的精力与情感。

职业兴趣在个体的职业活动中发挥着重要作用:一方面,它影响个体就业过程中的职业选择(Humphreys & Yao,2002);另一方面,它也影响个体从业过程中的工作满意度和工作绩效(Spokane,1985)。因此,职业兴趣是个人进行职业规划时需要注意的一个重要因素,选择与自己兴趣与能力匹配的职业是人们追求事业成功的关键。

三、霍兰德职业兴趣理论

霍兰德是美国著名的职业指导专家,他于 1959 年提出了具有广泛社会影响的职业兴趣理论。他认为人的人格类型、兴趣与职业密切相关,兴趣是人们活动的巨大动力,凡是从事有职业兴趣的职业,都可以提高人们的积极性,促使人们积极地、愉快地从事该职业,且职业兴趣与人格之间存在很高的相关性。霍兰德将职业人格分为六种类型,特定人格类型的人会对相应的职业类型中的工作或学习感兴趣,不同人格类型的具体性格特点和匹配职业如表 2-2 所示。

表 2-2　霍兰德职业兴趣的适配类型

人格类型	性格特点	匹配职业类型
现实型	喜欢具体任务,按规则做事,动手能力强	技师、工程师、司机
探索型	喜欢抽象思维,善于分析,有智慧	科研人员、科技工作者
艺术型	喜欢自我表现和想象,追求自由和美感	艺术工作者、演员、编剧
社会型	喜欢社交活动,善于了解并帮助他人成长	导游、社会工作者、教师
管理型	喜欢领导工作,精力旺盛,好冒险竞争	推销员、管理者、创业者
常规型	喜欢条理性强的工作,不喜欢冒险或领导工作	记账员、出纳、操作员

现实型(R):喜欢使用工具、从事操作性强的工作;不擅长人际交往,厌恶从事教育性、服务性等与人打交道的职业。这类人主要适合工程技术等操作性较高的工作。例如一些需要一定体力并运用工具或操作机器的工作。

探索型(I):抽象能力强,肯动脑,求知欲强,不愿动手;喜欢独立和富有创造性的工作,不喜欢组织、领导方面的活动,知识渊博,有学识才能,不擅长要求劝说和机械重复的活动。这类人主要适合科学研究和科学实验方面的工作。

艺术型(A):喜欢以各种艺术形式的创作来表现自己才能,实现自身价值;偏爱模糊、自由和非系统化的活动,厌恶有明确秩序和系统化的活动;乐于创造新颖、与众不同的艺术成果。这类人主要适合各种艺术创作工作。

社会型(S):喜欢从事为他人服务和教育他人的工作;擅长进行传授、培训和咨询等方面的服务性的社会活动,喜欢参与解决人们共同关心的社会问题,渴望发挥自己的社会作用;不喜欢使用工具、机械等实物的活动,比较看重社会伦理道德和社会义务。这类人主要适合各种直接为他人服务的工作,如教育服务、社区服务、生活服务等。

管理型(E):自信、精力旺盛、善交际,具有领导才华;对领导角色和冒险活动感兴趣,喜欢竞争,敢冒风险;擅长从事领导他人实现团队目标或获得经济利益的活动。这类人主要适合那些组织与影响他人共同完成组织目标的工作。

常规型(C):偏好于按计划办事,习惯接受他人的领导和思想,自己不谋求领导地位;厌恶不正规、模糊、非程序化的活动;工作踏实,忠诚可靠,遵守纪律。这类人主要适合各种与图书资料、文件档案、统计报表等相关的各类科室工作。

经过深入的研究与探讨,霍兰德等人总结出了六种人格之间的关系,即六边形结构模型的规律性,即相邻、相隔、相对,如图2-1所示。

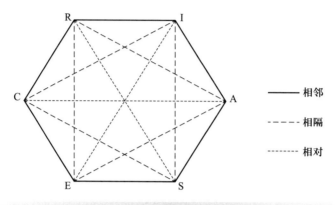

图2-1　霍兰德职业六边形模型

具体表现为:

(1)人格类型与职业环境类型相一致,这是最为理想的职业选择。当一个人从事与其人格类型相一致的工作时,容易体会到工作的乐趣以及工作满足感,同时个体可以充分施展自己的才能。

(2)相邻的人格类型与职业环境之间存在最大的相关性。例如 RI、IR、IA、AI、AS、SA、SE、ES、EC、CE、CR 及 RC,相邻的职业类型具有较多的相似性和较高的一致性。

(3)相隔的人格类型与职业环境之间存在的相关性次之。例如 RA、RE、IC、IS、AR、AE、SI、SC、EA、ER、CI 及 CS 之间就是既有一致性又有差异性。但职业环境与人格类型之间并不是完全排斥的。

(4)相对的人格类型与职业环境之间存在的相关性最小。例如 RS、IE、AC、SR、EI 及 CA。在霍兰德的六边形模型中,处于对角线位置的职业类型和人格类型基本是排斥的关系,两者之间没有共同之处。如果个体选择与其人格类型成对角线位置上的职业环境,那么他就很难适应此工作,甚至会无法胜任此工作。

六边形模型有助于人们更好地理解和进行职业选择。值得注意的是,在实际生活中,同时拥有相对的两种人格类型(如霍兰德代码为 RSE,其中 R 和 S 在六边形模型上处于对角线位置)的人并不少见。在寻找与这样的人格类型完全匹配的工作时往往会出现困难,这种情况下,可以考虑从事包括自己某种人格类型的工作(如 RE 或 SE),而在业余生活中寻求在工作中未能满足的兴趣。

第三节　能力探索

一、能力

能力是一个人顺利完成各种活动所要具备的个性心理特征,也是一个人顺利地完成某种社会实践活动的素质和条件。例如,一位教师所具有的语言表达能力、组织能力等,都叫能力,这些能力是保证一位教师顺利完成教学活动的条件。能力表现在所从事的各种活动中,并在活动中得到发展。也就是说,只有在一个人所从事的某种活动中,才能看出他所具有的某种能力。

人的能力可以分为一般能力与特殊能力。一般能力是指通常所说的能力,是完成各种活动必须具备的基本能力,例如观察力、记忆力、思维力、想象力等。任何活动的顺利完成,都离不开这些能力。特殊能力是在某种专业活动中表现出来的能力,例如,音乐家的音乐能力、画家的绘画能力等。这些能力对于完成相应的专业活动是必须具备的,它同职业活动紧密相关。人要顺利地完成职业活动,必须具备一般能力和该种职业活动的特殊能力。

二、职业能力

能力总是和人的某种活动相联系并表现在活动中,那么,在职业活动中表现出的能力,就是职业能力。国际劳工大会认为职业能力是个体获得和保持工作,在工作中进步以及应对工作生活中出现的变化的能力。

职业能力不是职业知识与职业技能的简单叠加,而是在学习掌握专业知识和职业技能的基础上,通过对专业知识和职业技能的实际运用、迁移和类化,并与相关的一般能力整合而成的(门奎英,2008)。职业能力的构成主要包括:

1. 专业能力

专业能力是大学生在掌握专业知识和专业技能的基础上而形成的专业实践能力,即运用所学的专业知识和技能解决实际问题,完成职业工作任务的能力,是职业能力最基本的体现,也是从事某一职业所必不可少的。

2. 方法能力

方法能力是由可迁移技能发展而来的可迁移能力,是指随着科学技术的快速发展,具有不断获取新信息,不断学习更新知识和技术的能力。学会学习已经成为职业能力的核心组成部分,是从事职业活动所需要的工作方法和学习方法。

3. 社会综合能力

社会综合能力同样是由可迁移技能发展而来的可迁移能力,是指从事职业活动以及生活在社会中所需要的行为能力,如人际交往与协调能力、团队合作能力等,它可以迁移到各项工作中。

4. 优良的思想品德

思想品德是重要的自我管理技能,优良的思想品德是从事任何社会职业所必备的素质,它也是形成良好职业能力的基础,它对从业者的顺利发展起着决定性的作用。

对大学生而言,专业能力的学习往往跟自身所学专业相关。但专业能力的学习不仅仅通过学校里的专业课学习获得,它的获取途径还包括课外培训、辅导班、专业会议、讲座、自学、社会实践、社团活动等。因此,大学生可以在课余时间学习本专业相关或其他专业能力。与专业能力相比,可迁移能力,如方法能力、社会综合能力等,无所谓更新换代,而且无论你的需求和工作环境有什么样的变化,它们都可以得到应用,可以通过多种途径获得并积累可迁移能力。同时,对大学生的个体职业生涯发展来说,自我管理能力和就业能力也是至关重要的,它能够帮助大学生更好地适应周围的环境。就业能力是大学生获取和胜任相关工作的行为条件,是影响大学生成功就业最直接、最基本的因素。

延伸阅读

能力、知识、技能的关系

能力不同于知识和技能,它们之间既有区别又有联系。

知识是信息在头脑中的存储。例如,在证明一道数学题时所用到的公理、定理、定义、公式等属于知识。

技能是个人通过练习而掌握的动作方式和动作系统。美国辛迪·梵(Sidney Fine)和理查德·鲍尔斯(Richard Bolles)将技能分为三类:专业知识技能、可迁移技能、自我管理技能。专业知识技能是指那些需要通过教育或者培训才能获得的知识或能力,一般用名词表示,如心理学、会计、管理等。可迁移技能就是指在不同岗位都可以使用的技能,一般用动词来表达,如:沟通、领导、分析、决策等。它可以从生活中的方方面面,特别是工作之外得到发展,并可以迁移应用于各项工作之中。自我管理技能经常被看作是个性品质,而不是技能,因为它们被用来描述或说明人具有的某些特征,一般用形容词和副词表示,比如有抱负的、努力的等。

知识、技能并不等于能力,只有那些能够广泛应用和迁移的知识和技能,才能转化为能力(冯忠良,1992)。能力和知识、技能是密切联系的。知识和技能是能力的基础,能力是在掌握知识、技能的过程中形成和发展起来的。

对大学生而言,要及时补足知识和技能的短板,以决定最终的能力存量。即使其他的能力再强,最弱的那块短板却会成为阻碍大学生成长的重要因素。因此,大学生不能在大学的学习过程中只注重知识的获得,更要注重技能的培养;在学习生活中,不能沾沾自喜于自己取得的水平,要多进行自我反思,看看自己在哪些方面还存在短板、存在不足。只有整体能力提高了,才能更好地接受新知识,发现新问题,进行充分的创造,成为高素质的合格人才。

第四节　需要探索

一、需要

需要是一种由缺乏引起的不平衡状态,它表现在人们对内部环境或外部生活环境的一种稳定的要求,它是人类行为的动力和源泉。需要既包括生理的需要,也包括心理的需要。如,口渴了会产生喝水的需要;失去亲人时,会产生爱的需要。需要是由客观事物的要求引起的,这种要求既可能来源于机体内部,也可能来自外部环境。如,口渴喝水的需要,就是由机体内部的要求引起的;父母"望子成龙"希望孩子取得好成绩,就是一种外部的要求。

当个体感受到要求,并且这些要求使其产生不平衡状态的时候,要求就转化为需要。个体就会追求那些能够满足需要的客体或事件,并从中得到满足。在需要得到满足后,不平衡的状态暂时得到消除;当新的不平衡出现时,新的需要又会产生。因此,需要是个体活动的基本动力,从某种意义上说,需要可以看作人类一切活动的出发点和归宿。

二、需要的种类

对需要种类的划分有不同的角度,按需要的起源可分为生理需要和社会需要;按需要的对象可分为物质需要和精神需要。

1. 生理需要和社会需要

生理需要是为保存和维持有机体生命和种族延续所必需的,它包括:对饮食、运动、睡眠、排泄等需要;回避伤害的需要,如对有害或危险情景的回避等;生命延续的需要,如配偶的需要。生理需要是人和动物都有的,但需要的具体内容不同,满足需要的方式也不同。

社会需要是人们为了提高自己的物质和文化生活水平而产生的社会性需要,包括对知识、劳动、艺术创作的需要,对人际交往、尊重、道德、名誉地位、友谊和爱情的需要,对娱乐消遣、享受的需要等。它是人特有的,在社会生活实践中产生和发展起来的高级需要。人的社会需要因受社会的背景和文化意识形态的影响而有显著的个体差异。

2. 物质需要和精神需要

按需要的对象划分,需要包括物质需要和精神需要。物质需要是指人对物质对象的需求,并以占有这些产品而获得满足,包括对衣、食、住等有关物品的需要,对工具和日常生活用品的需要。精神需要是指人对社会精神生活及其产品的需要,包括对知识的需要、对文化艺术的需要、对审美与道德的需要等。

对需要的分类,只具有相对的意义。如为了满足求知的精神需要就离不开对书、笔等学习工具的物质需要;对食物的需要虽然是生理需要,但其对象的性质又是物质的。因此不同种类的需要之间既有区别又密切联系。

三、需要的结构

关于需要的结构,马斯洛的需要理论影响最大。马斯洛认为,人的需要可划分为五个层次,从低到高依次为生理需要、安全需要、归属和爱的需要、尊重需要和自我实现的需要。其中,他将低层次的需要称为缺失性需要,如生理需要、安全需要、归属与爱的需要,将高层次的需要称为成长性需要,如尊重需要和自我实现的需要。在马斯洛五个层次的需要中,生理需要是各项需要的基础,自我实现的需要是最高层次的需要。马斯洛把人的需要看成一个等级排列的金字塔似的多层次关系,如图 2-2 所示。

1. 生理需要

生理需要指的是人们维持生存和种族延续的最基本的要求。生理需要是人最基本的需要,是其他需要的基础。这类要求如果得不到满足,人的生存就成了问题,所以说,推动人们行动最首要的动力是生理需要。

2. 安全需要

安全需要是人对生命财产的安全、秩序、稳定、免除恐惧和焦虑的需要。如:要求生活和工作的环境是安全的、有秩序的,要求受到公正待遇,要求从事熟悉的工作,要求免除灾害等。当个体的安全需要得不到满足时,个体就会感觉到威胁与恐惧。

最大限度发挥了自己的潜力，成为自己想成为的人。

自信心；成就感；领导的认同；同事的关心。

和同事、领导建立了良好的关系，在团队中找到自己的位置。

工作、收入稳定；养老、医疗保险

衣食住行等生存要素

图 2-2　马斯洛需要层次理论

3. 归属和爱的需要

归属和爱的需要是指个人与其他人建立感情的联系或关系的需要。在归属与爱的需要的支配下，每个人都希望与别人进行交往，与伙伴和同事之间和睦相处，得到他人与集体的关爱、支持、友谊和忠诚；同时，自己有能力给予别人爱，希望得到他人与集体的认可、尊重。

4. 尊重需要

尊重的需要包括自尊和希望受到他人尊重的需要。当一个人归属感的需要开始满足以后，他们就会产生更高层次的需要，希望在群体中有地位和威望，得到尊重。当个人的尊重需要得到满足，个体就会感到有力量、有价值和信心；反之，则会使个体感到自卑，失去信心。

5. 自我实现的需要

自我实现的需要是一种使人的潜能得以实现的倾向，是个体希望不断完善自己，完成与自己能力相符的一切事情，实现自己理想、获得成就、实现自我价值的需要。马斯洛认为，自我实现者是"更真实地成了他自己，更完善地实现了他的潜能，更接近于他的内在核心，成了更完善的人"。因此，自我实现的需要是人最高层次的需要，是一个人不断追求自身潜能实现、自我完善发展的需要。每个人自我实现的内容各不相同，达到自我实现的途径和方式也有所不同。

📖 小贴士

马斯洛是人本主义心理学的主要发起人。他最著名的理论是人的需要层次理论与自我实现理论。他认为人的本质存在，决定于人的潜能，人具有丰富的远远还没有挖掘出来的巨大潜能，而人的潜能来源于人的基本需要。

马斯洛将人的需要划分成高低两大类：一类是缺失性需要，另一类是成长性需要。通过图2-2，需要可以看成一个等级固定、阶梯分明、呈金字塔形的体系。大多数人的需要都符合以上规律，按等级排列组合。但是，人的需要也不是完全固定不变的。需要的各层次之间是相互影响、渗透与转化的，是波浪式前进的过程。

如图2-3所示，马斯洛认为：第一，人的需要具有层次性和优劣之分，就像阶梯一样从低到高，按层次排列。需要的层次越低，它的力量越强，潜力越大。但是这种次序也不是完全固定的。

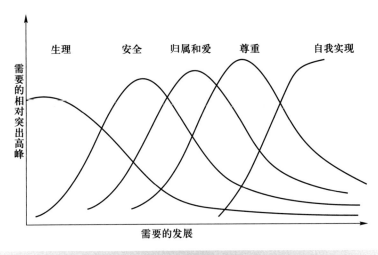

图 2-3　需要的发展

第二,需要的满足具有相对性。主要表现为一个层次的需要相对地满足了,就不再是积极的推动力了,就会向高一层次的需要发展。

第三,同一时期内,可能同时存在几种需要,但只有一种需要占优势地位,支配着人的行为。各层次需要虽然呈现递进关系,但又相互依赖和重叠,高一层次需要得到发展后,低一层次的需要仍然存在,只是对人的行为影响力大大减弱。

相对而言,马斯洛更强调成长性需要,它包括对有价值工作的需要、对责任的需要、对创造的需要、对公正与公平的需要、对做值得做并喜欢做的事的需要。

在成长性需要中,最高层的需要是人的自我实现的需要。自我实现的人被马斯洛看成是内在潜能充分实现、心理最健康的人。自我实现被马斯洛看成是人的发展最理想的境界,但这是一种可望不可即的境界,能够真正自我实现的人凤毛麟角,而自我实现的短暂形式——高峰体验就具有更加普遍的意义。

第五节　价值观探索

一、价值观

价值观是指个人对客观事物及对自己行为结果的意义、作用、效果和重要性的总体评价,是推动并指引一个人采取决定和行为的原则、标准,是个性心理结构的核心因素之一。

目前,价值观定义的研究呈现出多元化趋势,尚未取得完全共识。如:罗克奇(Rokeach.M,1973)认为,价值观是一种持久的信念(enduring beliefs)。它指个体或社会所偏爱的某种具体的行为方式或存在的终极状态,而这种偏爱是相对于这种行为方式或存在的终极状态的反面或对立面来讲的。因此,价值观是一些积极或消极的抽象观念,它脱离了任何具体的事物或情境,代表了一个人对行为方式及理想终极目标的信仰。美国心理学家舒伯(Super D.E.,1980)认为,价值观是一个人想要达到的目标,此目标或者是一种心理状态,或者是一种相互联系,或者是一种物质条件。荷兰社会学家霍夫斯泰德（Hofstede.G，1984）认为，价值观是一种偏爱某种情形胜过其他情形的普遍倾向。我国学者黄希庭等（1994）认为，价值观是人区分好坏、美丑、益损、正确与错误，符合或违背自己意愿等的观念系统，它通常是充满情感的，并为人的正当行为提供充分的理由。价值观具有意识的倾向性、评价的主观性、行为的选择性、观念的一致性和社会历史性等特征。国内外学者分别从不同的角度来界定其概念，对价值观的理解也各有侧重和差异。

总体看来，价值观是大学生职业生涯规划中重要的影响因素，它不仅影响职业生涯的决策，也影响工作、生活的满意程度。因此大学生清晰了解自己的价值观可以帮助自己提高职业生涯决策的质量。

二、职业价值观

1. 定义

职业价值观属于个性的范畴，是价值观体系的有机组成部分，其核心是职业需要，它通过职业评价、动机、愿望、态度、理想等形式表现出来，对人们的职业选择、工作目标、努力程度、自我实现等产生重大影响。

目前，职业价值观的定义也尚未完全取得共识，我国学者黄希庭等（1994）认为，职业价值观是人们对社会职业的需求所表现出来的评价，它是人生价值观在职业问题上的反映，是人生价值观的一个重要方面。于海波等（2001）认为，职业价值观是人们依据自身的需要对待职业、职业行为和工作结果的比较稳定的、具有概括性和动力作用的一套信念系统；它是个体一般价值观在职业生活中的体现；它决定了人们的择业倾向和工作态度；它属于个性倾向范畴的概念。

2. 职业价值观理论基础

（1）职业发展的自我概念理论，代表人物：舒伯。

职业选择及其发展是一个前进中的动态过程。在这个动态过程中，个体探索与担任某种职业角色，因此自我概念也得到了发展。在童年和青少年时期，个体通常通过体验各种角色的扮演经历来增进对自我的观察了解。当自我概念产生较大分化时，其中一个特殊方面即职业自我概念，也就成为青少年职业选择问题上的关键因素。

舒伯在实证研究的基础上，将职业价值观分为三类，即：内在价值、外在价值和外在报酬，同时，又细分为多个维度，包括美感、利他主义、创造性、成就感、智力激发、独立性、管理权力、声望、经济报酬、工作环境、安全感、同事关系、与上司关系、生活方式、变异性等。舒伯认为，人们在从事社会上的各种职业时所形成的生活方式，往往有三方面的需求，即：满足各种劳动活动的需求、社会人际关系的需求和生活上的需求。个人为了达到充分满足这三方面需求的目的，就形成了自己的职业价值观。

（2）职业选择符合个体需要理论，代表人物：霍波克。

这一理论综合了众多西方职业理论，认为职业选择的根据在个人需要，这种需要与个人有切身的关系。个人对自己的需要不论是否了解，均将影响其职业选择。当个人第一次认识到，一种职业适合本人需要时，选择即已经开始。个人预期未来某项职业如何适合其需要，以及适合至何种程度,有赖于对自我的了解、对职业的了解及清晰的思考能力,所以,职业选择可以增进个人的预期能力。

有关职业的资料能帮助个人明白自己的需要,并预测职业选择上的成败。职业资料帮助个人对职业进行比较,以决定选择某种工作,并预期满足至何种程度。个人在工作上所感觉的满足,一是能适合需要,二是确信将来可以适合需要。职业选择有可变性。当个人相信另一种职业更能适合需要时,则会改变选择。工作满足的程度由个人能力与个人希望这两者的关系来决定。

3. 职业价值观的类型

舒伯(1970)认为,职业价值观是个人追求的与工作有关的目标,是个体价值观在职业上的反映,或者可以称之为工作价值观,是指无论你从事什么工作,都会努力在工作中追求的东西。从另一个角度来讲,工作价值观就是你最期待从工作中获得的东西。

WVI职业价值观量表,包含了15项职业价值,后来,舒伯和多罗西·内维尔又进行修订,其中描述了21种职业价值观:

(1)能力的使用:能够运用技巧与知识。

(2)成绩:拥有成就,能够展示你的工作效果。

(3)晋升:有前进、获得提升的机会。

(4)审美:使生活更美好并欣赏生活。

(5)利他:能够参与群体的活动,改善别人的生活。

(6)权威:在别人做事情的时候,领导和管理他们。

(7)自主:自己做主、自己做决定。

(8)创造性:发现、发明、构筑新思想,设计新东西。

(9)经济回报:有很高的报酬,有很高的生活水准。

(10)生活方式:按照自己的打算规划生活和工作。

(11)个人的发展:个人的发展进步以及在生活中得到满足。

(12)体力活动:进行大量的锻炼、多运动。

(13)声望:因为已经完成的工作而得到赏识,给予很高的评价。

(14)冒险:当能获得利益时,愿意迎接带有危险的挑战。

(15)社交:与很多人一起工作,而不是独自一个人。

(16)社会关系:和朋友或者与自己一样的人在一起。

(17)多样性:每天做不同的事情,频繁地变化活动。

(18)工作环境:在一个舒适的环境里工作,有干净的设施,对坏天气的防护等。

(19)文化认同:被接纳为民族或种族中的一员,与同自己有一样背景的人一起工作。

(20)身体强健:使用力气,移动重物,麻利操作强劲的机器。

(21)经济保障:有正式稳定的职业。

第六节 职业期望

一、什么是职业期望

职业期望是人对某种职业的渴求或向往,它既是个人内在职业价值观的外在表现,又是决定个人职业选择的内在动力源(吴谅谅,李宝仙,2001)。职业期望属于个性倾向性的范畴,是职业价值观的外化,也是决定个人职业价值选择的内在动力源。每个人的职业价值观不同,体现出来的职业期望不同,因此选择的职业也不同。研究发现,大学生职业期望存在着性别、生源地和学科差异:女生比男生更倾向于追求职业的稳定性因素;城市学生比农村学生更注重职业的声望地位和稳定性因素,而农村学生比城市学生更看重职业的自我发展因素。

一个人的择业目标是否能够实现,除了个人才能、机遇等条件之外,主要决定于个体的职业期望是否合理。职业期望直接影响人对职业的选择,进而影响人的整个生活。职业期望影响着人们的工作态度和劳动积极性,制约着社会生产力的发展。因此,职业期望对面临毕业的大学生而言也是非常重要,职业期望对大学生的职业选择有直接影响。

小贴士

毕业生小张来自山东济宁,直到毕业当年的 6 月份还未落实毕业去向。小张在大四时参加了硕士研究生考试,由于分数未到国家录取线,他没有获得面试通知。春招季来临之时,小张参加了学校组织的供需见面会,其中一家山东的制药公司觉得他的条件还不错,打算与其签约,然而小张却毅然拒绝了这家单位。小张觉得自己理想中的工作单位应该是:必须在上海市中心城区,单位性质是央企或者国企,年收入不能低于 20 万。不符合这些条件的单位一概不予考虑。辅导员曾经问他,这样的单位可遇不可求,后续打算怎么办? 小张坚决地说,可以考虑专门租房专心准备下一年度的公务员考试和研究生考试,但坚决不会降低自己的职业期望。

二、职业期望的相关理论

1. 职业发展理论,代表人物:金兹伯格

金兹伯格等人(Zinzberg,Ginsburg,Hernia,1951)的职业发展理论。认为职业选择是发展的过程,它不是单一的决定,而是人在一段时间里做出的一系列决定,在这过程中每一步前后之间密切地联系着。职业选择过程大部分是不可逆转的,因为在这个过程中做出的每一个决定都依赖于个人的年龄和发展。

金兹伯格把人的职业选择心理的发展分为三个阶段:(1)幻想阶段(11 岁前),这个阶段儿童往往会想象他们将来会成为什么样的人,并且在儿童游戏群体中扮演他们所喜欢的角色,在这个时期儿童的职业期望是由其兴趣所决定的,并不考虑自己的能力和社会条件;(2)尝试阶段(11—18 岁),这个阶段人正在初中和高中学习,处于由少年向青年过渡的时期,青少年开始学会以个人能力为核心,增强自己感兴趣的能力,开始了解职业价值,并开始考虑职业角色的

社会意义,确定未来职业方向;(3)现实阶段(18—20岁),在这个阶段人开始由中学进入大学或直接步入社会从事职业活动,他们已经开始把自己的主观愿望、主观条件与社会现实协调起来,兴趣、能力、价值观等个体化因素不再是择业的唯一决定因素,人们必须面对现实做出抉择(赵北平,雷五明,2006)。

2. 职业发展阶段理论,代表人物:舒伯

舒伯是职业发展研究领域中最具权威性的人物之一,提出了一套完整的职业发展阶段模式。(1)成长阶段(0—14岁),通过家庭和学校中关键人物的影响,逐步发展出自我概念,随着对社会和现实的了解,兴趣和能力也变得重要起来。这个阶段的任务是逐渐认识自己是什么样的人,同时,对工作及其意义有一个初步的理解。(2)探索阶段(15—24岁),青年开始通过学校学习、业余活动和部分时间工作进行自我考查、角色鉴定和职业探索。(3)建立阶段(25—44岁),到了这个阶段,个人已经找到了一个合适的领域,并努力在其中永久保持下去,以后发生的变化主要是职位工作和单位的变化而不是职业的变化。(4)维持阶段(45—64岁),个人在自己的工作领域中已经取得了一定地位,主要考虑的是维持目前的地位,沿着所创立的道路前进,而很少或几乎不寻求新领域。(5)衰退阶段(65岁以上),随着体力和脑力的逐步衰退,职业生涯接近尾声或退出工作领域。个人必须发展新的角色,从有选择的参与者到完全退出工作领域成为一个旁观者。退休之后,个人必须找到获取满意感的其他来源(王珍,张树桂,张福珍等,1995)。

三、树立正确的职业期望

1. 树立正确的职业选择观念

大学生职业选择很重要的一点就是要做到从实际出发,用长远发展的眼光选择一条更有利于将来发展的职业。选择的不必是最好的工作,而是最适合自己的工作,应该是最能发挥自己的专业特长和优势而且自己最感兴趣的工作。要明确自我的人生目标,即对自我进行人生定位。

习近平总书记十分关心高校毕业生就业情况,2022年他在四川考察时勉励大学生"保持平实之心,客观看待个人条件和社会需求,从实际出发选择职业和工作岗位"。对高校毕业生而言,只有树立正确的择业观、就业观,找到自己的职业定位和奋斗方向,踏踏实实地投入工作中,才能更好发挥个人价值、实现人生理想。社会上不同的职业岗位,客观上确实存在着种种差异,择业者在专业特长、兴趣爱好等方面也存在差别,所以每个人都有着不同的择业预期和就业目标。树立正确的择业观、就业观,意味着要怀有平实之心,综合考虑自身条件和社会需求,增强就业创业能力和职业转换能力。只有以正确的择业观、就业观引导就业预期,才能科学把握就业方向和职业目标,为将来走上工作岗位后摆正工作态度、提升工作业绩打下坚实基础。只要有志向就会有事业,只要有本事就会有舞台。职业虽然有分工上的不同,但没有高低贵贱之别。"三百六十行,行行出状元"。任何职业都不会埋没人才,也不会束缚人的创造力,关键在于对待职业的态度。任何职业都是神圣的,尽职尽责才是天职。不管选择了什么职业,都要全力以赴地投入工作中,真正做到干一行、爱一行、专一行、精一行。

随着我国社会的全面进步,城镇化进程明显加快,城镇和农村都为毕业生提供了广阔的舞台。因此,勇于深入基层的毕业生将大有作为。大学生不仅要勇于到农村去、到基层去,而且要积极地响应国家号召,去中西部地区就业。这不仅是毕业后参与到激烈的就业竞争中去,也是能够更快、更好地获得个人的能力提升,积极奉献社会、实现自我发展的多种途径之一,是将国家的需要与个人的需要有机融为一体的主动尝试。

大学生通过转变传统就业观念,树立合理职业期望,一定能走出一条既符合社会需要,又适合自身发展的成功之道,开创一片新天地。同时,大学生要能够摆脱社会上一些不良风气的影响,不盲目攀比,不要过于重视物质需要,而是要更看重自己的全面长远发展。

2. 正确认识和评价自我

大学生应当正确地认识和评价自我,应当明确自己的专业发展方向是什么,个人的爱好特点、性格气质是什么,评估自己最适合干什么工作,个人的优势和劣势是什么等。只有通过理智、冷静的自我思考,才能对自己有一个客观的评价。

3. 正确认识社会

要正确分析和认识当前我国的就业形势,正确分析各个院校、各个专业的就业情况,充分认识到当前高校毕业生就业存在的有利条件以及面临的困难和问题。当今的时代特征是机遇与挑战并存,每一位处于择业阶段的大学生,将面临更加激烈的竞争,同时,也将面临比以前更多的机会。

首先,我们应该看到当下经济形势总体稳定,整体向好的趋势越发明确。其次,我们应该看到当下尽管不同地区就业存在不均衡的现象,但总体而言就业形势稳定,国家对就业的关注程度很高,促进就业的举措也更加充分和有力。再次,我们应该看到就业结构在持续升级。随着近年来产业结构调整和升级,我国的就业结构也在不断优化,高技术、高端制造业、服务业等行业就业机会增多,同时传统制造业和低技术劳动力需求下降。最后,我们应该关注就业结构的变化。随着我国经济结构的不断转型升级,不同行业、不同类型的就业形式也在发生变化。一方面,一些新兴行业和领域的就业机会在不断增加,比如人工智能、5G 通信、数字经济等;另一方面,部分传统行业面临着市场萎缩、产能过剩等挑战,对相关工种就业造成了一定的冲击。

📥 本章小结

大学生职业选择的成功与否,不在于他们选择了哪种职业,关键是所选职业是否适合自己。本章通过第一节人格探索,让大学生了解自己的性格类型及性格特征;通过第二节兴趣探索,让大学生找准自己的兴趣点所在,根据自己的兴趣选择适当的职业;通过第三节能力探索,让大学生在生涯规划过程中挖掘自己某一方面的能力,并努力提高自身的各种能力;通过第四节需要探索,让大学生了解需要层次理论,不断追求自我实现;通过第五节价值观探索,让大学生了解自己的职业价值观;通过第六节职业期望,让大学生树立正确的职业期望。本章通过这六节帮助大学生客观了解自己、全面地评价自己,让大学生根据自己的特点确定合理的职业期望值,减少职业规划的盲目性。

⚙ 复习思考题

- 1. 简述职业期望在职业选择中的地位和作用。
- 2. 完成霍兰德职业兴趣量表,并根据量表得分分析自己的职业兴趣。
- 3. 完成职业能力测试量表,并试做职业能力分析。
- 4. 请结合马斯洛需要层次理论,谈一下自己的需要满足情况。
- 5. 完成职业价值观测试量表,并对自己的职业价值观进行分析。

◆ **即测即评**

第三章　了解环境

本章提要

社会分工的精细化和差异化致使生产活动逐步分化,产生了不同的职业。职业的产生使得人们能够以某种职业的身份从事社会活动,这就促使个体对职业需求做出选择。因每个职业所处的环境不同,只有了解各种职业的环境概况,才能做出科学的决策。通过本章的学习,我们能够了解职业产生的原因,了解职业探索和职业环境分析的方法,并做出理性选择。

案例导入

李敏,某大学大三学生,会计学专业,想成为注册会计师,职业理想是在国际著名的四大会计师事务所工作。她通过查阅资料并对在四大会计师事务所工作过的同学进行访谈,对职业环境进行了综合的分析。

首先,通过职业宏观环境、大学生整体就业环境的分析,她了解到,在经济全球化的影响下,具有全局观、组织协调能力,具有创新意识的复合型人才成为当今社会需求的重点。其次,通过对会计专业人才从业领域和组织环境的分析,她获知了高级财务管理人员仍有缺口,人才质量有待提升等信息。她注意到,知名的四大会计师事务所都有其独特的企业文化,包括:追求卓越、团队合作和领导力等。当然,高薪的背后,工作压力自然也非常大,加班加点、频繁出差……由于人才济济,还可能遇到职业晋升的瓶颈。

受到家庭环境的影响,母亲从事税务工作,李敏从小就被父母告知"一分耕耘,一分收获""无论在什么地方,做什么事情,都要争取做到数一数二"。因此,她的性格中既有好强、进取的一面,又有稳重、踏实的一面。而这种好强的性格又使她一直都给自己制订了高标准,所以李敏将她的职业目标设定为——成为一家国际公司的高级管理者。

李敏对职业环境的探索比较全面,既有宏观职业环境的分析,也有对会计行业以及目标企业环境的分析,同时对家庭环境等影响自己职业选择的间接环境进行了分析。但是没有分析具体岗位的要求,这是其中不足的一点。对目标岗位进行分析,找到自己与目标岗位的差距,督促自己克服不足,是职业生涯规划的一个重要方面。

职业环境,就是某职业在社会大环境中的发展状况、技术含量、社会地位、未来发展趋势等。包括三个方面的内容:宏观环境、中观环境和微观环境。

第一节　宏观环境探索

职业受制于宏观环境,比如就业政策、就业法规、就业整体形势、经济发展水平、各地区文化特点、行业特点等因素对职业会有不同程度的影响。了解宏观环境对于制定长期职业生涯规划尤为重要。这一节主要对社会文化环境、政治法律环境、经济科技环境进行介绍。

一、社会文化环境

社会文化环境是影响人们行为的基本因素,它反映了人们的基本信念、价值观和行为规范,包括教育条件和社会文化设施等。一方面,我国深层次改革与社会发展已经并且还将为毕业生就业创造广阔的舞台。另一方面,我国各地区生活习惯、文化习俗差异性很大,大学生要找到适合自己的舞台。我国是一个文化大国,社会文化的复杂性也决定了个人职业选择和职业发展要考虑所在环境的文化因素。

二、政治法律环境

政治因素主要涉及国家的方针、政策。影响职业的政治因素包含：教育制度、政治体制、经济管理体制和人才流动的政策等。政治和经济是相互影响的，政治不仅影响到一国的经济体制，而且影响着企业的组织体制，从而直接影响到个人的职业发展；政治制度和氛围还会潜移默化地影响个人的追求，从而对职业发展产生影响。

法律因素是指中央和地方的有关法规和有关规定，如政府有关人员招聘、工时制、最低工资的强制性规定，现行的户籍制度、住房制度、人事制度和社会保障制度，这些因素都会对职业的选择和发展产生重要影响。

三、经济科技环境

经济形势的变化对职业的影响是最为明显又最为复杂的。当经济处于萧条时期，企业的效益降低，对人力资源的需求减少，因而职业选择和职业发展的机会减少；当经济处于高速发展时期，企业处于扩张阶段，对人力资源需求量增加，职业选择和职业发展的机会增多。

劳动力市场的供求状况对职业选择和职业发展产生重要影响。如果某类职业的人才供不应求，则职业选择和职业发展机会增多；相反，如果供过于求，机会则大大减少。

在经济发展水平高的地区，企业相对比较集中，优秀高端企业也比较多，个人职业选择的机会就会相对多，有利于个人的职业发展；相反，在经济落后的地区，个人职业发展也会受阻。

社会对人力资源的需求是一种派生的需求，当人们的收入水平提高时，对商品消费的需求会增加，企业扩大生产，从而增加对人力资源的需求，职业选择和职业发展的机会增多；相反，职业选择和职业发展的机会减少。

第二节　中观环境探索

中观环境是指介于职业的宏观环境和微观环境之间的产业和行业层面的影响因素。探索产业和行业的目的是了解产业和行业对职业的影响，分析产业和行业发展的前景和职业发展的机会。

一、产业环境

产业是指生产物质产品的集合体，是由利益相互联系的、具有不同分工的、涉及相关行业的业态总称。目前普遍流行的是三次产业划分思路，即按照人类生产发展的历史顺序：第一农业、第二加工制造业、第三服务业来划分，并用来反映国民经济中各类活动的不同特征。1985 年，我国国家统计局明确地把我国产业划分为三大产业。第一产业为农业，包括农、林、牧、渔各业；第二产业为工业，包括采掘、制造、自来水、电力、蒸汽、热水、煤气和建筑各业；第三产业分流通和服务两部分，共四个层次：(1)流通部门，包括交通运输、邮电通信、商业、饮食、物资供销和仓储等业；(2)为生产和生活服务的部门，包括金融、保险、地质普查、房地产、公共事业、居民服务、旅游、咨询信息服务和各类技术服务等业;(3)为提高科学文化水平和居民素质服务的部门,包括教育、文化、广播、电视、科学研究、卫生、体育和社会福利等业;(4)为社会公共需要服务的部门,包括国家机关、党政机关、社会团体以及军队和警察等。在传统农业社会,农业人口比重最大;在工业化社会,工业领域中的职业数量和就业人口显著增加;在科学技术高度发达和经济发展迅速的当今社会,第三产业的职业数量和就业人口显著增加。

二、行业环境

行业环境的探索是在社会环境分析的基础上进一步引导学生从比较具体的行业方面进行认知和探索,帮助学生更好地了解和分析行业环境对职业发展的影响。

行业环境的探索包含以下六个方面的因素:

(1)行业现状及发展趋势。国家各级行业主管部门或者社会研究机构,每年都会推出各种行业分析报告,它是了解行业现状和发展趋势的最好资料。

(2)行业人才需求状况。各行各业都有其准入门槛以及对人才素质能力的基本要求,了解行业人才需求状况,是进入行业的前提。行业的人才需求状况,是指这个行业人才胜任能力标准、人才发展前景、人才培养目标及人才晋升路径。

(3)行业的社会评价与社会声望。倾听社会各界人士对该行业的评价,了解该行业的整体社会声望,也是进行职业选择与规划的参考依据。对行业的评价向来都是仁者见仁智者见智,行业的社会声望也是褒贬不一,在不同的评价影响下,大学生应该尽可能客观地认识行业的现状。

(4)行业代表人物。各行各业都有自己的代表人物,通过调研行业代表人物的先进事迹、成长历程,可以加深对该行业的认识与了解。相反,了解行业反面典型的失败经历,也能够从侧面知道行业存在的风险与弊端,树立对行业全面、客观的认识。

(5)行业规范及标准。每个行业都有自己的行业标准及规范,这些规范可能是明示的,也可能是潜在的,这些标准有可能是国家制定的,也可能是行业内部的,行业的规范及标准代表了行业的人才准入门槛以及从业人员基本守则。

(6)行业知名企业名录。知名企业一般是该行业发展的缩影,代表了该行业的发展水平,因此了解行业的知名企业是了解该行业的最好方法。

延伸阅读

国家"十四五"规划纲要阐述的现代产业体系

坚持把发展经济着力点放在实体经济上,加快推进制造强国、质量强国建设,促进先进制造业和现代服务业深度融合,强化基础设施支撑引领作用,构建实体经济、科技创新、现代金融、人力资源协同发展的现代产业体系。

一、深入实施制造强国战略

坚持自主可控、安全高效,推进产业基础高级化、产业链现代化,保持制造业比重基本稳定,增强制造业竞争优势,推动制造业高质量发展。

1. 加强产业基础能力建设

实施产业基础再造工程，加快补齐基础零部件及元器件、基础软件、基础材料、基础工艺和产业技术基础等瓶颈短板。依托行业龙头企业，加大重要产品和关键核心技术攻关力度，加快工程化产业化突破。实施重大技术装备攻关工程，完善激励和风险补偿机制，推动首台（套）装备、首批次材料、首版次软件示范应用。健全产业基础支撑体系，在重点领域布局一批国家制造业创新中心，完善国家质量基础设施，建设生产应用示范平台和标准计量、认证认可、检验检测、试验验证等产业技术基础公共服务平台，完善技术、工艺等工业基础数据库。

2. 提升产业链供应链现代化水平

坚持经济性和安全性相结合，补齐短板、锻造长板，分行业做好供应链战略设计和精准施策，形成具有更强创新力、更高附加值、更安全可靠的产业链供应链。推进制造业补链强链，强化资源、技术、装备支撑，加强国际产业安全合作，推动产业链供应链多元化。立足产业规模优势、配套优势和部分领域先发优势，巩固提升高铁、电力装备、新能源、船舶等领域全产业链竞争力，从符合未来产业变革方向的整机产品入手打造战略性全局性产业链。优化区域产业链布局，引导产业链关键环节留在国内，强化中西部和东北地区承接产业转移能力建设。实施应急产品生产能力储备工程，建设区域性应急物资生产保障基地。实施领航企业培育工程，培育一批具有生态主导力和核心竞争力的龙头企业。推动中小企业提升专业化优势，培育专精特新"小巨人"企业和制造业单项冠军企业。加强技术经济安全评估，实施产业竞争力调查和评价工程。

3. 推动制造业优化升级

深入实施智能制造和绿色制造工程，发展服务型制造新模式，推动制造业高端化智能化绿色化。培育先进制造业集群，推动集成电路、航空航天、船舶与海洋工程装备、机器人、先进轨道交通装备、先进电力装备、工程机械、高端数控机床、医药及医疗设备等产业创新发展。改造提升传统产业，推动石化、钢铁、有色、建材等原材料产业布局优化和结构调整，扩大轻工、纺织等优质产品供给，加快化工、造纸等重点行业企业改造升级，完善绿色制造体系。深入实施增强制造业核心竞争力和技术改造专项，鼓励企业应用先进适用技术、加强设备更新和新产品规模化应用。建设智能制造示范工厂，完善智能制造标准体系。深入实施质量提升行动，推动制造业产品"增品种、提品质、创品牌"。

4. 实施制造业降本减负行动

强化要素保障和高效服务，巩固拓展减税降费成果，降低企业生产经营成本，提升制造业根植性和竞争力。推动工业用地提容增效，推广新型产业用地模式。扩大制造业中长期贷款、信用贷款规模，增加技改贷款，推动股权投资、债券融资等向制造业倾斜。允许制造业企业全部参与电力市场化交易，规范和降低港口航运、公路铁路运输等物流收费，全面清理规范涉企收费。建立制造业重大项目全周期服务机制和企业家参与涉企政策制定制度，支持建设中小企业信息、技术、进出口和数字化转型综合性服务平台。

二、发展壮大战略性新兴产业

着眼于抢占未来产业发展先机，培育先导性和支柱性产业，推动战略性新兴产业融合化、集群化、生态化发展,战略性新兴产业增加值占 GDP 比重超过 17%。

1. 构筑产业体系新支柱

聚焦新一代信息技术、生物技术、新能源、新材料、高端装备、新能源汽车、绿色环保以及航空航天、海洋装备等战略性新兴产业,加快关键核心技术创新应用,增强要素保障能力,培育壮大产业发展新动能。推动生物技术和信息技术融合创新,加快发展生物医药、生物育种、生物材料、生物能源等产业,做大做强生物经济。深化北斗系统推广应用,推动北斗产业高质量发展。深入推进国家战略性新兴产业集群发展工程,健全产业集群组织管理和专业化推进机制,建设创新和公共服务综合体,构建一批各具特色、优势互补、结构合理的战略性新兴产业增长引擎。鼓励技术创新和企业兼并重组,防止低水平重复建设。发挥产业投资基金引导作用,加大融资担保和风险补偿力度。

2. 前瞻谋划未来产业

在类脑智能、量子信息、基因技术、未来网络、深海空天开发、氢能与储能等前沿科技和产业变革领域,组织实施未来产业孵化与加速计划,谋划布局一批未来产业。在科教资源优势突出、产业基础雄厚的地区,布局一批国家未来产业技术研究院,加强前沿技术多路径探索、交叉融合和颠覆性技术供给。实施产业跨界融合示范工程,打造未来技术应用场景,加速形成若干未来产业。

三、促进服务业繁荣发展

聚焦产业转型升级和居民消费升级需要,扩大服务业有效供给,提高服务效率和服务品质,构建优质高效、结构优化、竞争力强的服务产业新体系。

1. 推动生产性服务业融合化发展

以服务制造业高质量发展为导向,推动生产性服务业向专业化和价值链高端延伸。聚焦提高产业创新力,加快发展研发设计、工业设计、商务咨询、检验检测认证等服务。聚焦提高要素配置效率,推动供应链金融、信息数据、人力资源等服务创新发展。聚焦增强全产业链优势,提高现代物流、采购分销、生产控制、运营管理、售后服务等发展水平。推动现代服务业与先进制造业、现代农业深度融合,深化业务关联、链条延伸、技术渗透,支持智能制造系统解决方案、流程再造等新型专业化服务机构发展。培育具有国际竞争力的服务企业。

2. 加快生活性服务业品质化发展

以提升便利度和改善服务体验为导向,推动生活性服务业向高品质和多样化升级。加快发展健康、养老、托育、文化、旅游、体育、物业等服务业,加强公益性、基础性服务业供给,扩大覆盖全生命期的各类服务供给。持续推动家政服务业提质扩容,与智慧社区、养老托育等融合发展。鼓励商贸流通业态与模式创新,推进数字化智能化改造和跨界融合,线上线下全渠道满足消费需求。加快完善养老、家政等服务标准,健全生活性服务业认证认可制度,推动生活性服务业诚信化职业化发展。

3. 深化服务领域改革开放

扩大服务业对内对外开放,进一步放宽市场准入,全面清理不合理的限制条件,鼓励社会力量扩大多元化多层次服务供给。完善支持服务业发展的政策体系,创新适应服务新业态新模式和产业融合发展需要的土地、财税、金融、价格等政策。健全服务质量标准体系,强化标准贯彻执行和推广。加快制定重点服务领域监管目录、流程和标准，构建高效协同的服务业监管体系。完善服务领域人才职称评定制度，鼓励从业人员参加职业技能培训和鉴定。深入推进服务业综合改革试点和扩大开放。

四、建设现代化基础设施体系

统筹推进传统基础设施和新型基础设施建设，打造系统完备、高效实用、智能绿色、安全可靠的现代化基础设施体系。

1. 加快建设新型基础设施

围绕强化数字转型、智能升级、融合创新支撑，布局建设信息基础设施、融合基础设施、创新基础设施等新型基础设施。建设高速泛在、天地一体、集成互联、安全高效的信息基础设施，增强数据感知、传输、存储和运算能力。加快5G网络规模化部署，用户普及率提高到56%，推广升级千兆光纤网络。前瞻布局6G网络技术储备。扩容骨干网互联节点，新设一批国际通信出入口，全面推进互联网协议第六版（IPv6）商用部署。实施中西部地区中小城市基础网络完善工程。推动物联网全面发展，打造支持固移融合、宽窄结合的物联接入能力。加快构建全国一体化大数据中心体系，强化算力统筹智能调度，建设若干国家枢纽节点和大数据中心集群，建设E级和10E级超级计算中心。积极稳妥发展工业互联网和车联网。打造全球覆盖、高效运行的通信、导航、遥感空间基础设施体系，建设商业航天发射场。加快交通、能源、市政等传统基础设施数字化改造，加强泛在感知、终端联网、智能调度体系建设。发挥市场主导作用，打通多元化投资渠道，构建新型基础设施标准体系。

2. 加快建设交通强国

建设现代化综合交通运输体系，推进各种运输方式一体化融合发展，提高网络效应和运营效率。完善综合运输大通道，加强出疆入藏、中西部地区、沿江沿海沿边战略骨干通道建设，有序推进能力紧张通道升级扩容，加强与周边国家互联互通。构建快速网，基本贯通"八纵八横"高速铁路，提升国家高速公路网络质量，加快建设世界级港口群和机场群。完善干线网，加快普速铁路建设和既有铁路电气化改造，优化铁路客货布局，推进普通国省道瓶颈路段贯通升级，推动内河高等级航道扩能升级，稳步建设支线机场、通用机场和货运机场，积极发展通用航空。加强邮政设施建设，实施快递"进村进厂出海"工程。推进城市群都市圈交通一体化，加快城际铁路、市域（郊）铁路建设，构建高速公路环线系统，有序推进城市轨道交通发展。提高交通通达深度，推动区域性铁路建设，加快沿边抵边公路建设，继续推进"四好农村路"建设，完善道路安全设施。构建多层级、一体化综合交通枢纽体系，优化枢纽场站布局、促进集约综合开发，完善集疏运系统，发展旅客联程运输和货物多式联运，推广全程"一站式""一单制"服务。推进中欧班列集结中心建设。深入推进铁路企业改革，全面深化空管体制改革，推动公路收费制度和养护体制改革。

3. 构建现代能源体系

推进能源革命，建设清洁低碳、安全高效的能源体系，提高能源供给保障能力。加快发展非化石能源，坚持集中式和分布式并举，大力提升风电、光伏发电规模，加快发展东中部分布式能源，有序发展海上风电，加快西南水电基地建设，安全稳妥推动沿海核电建设，建设一批多能互补的清洁能源基地，非化石能源占能源消费总量比重提高到20%左右。推动煤炭生产向资源富集地区集中,合理控制煤电建设规模和发展节奏,推进以电代煤。有序放开油气勘探开发市场准入,加快深海、深层和非常规油气资源利用,推动油气增储上产。因地制宜开发利用地热能。提高特高压输电通道利用率。加快电网基础设施智能化改造和智能微电网建设,提高电力系统互补互济和智能调节能力,加强源网荷储衔接,提升清洁能源消纳和存储能力,提升向边远地区输配电能力,推进煤电灵活性改造,加快抽水蓄能电站建设和新型储能技术规模化应用。完善煤炭跨区域运输通道和集疏运体系,加快建设天然气主干管道,完善油气互联互通网络。

4. 加强水利基础设施建设

立足流域整体和水资源空间均衡配置,加强跨行政区河流水系治理保护和骨干工程建设,强化大中小微水利设施协调配套,提升水资源优化配置和水旱灾害防御能力。坚持节水优先,完善水资源配置体系,建设水资源配置骨干项目,加强重点水源和城市应急备用水源工程建设。实施防洪提升工程,解决防汛薄弱环节,加快防洪控制性枢纽工程建设和中小河流治理、病险水库除险加固,全面推进堤防和蓄滞洪区建设。加强水源涵养区保护修复,加大重点河湖保护和综合治理力度,恢复水清岸绿的水生态体系。

第三节　微观环境探索

关于职业的微观环境,本节将从职业所处的企业环境、岗位环境、地域环境和家庭环境四个角度进行阐述。

一、企业环境

企业一般是指以盈利为目的,运用各种生产要素(土地、劳动力、资本、技术和企业家才能等),向市场提供商品或服务,实行自主经营、自负盈亏、独立核算的法人或其他社会经济组织。企业各式各样,不同的企业对职业有不同的影响。企业规模、企业管理、企业文化等对企业内的工作岗位和劳动者有直接影响。企业分析的目的是要了解企业的概况、企业的工作内容以及企业对工作人员的要求(企业的用人标准),通过比较分析,了解职业在企业环境层面的发展前景和机会。

1. 企业的基本状况

主要了解企业过去的创业历史,现阶段的运行状况和规模以及未来的竞争优势与发展前景,包括企业的产品服务、组织机构、经营战略、核心竞争力、资本和技术实力,也包括企业内部员工关系、领导者的管理水平等。

2. 企业的发展目标

企业的存在,在于能够将许多不同意志的人聚合在一起,为了一个共同的目标而奋斗。企业的发展目标,是企业的存在价值和发展的"生命线"。因此,在分析企业发展目标时,不仅需要了解企业未来追求的目标是什么,还要了解企业有什么阶段性的发展目标,以及企业目前所处的发展阶段,同时,还应尽可能地搜集相关资料,了解和分析企业目标在执行方面的措施和实现目标的可能性。

3. 企业文化

所谓企业文化,是指以企业成员共同的、具有本企业特色的价值观为核心的行为方式体系。它是一家企业不同于别的企业,并得以生存和持续发展的核心要素。一家主张员工参与管理的企业,显然比一家封闭的企业能为员工提供更多的发展机会;渴望发展、追求挑战的员工也很难在论资排辈的企业中受到重用。当然,倘若一个人的价值观与企业文化有冲突,难以适应企业文化,这也决定了他在组织中难以得到发展。因此,企业文化是个人在制定职业生涯规划时应当考虑的一个重要因素。

4. 企业人力资源状况

企业人力资源是企业发展的基础,了解企业的人力资源战略及规划,可以比较理性地判断出哪些类型的企业更适合自己未来的发展。同时,在选择企业时,应该更加注意到是否有适合自己偏好职业的人际环境,是否有自己的发展空间和机会,从而做出决定。

5. 企业薪酬福利

企业薪酬福利也是应聘者非常关心的问题。当然,薪酬是职业选择的关键因素,但是进行职业规划时,不宜因为薪酬的高低而有所动摇。个体的职业发展与薪酬是直接挂钩的,职业发展初期薪酬可能较低,但是经过长期的努力,一定会得到应有的回报。

6. 企业的用人标准

不同的企业有不同的用人制度,评价人才的尺度和用人标准也不尽相同。随着我国高等教育进入大众化阶段,许多企业对人才标准的界定已走出了唯学历误区,非专业知识和能力越来越受重视。因此大学生在寻求进入心仪的企业前,首先要了解目标企业的用人标准,看自己是否符合企业的用人标准。

(1)观念。几乎所有的企业在招聘面试时都会向应聘者问及这样的问题:"你为什么要来本单位工作?""请简单介绍你自己""你有哪些业余爱好?"等,这实际上就是对大学生择业观、自我观、生活观的考查。

(2)品格。从中外用人组织的择才标准看,品格总是社会选择人才的核心要素。品格是做人的准则,其核心是道德,道德的核心是诚信。道德和诚信是选择人才的核心标准。

(3)方法。现代用人单位高度重视对方法的考查,主要是对大学生思维方法和实践方法的考查。比如,有些用人单位对应聘者进行思维能力测试,就是对思维方法和认识方法的测试;有些用人单位设置一些问题情景,请应聘者回答解决问题的办法,就是对应聘者分析问题,解决问题方法的测试,也是对实践方法的测试;一些外企习惯于从现实生活中选取问题,考查学生的综合思维能力。在信息社会,知识和技能很容易过时,但是方法却可以长期发挥作用。

(4)能力。专业能力之外,中外用人组织提出了明确的非专业能力要求,主要表现在以下几个方面:表达能力、人际交往能力、组织协调能力、适应能力、实践能力等。

(5)非专业知识。很多单位的招聘有笔试环节,笔试的内容往往包括时事、社会知识、礼仪、管理等非专业知识,且占的比重很大,可见社会对大学生非专业知识的重视。非专业知识包括社会知识、经济知识、管理知识、科技知识、写作知识等多方面,这些知识既是大学生成为社会人的需要,也是大学生可持续发展的需要。中外雇主的择才标准清楚表明,在大学生就业过程中,专业因素和非专业因素同等重要。

二、岗位环境

岗位环境探索是对企业内部某个具体岗位进行探索和分析,了解该岗位的基本职责以及能力要求,为择业进行准备。

岗位环境具体包括以下几个方面:

1. 岗位描述

岗位描述是对岗位的定义、工作内容以及要具备的素质的概括,这是岗位的基本内容,是理解一个岗位的最直观方面,包括:这个岗位是什么,这个岗位要求做什么,这个岗位要具备什么样的素质等。

2. 岗位晋升渠道

岗位是在职能的基础上根据需要而分化产生的,所以在同一部门,同一职能上一定会有多个类似的岗位,而了解这个岗位能为自己轮岗、换岗、职位转换、升职等带来很大的方便。这包括以下两个方面:和这个岗位相关的岗位是什么,这个岗位的职业发展通路是什么。

3. 不同背景下的岗位要求

岗位的通用要求加上不同背景下的岗位理解构成了一个岗位的最终描述,大学生在求职时特别要考虑不同背景下的岗位要求,它是制约个体在公司发展的关键因素。

4. 个人与岗位的差距

当大学生综合了解了岗位需求之后,就可以进行差距量化和差距补充了。全面、准确地了解自己是量化个人与岗位差距的前提和基础。差距是可以被量化的,如组织能力的强弱、英语口语的好坏、计算机能力的强弱等。只有进行了岗位差距的量化,才能为自己的职业规划和职业道路设计找到目标和方向,自己的努力也才更有针对性。

三、地域环境

大学生的就业地域环境,主要是指就业意向地区的行业、生活、人才、人文等影响职业生涯发展的客观环境因素。大学生地域环境分析,主要包括以下两个方面:一是基础性的综合环境,具体包括人才环境、生活环境等;二是自己的意向行业在不同地域的已有发展水平及其在不同地域尚未挖掘出来的发展潜力。

1. 人才环境

了解当地的人才密集程度和人才的种类,了解人才的基本供求关系状况,比如当地人才的需求状况,包括数量、要求、类型以及薪酬状况等。人才集中的地方竞争激烈,但会带来更快的职业发展。

2. 发展机会

了解当地的主要经济支柱和未来发展规划,了解当地的行业发展潜力,以结合自身实际和职业发展规划,判断自己的发展机会和发展潜力。

四、家庭环境

家庭是大学生社会化和职业化前的原生场所,家庭成员对大学生就业的影响非常大。主要有以下几个方面：

1. 家庭期望

家庭期望即父母对于子女的期望值，各个家庭对子女的期望值是不同的。通常来讲，家庭期望值越高，大学生相对来讲就更容易选择一些社会较为热门和大众化的职业，尤其会热衷一些社会地位和收入相对较高的职业。相反，如果家庭的期望值比较低，大学生选择职业就会更随意，通常会选择自己的兴趣爱好作为职业目标，以便于达到兴趣和职业更好的匹配。当然，也有少数学生会选择与家庭期望相反的职业方向，这类学生比例占少数。

2. 家庭需要

家庭需要对于大学生职业的选择会产生较大的影响。每个家庭对于学生的职业需求都是不同的，许多家庭甚至会对学生的职业选择有着严格的要求。例如，偏远山村或者家庭经济状况相对较差的家庭，父母以及大学生本人更希望选择一些易就业且相对稳定的岗位。

3. 家庭的支持力度

家庭的支持力度具体指的是家庭中各个成员对于大学生今后职业生涯的指导和帮助，不同家庭的支持力度和方法是不同的。例如，传统的国有企业管理模式中，对于职工子女有着特殊的优待，可以轻易进入企业就职。此类家庭中多数大学生毕业之后就直接被家庭成员安排到了固定的工作岗位就业。而如果家庭的支持力度较弱，父母或者家庭中其他成员没有能力为子女安排工作，此时大学生刚刚毕业时就会选择一些较为顺利就业的岗位。又如，有的家庭中家长受教育程度高，给予学生以精神和思想上极大的支持，鼓励学生去追求自己喜欢、热爱的岗位，而此类学生在职业生涯规划上相对来讲也更加清晰和成熟。

4. 家庭教育

家庭教育所涵盖的范围十分广泛，包括直接的言传身教，也包括家庭成员与大学生之间的沟通和工作经验交流，这些都会对大学生今后的职业取向产生潜移默化的影响。因此，可以说家庭成员的职业体验和人生体验，将直接影响大学生今后如何规划自己的职业生涯，如何融入职场和社会。

延伸阅读

2022大学生就业力调研报告

2022年6月，智联招聘发布了《2022大学生就业力调研报告》，2022届毕业生求稳心态有增无减，平均期望月薪6 295元，相比去年的6 711元下降了约6%。截至2022年4月中旬，46.7%的求职毕业生获得offer，15.4%已签约。在已经拿到offer并完成签约的应届毕业生中，平均签约月薪为6 507元，比去年的7 395元低约12%，平均签约薪酬亦有所下降。

一、慢就业、自由职业比例进一步提升，读博硕士生增多

智联招聘调研显示，2022届高校毕业生中，50.4%选择单位就业，比去年下降约6个百分点。而自由职业（18.6%）、慢就业（15.9%）的比例均较去年提高约3个百分点。这是继上一年之后，连续第二年呈现单位就业比例下降，自由职业、慢就业比例上升的特征（见图3-1）。

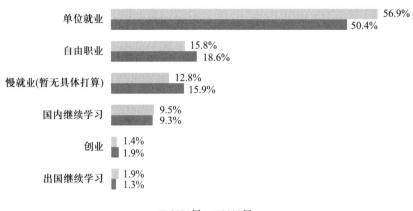

统计规则:基于智联招聘2022年大学生就业力问卷调研数据
数据来源:智联招聘

图 3-1 2022 届与 2021 届高校毕业生去向

2022 年,硕士研究生选择"国内继续学习"的占比为 11%,显著高于 2021 年的 4.3%。一方面,国内博士人才仍较稀缺,薪资水平相对其他学历有明显优势,吸引更多硕士生考博;另一方面,这可能也是硕士生暂缓就业的一个选择。"考研热"是否会逐渐渗透到"考博热",值得关注。

二、慢就业、求稳心态有增无减,对国企热衷度继续上升

2022 届毕业生中,有 44.4% 选择国企,高于 2021 年的 42.5%。选择民营企业的占比 17.4%,与 2021 年的 19% 相比继续下降(见图 3-2)。国企热、考公潮升温,民企热度降低,共同折射出本届毕业生在选择工作上的求稳心态加剧。此外,可能也与疫情后国企面向大学生的扩招有关。

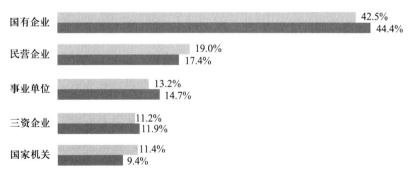

统计规则:基于智联招聘2022年大学生就业力问卷调研数据
数据来源:智联招聘

图 3-2 应届生期望就业的单位性质

三、2022 届毕业生求职期望月薪 6 295 元,平均签约月薪 6 507 元

2022 届毕业生的平均期望月薪 6 295 元,比去年的 6 711 元下降约 6%。其中,4 000 元以下期望月薪的占比 12.8%,高于 2021 年的 8.9%;6 000 元以上期望月薪的占比 44.6%,低于 2021 年的 50.8%。无论从平均值还是分段薪酬来看,本届毕业生降低月薪期望值都具有普遍性,这也表明毕业生愿意降低薪资要求以适应就业市场。

在签约的应届毕业生中,平均签约月薪为 6 507 元,比 2021 年的 7 395 元低约 12%。其中,签约月薪达到 10 000 元以上的占比 10.7%,比去年低 8.5 个百分点;3 000 元以下签约月薪的毕业生占比为 6%,比去年高 1.5 个百分点。平均签约薪酬下降,与毕业生对薪酬的心理预期相一致。

四、74% 的毕业生有实习经历,认为实习对求职有帮助

2022 年,共有 74% 的毕业生有在校实习经历,高于 2021 年的 57.9%。实习的学生中,77.3% 认为实习经历非常重要,对找工作有帮助。

五、双一流院校就业优势明显,普通本科毕业生陷就业困境

从院校类型看,双一流、普通本科、专科院校的签约率分别为 32.9%、12.5%、13.3%(见图 3-3),双一流院校优势明显,而专科院校签约率高于普通本科,普通本科毕业生的就业困境不容忽视。

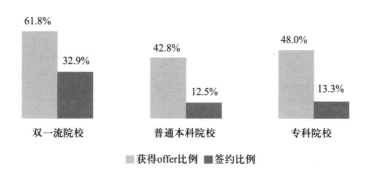

双一流院校 42.8% 普通本科院校 48.0% 专科院校

■获得offer比例 ■签约比例

■ 统计规则:基于智联招聘2022年大学生就业力问卷调研数据
■ 数据来源:智联招聘

图 3-3 不同院校求职毕业生获得 offer 与签约比例

六、名校光环照耀"双一流"求职路,普通本科、专科生受益于实习经历

双一流院校毕业生将获得 offer 主要归因于名校光环,占比 49.5%,高于普通本科院校和专科院校毕业生。此外,选择"专业就业前景好""学习成绩好""有学生干部经历"的双一流院校毕业生占比也要高于其他类院校毕业生。与之相比,36.9% 的普通本科院校毕业生、47.8% 的专科院校毕业生将成功获得 offer 归因于相关实习经历。"社会实践经验丰富""求职目标明确"也是普通本科、专科生的优势。如图 3-4 所示。

从报告可以看出,2022 年就业形势比以往更为严峻,受国内疫情反复以及国际局势等多方面因素影响,未来几年的就业形式尚未明朗。在校大学生们应提前做好规划,努力实现在校增值,以确保在未来的就业市场中获得满意的 offer。2022 届高校毕业生应在理性求职规划的指

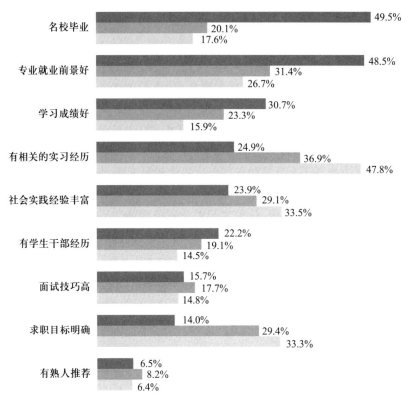

图 3-4　不同院校求职毕业生认为获得 offer 的原因

引下,通过可视化求职等方式,获得更多就业机会。

（资料来源:搜狐网）

第四节　整合环境资源

一、职业的分类

为便于劳动的组织和管理,劳动和人力资源管理部门对纷繁复杂的职业进行分类管理。人们依照生产力现状、科技水平和经济运行的客观规律等标准,将每一种职业都归于特定的类别之中,赋予特定的职业名称和内涵,体现了科学的社会分工。

1. 职业分类图

普里蒂奇(Prediger)在霍兰德六边形模型的基础上作了一些调整,增加了人—事物、资料—概念两个维度。人—事物维度分别表示与人相关的工作,例如为人们提供服务、帮助他们等;与具体物体相关的工作,例如机械、生物、材料等。资料—概念维度分别表示与具体事实、数字、计算机等打交道的工作和用理论、文字、音乐等新方式表达或运作的工作,如图 3-5 所示。

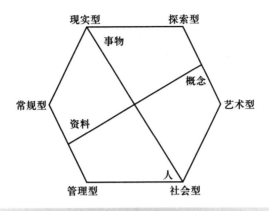

图 3-5 职业分类图的潜在二元向度模式图

2. 工作世界图

美国大学考试中心(ACT)把普里蒂奇的研究进一步推向深入,他们在兴趣的两维基础上,将职业群体的具体位置标定在坐标图上,从而得到工作世界图。该图共分 12 个区域,共有 20 个职业群被标定。大学生可根据自己兴趣类型在该图中的位置,通过与不同职业群的远近位置比较,进一步扩展与自己职业兴趣相关的工作搜寻范围,如图 3-6 所示。

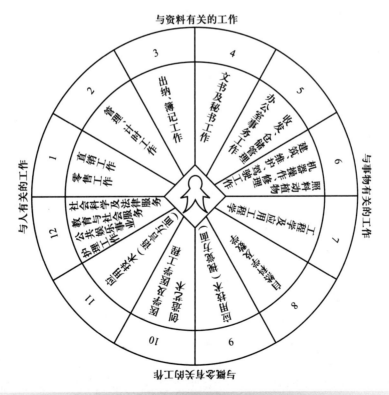

图 3-6 工作世界图(来源:美国 ACT)

3. 改良式的六角形模型

金树人等对普里蒂奇六种类型与人—事物、资料—概念之间的关系进行了进一步研究,研究对象为我国台湾高中生、大学生和成人,结果发现霍兰德的六角形模型与其潜在结构发生了一个新的对应关系。由于职业分类并没有经过本土化的研究,所以大学生在使用该图时可以借鉴金树人的研究结果,如图 3-7 所示。

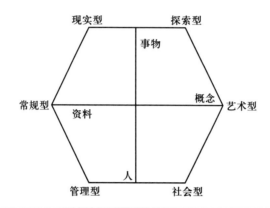

图 3-7　改良式的六角形的潜在二元向度模式图

4.《中华人民共和国职业分类大典》分类

《中华人民共和国职业分类大典》是我国第一部对职业进行科学分类的权威性文献,编制工作于 1995 年初启动,历时 4 年,1999 年初通过审定,1999 年 5 月正式颁布。2010 年逐步启动了各个行业的修订工作。2015 年 7 月 29 日,完成了第一次修订并颁布 2015 版《中华人民共和国职业分类大典》。2022 年 7 月,人力资源和社会保障部向社会公示了新修订的《中华人民共和国职业分类大典》(2022 版)。在 2022 版中,将职业划分为 8 个大类、79 个中类、449 个小类、1 636 个细类(职业)、2 967 个工种。

二、职业初探的途径

1. 资料查阅

这是指将个人希望了解的职业方向,通过书籍、网络等途径进行初步查阅;选定各种典型职业,进一步对其入门所需的基本条件如学历、资格证书、身体条件等进行深入了解。通过资料查阅对相关职业所需的知识、技能、身体条件及个性特征有一个初步的认识,对该职业的生存环境及发展前途以及个人的未来发展方向形成初步印象。

查阅方法的优点是方便、快捷、信息量大、成本低。缺点是得到的是间接的、隔离的信息,可能与现实感受差距较大。

2. 参观

即到相关职业场所进行短时间的观察、调研。

通过参观,可以了解相应各种职业的性质、内容、职业环境及氛围,获得实质的职业感受。优点是能得到切身的感受,缺点则是无法对职业进行实质性深入了解,易被短时间营造的氛围所迷惑。

3. 访谈

通过和相关工作人员交流,了解相关职业的知识、技能、需求、待遇和发展前景,更重要的是与已有相关工作经历的人员交流,获悉他们对于工作的直观感受,能够帮助自己获得更真切的感受。

访谈的好处在于结果比较客观,对工作的要求也比较客观;但不足之处是由于访谈对象的不同,结果可能差异较大,有的人对职业比较积极,赞誉较多,有的人则对职业比较消极,可能评价较低。这就要求大学生用自己的认知和判断去甄别,获取对自己有意义、有价值的访谈信息。

4. 讨论

讨论意味着与别人分享对职业的探索结果。"理越辩越明",个人的探索总是有局限性的,与别人一起讨论感兴趣的职业问题,共享职业探索成果,会互相打消一些不现实或前景黯淡的东西,而共同发现一些更好的东西、更多的前进道路。

讨论需注意的是:不要把个人已经拿定主意、不会改变的事情进行讨论,也不要把自鸣得意的结果拿出来炫耀,应该把正在探索、有些迷茫、值得探讨的问题与别人共同讨论分享。

5. 实习

实习是最好的职业探索方式,其中岗位实习又是最有效的方法。它的特点就是直接、具体、感悟深刻。可以真实地对职业的工作任务、工作要求、工作环境及个人的适应情况进行了解、判断,可以了解工作的程序、报酬、管理及升迁发展的各种信息,还可以通过与工作人员的实地接触,感受职业对人的影响及人一职匹配的情况。具体步骤是:选择一种职业的具体岗位,亲自投入该岗位的实习,了解该岗位的实际工作情况,通过自身的参与,对职业进行全方位的了解。既要看到职业光明的一面,又要看到艰辛的一面,并对照自己的性格和兴趣做出全面的分析。

延伸阅读

生涯人物访谈,是通过与一定数量的职场人士(通常是自己感兴趣的职业从业者)会谈而获取关于一个行业、职业和单位"内部"信息的一种职业探索活动。通过访谈,了解该职业岗位的实际工作情况,获取相关职业领域的信息,进而判断你是否真的对该工作感兴趣,实际上是一次间接、快速的职业体验。

生涯人物访谈是大学生职业选择和职业定向的一个自助平台,是在校期间职业生涯规划的一个环节,是一种获取职业信息的有效渠道。目的在于使大学生了解和认识社会需求、职业需求、职业环境和基本状况,帮助求职者(尤其是在校大学生)检验和印证以前通过其他渠道获得的信息,并了解与未来工作有关的特殊问题或需要,如潜在的入职标准、核心素质要求、晋升路径和工作者的内心感受等(这些信息是通过大众传媒和一般出版物得不到的)。通过生涯人物访谈,还能正确认识自己的优势和不足,从而制订更加合理的大学学习、生活计划。

操作流程:

1. 认识和了解自己

加强对自己的了解和认识。可以借助一定的工具(如霍兰德职业倾向测试、职业能力测量表、职业价值观测量表或测评软件）分析自己的兴趣、性格、技能和工作价值观。（注意：可以使用各种测评工具或软件，但不能迷信。）

2. 寻找生涯人物

结合自己的兴趣、技能、工作价值观、教育背景和已掌握的职业知识列出未来可能从事的几个职业，然后在每个职业领域寻找 3 位以上的在职人士作为生涯人物。生涯人物可以是自己的亲人、老师和朋友，可以是他们推荐的其他人，也可以借助行业协会、大型同学录或某个具体组织的网页来寻找其他职场人士。

注意：生涯人物的职业应是自己向往的。每个职业领域的生涯人物应结构合理，既有初入职场的人士，也有工作了一定年限的中高层人士；正式访谈前，对生涯人物的信息掌握得越全面越好，姓名、职务和联系方式是必需的，对于在生涯人物的讲话、文章或者大众传媒和单位网页上可以获得的信息要尽可能地收集和熟悉。

3. 拟定访谈提纲

结合目标职业信息设计访谈问题，对生涯人物的访谈可以围绕以下要点进行：行业、单位名称、职业（职位）、工作的性质类型、主要内容、地点、时间、任职资格、所需技能、市场前景、行业相关信息、工作环境、工作强度、福利薪酬、工作感受、员工满意度等。（具体内容可以参考后文附件）

4. 预约并实地采访

预约方式有电话、电子邮件、普通信件和社交媒体等，其中电话预约最好。预约时首先介绍自己，然后说明找到他的途径、自己的采访目的、感兴趣的工作类型以及进行采访所需要的时间（通常 30 分钟左右），确认采访的日期、时间和地点。注意：联系前的准备要充分，电话联系时还应备好纸和笔，以备临时电话采访；联系时一定要有礼貌，时间要短。

访谈方式可以是面谈、电话访谈、社交媒体访谈，最好是面谈。面谈前，采访者一般可以用已经从其他渠道了解的生涯人物的好消息轻松打开话题。之后就可以按设计好的问题开始访谈了。遇到生涯人物谈兴正浓时，采访者要乐于倾听，给生涯人物留出提供其他信息的机会。在访谈结束时，请生涯人物再给自己推荐其他相关的生涯人物。这样就可以以滚雪球的方式拓展自己的职业认知领域。 注意：

（1）采访前为自己准备个"30 秒的广告"，因为在访谈过程中生涯人物可能会问采访者的职业兴趣和求职意向。

（2）面谈前，应征求生涯人物的意见，视情况对谈话进行录音或书面记录或不记录。

（3）面谈一定要守时、简洁，不浪费他人时间。

（4）访谈结束后，对于不允许访谈现场记录的内容应迅速补记。

（5）采访结束后一天之内，要通过合适的方式表示感谢。

5. 访谈结果分析

在一个职业领域采访三个以上的生涯人物后，用职业信息加工的观点来分析。对照之前自己对该职业的认识进行比较，找出主观认识与现实之间的偏差。确定自己是否适合这一行业、职业和工作环境，是否具备所需能力、知识与品质，形成书面总结报告，进而详细制定大学期间的自我培养计划。如果访谈结果与自己之前的认识出现严重脱节，就有必要进入另一个职业领域开展新一轮生涯人物访谈。

6. 注意事项

（1）访谈前要做好充分准备。

（2）访谈中要注意着装和仪表，态度和蔼、大方；要文明礼貌，措辞得体。

（3）要时刻注意安全问题，增强安全意识，提高防范能力，确保万无一失。

（4）尊重被访谈者，注意保护他们的信息安全和个人隐私。

（5）认真对待，不走过场，真正通过访谈达到探索职业的目的，为个人的职业定向和职业选择做准备。

附：

生涯人物访谈中可以提问的问题：

您是怎样决定自己的职业选择的？做了哪些准备？

这个工作要求具备些什么技能？

工作中，你的主要职责是什么？

工作中，哪一些是你很喜欢很乐于去做的？有没有哪一些是你不太愿意去做的，或者如果可以选择你会更喜欢做哪一些，而不是哪一些？为什么？

能否描述一下一个典型的工作日是什么样子的？一周呢？

你的工作条件如何？包括时间、环境、着装等。

这个行业的起薪和平均水平是多少？有哪些福利？

你对这个职业的发展前景是怎么看的？

这个行业还与哪些职业和行业紧密相关？什么样的经历（兼职、实践、实习等）能让我离这里更近？

方便推荐我与其他的行业人士谈谈吗？

你所在领域的职业生涯发展通道是怎样的？

这个工作，哪部分让你最满意，哪部分最有挑战性？

对于一个即将进入该领域的人，你愿意给出一些建议吗？

三、行业分析报告

1. 行业分析的主要任务

行业分析的主要任务是了解行业本身所处的发展阶段及其在国民经济中的地位，分析影响行业发展的各种因素并判断其对行业的影响力度，预测并引导行业的未来发展趋势，判断行业投资价值，揭示行业投资风险，为政府部门、投资者以及其他机构提供决策依据或投资依据。

2. 行业分析报告的作用

行业分析报告是项目实施主体为了实施某项经济活动需要委托专业研究机构编撰的重要文件，其主要体现在用于向投资主管部门备案、行政审批的可行性研究报告；用于向金融机构贷款的可行性研究报告；用于企业融资、对外招商合作的可行性研究报告；用于申请进口设备免税的可行性研究报告；用于境外投资项目核准的可行性研究报告；用于环境评价、审批工业用地的可行性研究报告。

3. 行业分析报告的要点

（1）环境分析。行业环境是对企业影响最直接、作用最大的外部环境。

（2）结构分析。行业结构分析主要涉及行业的资本结构、市场结构等内容。一般来说，主要是行业进入障碍和行业内竞争程度的分析。

（3）市场分析。主要内容涉及行业市场需求的性质、要求及其发展变化，行业的市场容量，行业的分销通路模式、销售方式等。

（4）组织分析。主要研究行业对企业生存状况的要求及现实反映，主要内容有：企业内的关联性，行业内专业化、一体化程度，规模经济水平，组织变化状况等。

（5）成长性分析。是指分析行业所处的成长阶段和发展方向。当然，这些内容还只是常规分析中的一部分，而在这些分析中，还有不少一般内容和特定内容。例如，在行业分析中，一般应动态地进行行业生命周期的分析，尤其是结合行业周期的变化来看公司市场销售趋势与价值的变动。

4. 行业分析报告的内容要素

（1）投资的必要性。主要根据市场调查及预测的结果，以及有关的产业政策等因素，论证项目投资建设的必要性。

（2）技术的可行性。主要从项目实施的技术角度，合理设计技术方案，并进行比选和评价。

（3）财务的可行性。主要从项目及投资者的角度，设计合理财务方案，从企业理财的角度进行资本预算，评价项目的财务盈利能力，进行投资决策，并从融资主体（企业）的角度评价股东投资收益、现金流量计划及债务清偿能力。

（4）组织的可行性。制定合理的项目实施进度计划，设计合理组织机构，选择经验丰富的管理人员，建立良好的协作关系，制定合适的培训计划等，保证项目顺利执行。

（5）经济的可行性。从资源配置的角度衡量项目的价值，评价项目在实现区域经济发展目标、有效配置经济资源、增加供应、创造就业、改善环境、提高人民生活等方面的效益。

（6）社会的可行性。分析项目对社会的影响，包括政治体制、方针政策、经济结构、法律道德、宗教民族、妇女儿童及社会稳定性等方面。

（7）风险因素控制的可行性。对项目的市场风险、技术风险、财务风险、组织风险、法律风险、经济及社会风险等因素进行评价，制定规避风险的对策，为项目全过程的风险管理提供依据。

延伸阅读

行业分析报告的结构模板

第一章　行业概况

　　第一节　行业介绍

　　第二节　产品发展历程

　　第三节　当前产业政策

　　第四节　所处产业生命周期

　　第五节　行业市场竞争程度

第二章 产品生产调查

    第一节 国内产量统计

        一、产品构成

        二、产量统计数据

    第二节 地域产出结构

    第三节 企业市场集中度

    第四节 产品生产成本

    第五节 近期项目投资建设情况

第三章 产品消费调查

    第一节 产品消费量调查

    第二节 专题研究调查

    第三节 消费群体调查

        一、消费群体构成

        二、不同群体消费特点

        三、下游消费市场需求规模调查

    第四节 消费区域市场调查

    第五节 品牌满意度调查

        一、品牌结构

        二、品牌地域性差异调查

        三、品牌满意度

    第六节 渠道调查

        一、销售渠道分析（紧密、松散、主渠道等）

        二、消费场所构成

第四章 产品进出口市场调查

    第一节 进口市场

        一、进口产品结构

        二、进口地域格局

        三、进口量与金额统计

    第二节 产品出口市场

        一、出口产品结构

        二、出口地域格局

        三、出口量与金额统计

    第三节 产品进出口政策

        一、贸易政策（倾销与反倾销）

        二、关税政策（优惠或者限制）

第五章 典型企业与品牌调查

    第一节 企业一

本章小结

　　本章详细介绍了职业环境的三个方面:宏观环境、中观环境、微观环境,并介绍了职业的分类以及职业探索的方法。通过这些内容的介绍,大学生对职业的外部环境有了初步认识,进而做到具体问题具体分析,在个人职业发展路径的考虑上,可以从上至下,有层次地结合个人发展需要,定位职业生涯目标。最后,通过使用调查方法、撰写行业发展报告等形式,可做到详略得当的分析,为更好地理解、决策做充分的准备。

复习思考题

■　　1. 比较分析本人目标职业所处的宏观环境、中观环境与微观环境,再围绕行业发展周期与企业发展周期,谈谈本人的职业规划。

■　　2. 对周边的某位职场人士或者知名校友进行访谈,了解他的职场历程,并总结自己的感受。

■　　3. 通过网上搜索和校友访谈,撰写与所学专业相关的 3~5 个行业分析报告(分别列出行业名称、所处行业、行业现状、行业盈利模式、行业竞争力、国家相关政策、行业风险、发展空间与趋势以及求职注意事项)。

◆ 即测即评

第四章 职业决策

本章提要

在认识自我,探索职业环境的基础上,我们需要确定正确的职业发展方向,进行科学的职业决策。每个人对自己的职业目标可以做出不同的选择,这需要大家能够清晰地认识自己的决策风格。通过本章的学习,我们能够了解决策、职业生涯决策的概念,理解决策的基本原则和影响因素,认识自己的决策风格类型,掌握职业生涯决策的常用方法和技术,初步确定职业发展的方向。

案例导入

李刚是某高校计算机专业的一年级同学。填报高考志愿时,李刚犹豫不定。他想要学中文专业,从小喜欢文学的他,一直希望能够在文学方面继续学习,未来可以做记者、当作家,但是父母认为他理科也不错,放弃了很可惜,而且学中文未来的发展不确定且不能掌握一项技能,将来找不到赖以谋生的工作。他也很喜欢学习英语,成绩比较突出,但父亲认为只学习语言没有专业支撑,在未来发展中没有太大的优势。最后,在报考学校、专业选择上,还是听取了父母的意见,选择了计算机专业。

李刚的生涯经历中涉及了生涯决策。决策是一件不容易的事情。小到选择一件物品,大到选择职业方向甚至选择伴侣,都不乏为之踌躇不前、犹豫不定。有一些人对自己的喜好、能力有一定的了解,但受到周边亲人、权威的影响,最终违背初衷做出选择。有些大学生缺乏做决策的勇气和信心,他们怕后悔,怕选错了不敢承受,在面对选择时左右为难选择逃避。有些人干脆让别人帮做决定,有些人索性投掷硬币做决定。如何做出有利于自身长远发展的生涯决策,已经成为当代大学生急需面对和解决的问题。

第一节　决策概述

决策是管理学上的重要概念之一,它是指为了实现某一特定目标,采用一定的科学手段和方法,从多个可行性方案中选择一个满意的方案的分析判断过程,是做出决定和选择,具体是指通过分析、比较,在若干种可供选择的方案中选定最优方案的过程。从广义上说决策可以看作是一个包括提出问题、确定目标、设计和选择方案的过程;从狭义上说,决策是在几种备选行动方案中做出最终选择。人一生要做出很多决策,而职业生涯决策是其中很重要的决策。

一、职业生涯决策的含义

职业生涯决策是决策的一种,其概念最早来源于英国经济学家凯恩斯,他认为,职业生涯决策是当一个人选择目标或职业时,能使其获得最高的报酬,并将损失降至最低的选择方法。在《教育大辞典》中职业生涯决策的定义为:人们根据自身特点和社会需求做出合理的职业方向决策过程,内容包括个人的价值探讨和澄清以及关于自我和环境的使用、谋划和决定过程。

现代意义上的职业生涯决策是指一个人选择职业目标或者职业岗位时,对可能的结果做出价值判断的方法。这一价值判断涉及个人的人生价值观、职业价值观以及性格、兴趣、能力等个人因素和专业需要、职业发展等社会职业环境等的影响。因此职业生涯决策必须因人而异、因时而异、因地而异。

要了解职业生涯决策,就要充分理解它所包含的三层内涵。

（1）职业生涯决策是一种人生决策。职业生涯决策是个人针对自己的个性特质对职业类别进行选择和决定。对于大学生来说，进行职业生涯决策是使自己从"学生"转变成"社会职业人"的关键环节，是实现人生价值的重要转折点。

（2）职业生涯决策是个人因素与职业因素优化统一的过程。不同的人有不同的职业目标，不同的社会岗位将对不同的劳动者进行选拔。在做出职业生涯决策时，必须要考虑自己的性格、兴趣、气质、技能和价值观等相关信息，同时还要面临职业、教育和休闲的各种选择。在综合自我信息和职业信息的基础上，利用职业生涯知识与技能，对自身因素和职业因素进行优化统一，才能制定出有效的个人职业生涯发展决策。

（3）职业生涯决策是个人向客观现实妥协的过程，也是个人对"我与职业"关系的调试过程。每个人都有自己的理想职业，然而理想与现实往往存在差距，在做选择的时候，必然会在客观现实面前做出一定的妥协，在理想和现实之间进行科学合理的分析与调试，解决好"我与职业"的关系，让自己高度认同自己的职业选择，也让自己的职业选择为自身的将来发展搭建发展平台。

良好的职业生涯决策，其意义在于以下四个方面：

（1）科学的职业生涯决策有助于决策者理性地去选择未来的职业和工作岗位。现实中，经常会遇到一些人，对自己的个性因素分析得非常透彻、合理，也了解大量相关的职业信息，却不知道如何做出决策，有的即使做了决策，也不能令人满意。究其原因，主要是对获得的信息没有很好地进行整理加工，缺乏必要的职业生涯决策的知识和技能，不能进行科学决策。

（2）职业生涯决策有利于个人和职业的双向优化配置。在制定职业生涯决策时，个人和职业匹配是关键。人选择职业，同时职业也在选择人。职业选择得当，既能使劳动者的利益得到最大限度的实现，也能使组织或单位获得正常的经济效益、社会效益，同时也有利于社会的稳定。

（3）正确的职业生涯决策有利于把握机遇。机遇往往稍纵即逝，一旦错过，将不再重来。在进行职业生涯决策时要科学地选择，准确定位，及时掌握适合自己个性特征的职业信息，促进职业生涯发展。

（4）理想的职业生涯决策有利于促进人的全面发展。职业生涯决策的过程虽然辛苦，但通过职业生涯决策可以使决策者树立积极的人生态度，准确分析就业形势，了解社会需求，及时提高自身的文化水平、专业技能，引导决策者通过自身的学习和劳动获得成功。

二、职业生涯决策的类型

所谓决策类型，是指不同的人在决策方式上所表现出来的习惯偏好，决策类型是人们在做决策时表现出来的比较稳定的决策态度、习惯、方式等综合特征。决策类型又叫做决策风格，它对做事的效果和效率影响很大。按照决策者对职业、自身了解水平和决策者在决策时的价值追求，通常有以下 7 种决策类型。

1. 理智型

个体能够认真分析自己和外部职业社会，综合考虑各方面因素，果断自信地决定自己的职业定位与职业方向，敢于自我承诺、自我挑战，有计划、有策略、有控制地发展自己的职业生涯,合理动态地管理自己的职业发展。理智型决策类型是比较受推崇的决策类型,强调综合全面地搜集信息、理智地思考和冷静地判断,是其他决策风格的个体需要培养的一种良好的思考习惯,以周全的探索、对选择的逻辑性评估为基础。

2. 直觉型

有些人将自己的直觉和感觉作为决定的基础。他们通常说不出什么理由,一味表示"就是觉得这个好"。直觉在人们对于环境情况无法获得充分信息的时候会比较有效,但它有可能不符合事实,有时候,我们的判断可能会因自身先入为主的偏见而产生较大的误差,依赖直觉和感觉,比较关注内心的感受。直觉型的决策风格以自我判断为导向,在信息有限的情况下可以快速地做出判断,当发现错误时能迅速改变决策。由于以个人直觉而不是理性分析为基础,这类决策发生错误的可能性较大,因此易造成决策的不可靠。

3. 依赖型

以寻求他人的指导和建议为特征。"你帮我做决定吧",他们常常这样说。这样的人顺从于别人的计划而不是独立地做出自己的决定。他们也常说:"只要他们都觉得好,我就觉得好。"比如很多大学生一窝蜂似地争取出国、进外企、考研、参加各种培训班,只因为"大家都这样做"。从众的人固然在追随群体的过程中获得了一种虚假的安全感,但却忽略了自身的独特性,造成他们的选择在很大程度上并不适合自己。他们在不必费心思的同时,也牺牲了对生命可能有的满足感。依赖型的决策者往往不能承担自己做决策的责任,可能因为简单的模仿他人的行为导致负面的反应。依赖型的决策者需要区别并确定所依赖的他人对自己的重要程度。

4. 回避型

以试图回避做出决策为特征。"我不想做决定,随它去",回避型的决策风格是一种拖延、不果断的方式。面对决策问题会产生焦虑的决策者,往往因为害怕做出错误决策而采取这样的反应。这是因为决策者不能够承担做决策的责任,而倾向于不考虑未来的方向,不去做准备,也不思考,更不寻求帮助。这样的决策者更容易受到学校等支持系统的忽略。所以,大学生需要意识到自身的决策类型及其可能造成的危害,努力调试,增强职业生涯规划的意识和动机,才能从根本上得到帮助。

5. 拖延型

这些人习惯将对问题的思考和行动都往后推迟,"过两天再考虑"是他们的口头禅。大学生常见的"我还没准备好找工作,所以打算先考研",就是这种方式的体现。拖延型的人心中经常抱有这样的希望:也许事情过几天就自动解决了。然而,问题并不会自动解决,有时候甚至会越拖越严重。如果你现在不知道该怎么找工作,那么读完研究生也未必就能知道。

6. 宿命型

有些人不愿承担责任,而将命运寄托于外部形势的变化。他们会说"该怎么的就怎么的吧"或是"我这个人永远也不会走远"之类的话。当一个人将自己生活的主导权交给外界环境的时候,可以预见这个人是很容易觉得无助和无力的。这样的人容易成为外界环境的"受害者",怨天尤人,却没想到自己的处境正是由于放弃了个人对生命的"主权"而造成的。

7. 瘫痪型

有时候,个体可能在理性上接受了应当自己做决定的理念,却无法开始决策过程。他们知道自己应该开始了,可在内心深处总笼罩着"一想到这事就害怕"的阴影。事实上,他们无法真正为决策和决策的后果承担责任,而这种害怕承担责任的心理可能源于家庭在其成长过程中长期的不当养育方式。

综上所述,这七种决策类型,还可以根据个体与环境、未知与已知等维度,归纳成决策的四分法分类,如表4-1所示。

表4-1　四分法分类

四分法		自己	
		未知	已知
环境	未知	回避型、拖延型、瘫痪型	直觉型
	已知	依赖型、宿命型	理智型

三、职业决策的影响因素

决策的影响因素是多方面的,决策过程对某些人而言很困难,尤其是在一些特殊的情景下。著名的职业辅导理论家克朗伯兹将班杜拉的社会学习理论引入生涯辅导中,指出了影响个人职业决策的几种交互作用的因素:

1. 遗传因素和特殊能力

人们出生获得的各种能力和素质,包括我们的生理特征如身高、外貌、体态、健康状况等,都会拓展或者限制个人的职业偏好和能力。另外有些人天生具有某方面的天赋,自我觉察后在该领域会更加具有潜力并取得优异成绩。

2. 教育背景

一个人所受的教育程度既受到家庭对教育重视程度的影响,同时也跟家庭的经济能力有较大关系。此外,教育体制、学校和老师的资源对个人兴趣和能力的发展也有广泛的影响。

3. 个人学习经验

一个人的职业偏好是他先前吸取的各种知识、经验共同作用的结果,会因个人经历的不同而变化。比如,家庭经济困难的孩子较早体会到父母的艰辛,会更多地参加社会实习、兼职锻炼,他可能选择大学毕业后就进入社会工作而不是继续升学,这些经历会影响到他职业决策的定位。

4. 个人能力的储备

前面提到的各种因素交互作用,形成个人能力的储备和一定的工作取向技能,包括解决问题的能力、学习的能力、工作的习惯、工作的价值标准等。如,面对相同的职业决策的情境,有些同学全方面收集资料、取长补短,积极投身实践,有些同学唉声叹气、怨天尤人,消极回避对待。

5. 社会因素

如科技进步创造了新的就业机会,不同社会和机构在人员需求的结构上因此发生变化,对劳动力市场产生巨大影响。

6. 环境和事件

克朗伯兹认为,影响职业选择的因素中,有许多来自外部环境而非个人所能预料和控制的。这些环境状况和事件来源于人类活动(如社会、文化、政治或经济活动),也可能是自然力量引起的(如自然资源的分布或自然灾害)。

7. 职业条件

工作获得的机会和工作内容性质受到不断变化的经济条件、社会发展的制约,其对个人受教育程度、工作经验的要求也不尽相同。个人在工作中所看重的薪水、社会地位、安全感、稳定性、挑战性等会因为社会价值观的不同而不同,进而影响选择职业的可能性。如,对于目前大学生创业,国家利用好的创业政策营造了良好的创业环境,创业的门槛变低,使得更多毕业生符合了创业的条件,实现了创业的可能。

四、职业生涯决策的基本原则

任何决策都要遵循一定的规律,符合特定的原则。职业生涯决策作为人生的重大决策,更要遵循特定的准则,体现自身的特点。具体来说,职业生涯决策要遵循以下四个基本原则。

1. 择己所爱

在职业生涯方向和目标选择的过程中,每个人都要充分考虑自己的人格特性、职业价值观和兴趣爱好。从事一项自己喜欢的工作,工作本身就能给人一种满足感,从职业中体会到人生的价值和意义,得到生活的乐趣。

2. 择己所能

任何职业都要求从业者掌握一定的技能,具备一定的能力。一个人不可能将所有技能都全部掌握。在进行职业生涯决策时,需要考虑到自身的能力等,选择要在自己的能力和潜能范围之内,并具有一定挑战性。

3. 择世所需

社会的需求在不断变化着,旧的需求不断消灭,新的需求不断产生。昨天的抢手货今天可能就会变得无人问津,生活处于不断变化之中。职业生涯决策必须遵循社会的发展规律,适应社会人才结构的需求。人的价值要体现在对社会所做的贡献上。

4. 择己所利

职业对一个人来说,是一种谋生的手段和获得幸福的途径。在进行职业生涯决策的时候,决策者都会考虑自己将来的预期收益。理性而明智的人都会权衡利弊,以利益最大化为原则,从一个社会人的角度出发,在一个由个人发展、社会声望、收入等变量组成的函数中找到最大值。

📠 案例分析

李刚的决策风格分析

李刚是某高校计算机专业的一年级学生。他回忆了自己迄今为止所做的三个重大的决定。

第一个决定:初三时,他的理科、文科成绩都还不错,班主任对他的期待很高。妈妈主张考离家近的相对较好的学校,但是爸爸主张考他们地级市排名最好的学校。李刚最后选择考排名最好的学校,他也为自己的目标努力地复习,中考发挥不错,被重点高中录取。回想当时所做的决定主要还是听取了父亲的建议。李刚认为,多亏了父亲的坚持,自己才有机会发挥潜能,实现更高的突破,接触到更广阔的平台。

第二个决定:高一时,李刚在校报上看到学校记者团招募校园记者的消息,从小就喜欢写作、文学的他,看到消息后非常兴奋,感觉自己可以发挥特长,做自己感兴趣的事情,于是充满憧憬地报名参加。但是当时和父母交流时,他们并不认同,因为父母担心高中学习压力大,会影响他的主要课程的学习。但是李刚非常想去尝试,他反复做父母的工作并做到了考取班级前十名的成绩说服父母,同时顺利通过了记者团的面试,被录取。李刚为自己感到骄傲,这是他在自己喜欢做的事情上一次重要的经历。他觉得当时选择进入社团虽然是凭借直觉做的决定,但是很愉快。

第三个决定:在文理分科时,李刚犹豫不定。他想要学习文科,将来当记者或者作家,但是父母坚决不同意,认为文科专业没有实际意义也很难找到合适的工作。老师认为他的理科成绩也很不错,不选择理科很可惜。在父母的一再坚持,老师的建议下,他选择了理科,并且在高考填报志愿时,听从了父母的建议填写了热门的计算机专业。虽然自己的理科成绩还不错,但是在大学学习时总是不能提起兴致,考试勉强通过,每天浑浑噩噩。大学期间在图书馆博览群书的日子,才能让他充实而快乐。

分析:通过对以上事件的回顾,李刚意识到自己最常用的决策风格是依赖型决策,顺从于父母和老师的意见,有时也凭借直觉行事。现在他已经是一个成年人,有能力为自己做选择,他决定以后自己做决策。当然,他知道选择的能力和自信不仅仅是建立在对自己和环境有充分了解的基础上,还需要掌握科学的决策方法。幸运的是,大学职业生涯规划课程中决策环节的探索,帮助李刚学到了决策的理论和方法。他感到,在职业发展的道路上,他已经做好了为自己进行决策的准备。

第二节　决策与挑战

大学生职业生涯决策的过程是在分析自身职业兴趣和评估自身职业能力、了解价值观方向及人格特征的基础上,结合社会(组织)近期需要和长远发展等方面,做出合适的职业方向的选择。要做出一个合理客观的决策,需要理性分析。对大多数人来说,很多时候不是忘了理性的存在,而是缺乏一些理性分析的方法。帮助我们进行职业生涯决策的方法有很多种,在这一节中我们将详细介绍 CASVE 循环决策模型、SWOT 分析法、平衡单法等简单实用且非常有效的方法,为大学生进行职业抉择提供实战技术。

一、职业决策的过程

决策是一个系统的信息加工过程,而不仅仅是一种结果,在这个过程中首先需要了解自我知识和职业知识,然后应用科学的决策方法进行决策,最后再思考修订决策过程。

职业选择和发展起码需要做两件事情,即"需要知道的"和"需要做的"。信息加工过程可以用信息加工金字塔模型来描述,如图4-1所示。如果把职业选择和发展比作烹饪,烹饪需要原料和步骤,环境认知和自我认知就是原料,CASVE 循环等决策方法就是步骤。金字塔顶端的执行加工领域包括自我对话、自我觉察、控制与监督,它具有工作控制职能。它告诉在金字塔第二级水平上的程序按照何种顺序运作。

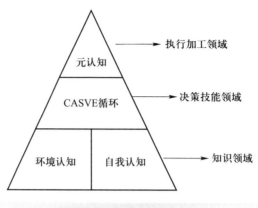

图4-1　信息加工金字塔

二、职业生涯决策的步骤

"我想要什么"和"我能够做什么"主要由个人的价值观和人格特征决定,"我可以做什么"主要由环境需求、个人的社会支持系统和个人对自我的认可度等方面的因素决定。职业生涯决策的步骤是一个循环的、动态发展的过程,兴趣取向、能力取向和机会取向三者的发展呈现相互促进的正相关关系。职业生涯决策的最终目标,对个体而言,要达到四个吻合,即性格和职业的吻合、兴趣和职业的吻合、能力和职业的吻合、气质和职业的吻合;对社会和家庭而言,要能为社会和家庭所用,能对社会和家庭的发展起到良好的促进作用。完美的职业生涯决策能使所选择的职业带来愉悦的内心体验,能提高工作和生活满意度、幸福感,获得成就感,如图4-2所示。

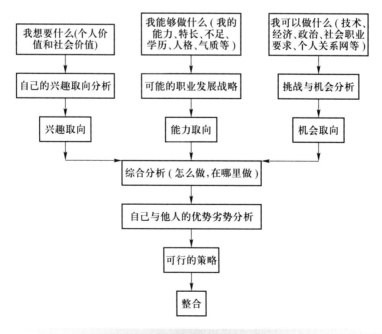

图4-2　职业生涯决策思考步骤图

三、CASVE 循环决策模型

在决策技能领域,盖瑞·彼得森(Gary Peterson)等人提出了五个职业生涯决策技巧,即沟通(communication)、分析(analysis)、综合(synthesis)、评估(valuing)和执行(execution),简称 CASVE,用此来表述个体如何做出决策,也就是生涯决策是五个要素之间的往返循环过程,如图 4-3 所示。

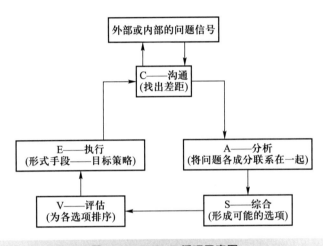

图 4-3　CASVE 循环示意图

1. 沟通

沟通,包括内部和外部的信息交流,通过交流使个体意识到理想和现实之间存在的巨大差距,意识到"我需要做出一个选择"。内部的信息交流,是指个体自身的身心状态,比如在毕业找工作的时候,很多人都可能在心理上感受到焦虑、抑郁、受挫等情绪,在躯体上有疲倦、头疼、消化不良等反应,这些情绪和身体状态都是提醒我们进行内部交流沟通的信号。外部的信息交流,是指外界对我们产生影响的信息,比如宿舍同学开始准备简历就是给我们提供了一种外部信息,我们也需要着手找工作了;又如在求职过程中父母、老师、朋友给我们提供的各种建议。通过内部和外部沟通,我们意识到自己需要解决某些问题,这样的交流对开始生涯选择十分重要。沟通阶段需要回答的最基本的问题是:此刻我们正在思考并感觉到自己的职业选择是什么。

2. 分析

在分析阶段需要对两方面的知识进行了解。首先是自我知识,包含了兴趣:我喜欢做什么? 做什么事情的时候我最能够投入? 做什么事情能让我得到享受? 我擅长做什么? 什么事情是我能做得比别人好的? 我都掌握了哪些专业知识? 我看重什么? 我这一辈子希望达到的目标是什么? 我希望工作可以带给自己什么? 我是内向的还是外向的? 我关注宏观抽象的事物还是具体细节? 我倾向理性思考还是感性体验? 我习惯于有条不紊还是随机应变? 其次是环境知识,每一个选择处于什么样的环境? 会带来什么样的生活? 需要付出什么努力? 比如,对于考研来说,需要付出什么努力? 花多长的时间准备? 读研之后的生活是什么样的？研究生毕业之后的求职情况如何？而对于找工作也需要了解每一份职业相关的信息。

3. 综合

综合阶段是"扩大并缩减我的选择清单"的过程综合，是根据分析阶段所得出的信息，先把选择范围扩展开来，然后再逐步缩小，最终确定 3~5 个可能的选项，这个先扩大后缩小的过程非常重要。通过分析阶段，我们对自我的各方面都有很多了解，每一个方面都分别对应着很多职业，把这些职业都列出来，就会得到一个范围较广的选择列表；然后选取其中的交集，便得出缩小的职业选择范围；接着，把可能从事的职业限定到三至五个；最后，可以问自己："假如我有这三至五个选择，是否可以解决问题，消除现实和理想状态的差距？"如果可以，就进入评估阶段选出最适合的职业，如果还是不能解决问题就需要重新回到分析阶段了解更多信息。

4. 评估

对于综合阶段得出的三至五个职业进行具体评价，评估获得该职业的可能性，以及这个选择对自身及他人的影响，从而进行排序。比如，我们可以问："对我个人而言什么是最好的？对我生活中的重要他人而言什么是最好的？对我所处的环境而言什么是最好的？"我们还可以通过生涯决策平衡单和 SWOT 分析等方法进行评估。

5. 执行

执行，是整个 CASVE 的最后一部分，前面的步骤只是确定了最适合的职业，还不能带来职业选择的成功，需要在执行阶段将所有想法付诸实践，例如，开始具体的求职过程，也为再一次回到沟通阶段提供线索，以确定沟通阶段所存在的职业问题是否得到了很好的解决。在执行阶段，需要制订计划，进行实践尝试和具体行动。如果没有解决可以再次回到沟通阶段，重新开始一次 CASVE 循环，直至职业生涯问题被解决为止。

6. 沟通再循环

了解自己是否做出了恰当选择，是否需要启动新的 CASVE 循环。

📋 案例分析

李刚使用 CASVE 循环对自己现阶段面临的职业生涯决策问题进行了分析。

1. 沟通

上大学以后，李刚就不断听到媒体和高年级同学说就业形势如何严峻、工作如何难找。开始，李刚以为只要按部就班上课就行了，找工作是大四时才考虑的事情。后来，一位学姐告诫他：找工作的事要及早考虑、及早准备，周围的不少同学也都纷纷开始打听考研的消息，他才意识到自己需要了解更多这些方面的信息。

2. 分析

李刚开始觉得这只是找工作的问题，但经过与同学和学姐的谈论，并参加了学校就业指导中心的一次职业规划讲座以后，他发现原来职业生涯规划不只是找工作那么简单，而是要考虑个人长远的全面发展。从讲座中，他了解到职业生涯规划需要建立在对自己和职业世界的清楚认识上。他意识到他对自己的认识还不太全面、清晰，至于对职业世界的了解就更缺乏了，而且自己也不知道该怎样去进行探索。他认识到，在进行职业生涯规划前，自己首先需要很好地掌握职业生涯规划的方法。

3. 综合

李刚首先想到的是请教自己的父母、师长还有高年级的同学。他也想到可以上网去了解相关信息。他知道学校有个就业指导中心，他想那里应该有不少的信息。他还想到书店去看看，或许能找到一些相关的书籍。

4. 评估

李刚请教了高年级的同学和自己的父母、师长，他们都给了李刚一些经验和建议，但李刚感到他们并没有什么系统有效的方法，毕竟他们也都是凭着自己的个人经验来找工作的。网上倒是有不少这方面的信息，但给人的感觉大多比较零散，缺乏系统性和操作性。于是李刚又到书店里寻找了一下，发现这方面的书大部分是讲怎么写简历和面试技巧的，对自己没有太大帮助。李刚想要知道，是不是有什么科学、系统又实用的方法可以指导个人进行职业生涯规划。还好，当他去学校的就业指导中心询问时，那里的老师说他们下学期要开一门新的课程，叫做"大学生职业生涯规划"，就是专门针对有像他这样需求的大学生的。老师还给他推荐了几本比较好的职业生涯规划类书籍。

5. 执行

李刚真是太高兴了，他在网上选课的第一天就报了名。经过一段时间的学习，李刚感到自己掌握了很多进行职业生涯探索和规划的具体方法。更重要的是，他对自己的了解大大增加了，他越来越明确自己需要的是什么，也更有信心实现自己的目标。他很高兴自己选择了"大学生职业生涯规划"这门课，于是向周围的不少同学推荐了它。

回顾自己选修和学习这门课程的过程，李刚感到自己现在已经在运用"计划型"的决策模式来解决自己的职业生涯规划问题。他发现，"大学生职业生涯规划"这门课程所教给他的，就是怎样在生涯发展中用一种计划型的、有效的方法来进行生涯决策。

四、SWOT 分析法

SWOT 分析法由美国哈佛大学的 K.J. 安德鲁斯教授于 1971 年提出，安德鲁斯在其《公司战略概念》一书中将企业面临的竞争环境分为内外两部分，其中内部环境主要指企业自身的相对优势（strengths）与劣势（weaknesses），而外部环境主要指企业面临的机遇（opportunities）与威胁（threats）。进行内外部因素分析和 SWOT 矩阵的构造，可以清楚地看到自己的竞争力和发展机会，从而能够制订出恰当的生涯目标，同时还能清楚地认识到自己的不足和外在威胁，从而可以制订出相应策略，以发挥优势因素，克服劣势因素，利用机会因素，化解威胁因素。运用系统分析方法，将排列的各种环境因素相互匹配起来加以组合，就可得出一系列适合自己的对策。提纲式地列出一份今后五年的职业行动计划，这一步主要涉及一些具体的东西，要求拟出一份为实现上面所列目标的行动计划，并详细说明为实现每一个目标所要做的每一件事，何时完成这些事。如果你觉得需要一些外界帮助，请说明你需要何种帮助和你如何获取这种帮助。例如，你的个人 SWOT 分析可能表明，为实现你理想中的职业目标，你需要进修更多的技术课程，那么你的职业行动计划应具体说明你何时进修这些课程。这些详尽的行动计划就像外出旅游前事先制订计划一样。内外部环境及 SWOT 矩阵见表 4-2。

表 4-2　内外部环境及 SWOT 矩阵

		内部环境	
		strengths 优势	weakness 劣势
外部环境	opportunities 机会	S—O 对策	W—O 对策
	threats 威胁	S—T 对策	W—T 对策

大学生职业生涯决策 SWOT 矩阵如表 4-3 所示。

表 4-3　大学生职业生涯决策 SWOT 矩阵

内部因素	优势 S：指个体可控并可利用的内在积极因素 ◆ 教育背景 ◆ 丰富的专业知识和技能 ◆ 实践经验 ◆ 特定的可转移技巧（如沟通、团队合作、领导能力等） ◆ 人格特质（如职业道德、自我约束、承受工作压力的能力、创造性、乐观等）	劣势 W：指个体可控并可以努力改善的内在消极因素 ◆ 缺乏工作经验 ◆ 学习成绩差，专业不对口 ◆ 对自我和对挫折的认识都十分不足 ◆ 较差的领导能力、人际交往能力、沟通能力和团队合作能力 ◆ 负面的人格特征（如缺乏自律、害羞、情绪化等）
外部因素	机会 O：指个体不可控，但可以利用的外部积极因素 ◆ 就业机会增加 ◆ 再教育的机会增加 ◆ 专业领域急需人才或专业发展带来的机会 ◆ 由于提高自我认识、设置更多具体的工作目标带来的机遇 ◆ 地理位置的优势	危机 T：指个体不可控，但使其弱化的外部消极因素 ◆ 就业机会减少 ◆ 具有丰富技能、经验、知识的竞争者 ◆ 缺少培训、再学习造成的职业发展障碍 ◆ 专业领域发展有限

　　SWOT 分析法在职业生涯决策的初期作用非常明显，可以通过反复的沟通确认帮助大学生顺利明确自己的职业选择方向。但当大学生已经有几个可供选择的方案时，仅用上述方法，就会感到决策困难，难以做出评估。而这时采用职业决策平衡单法可能决策效果会更好一些。

案例分析

　　李刚对是否选择从事记者行业工作的 SWOT 分析。

　　步骤一：列出 SWOT 矩阵（见表 4-4）

表 4-4 SWOT 矩阵

内部分析	自身优势 S 1. 本科计算机专业,成绩优秀; 2. 丰富的记者工作经验; 3. 大型公司半年实习经验。	自身劣势 W 1. 非中文专业毕业; 2. 专业不对口。
外部分析	职业环境机会 O 1. 自媒体随着网络文化的发展,实现了重 要的飞跃,得到了国家的重视; 2. 网络新媒体、自媒体的兴起,导致记者人 才需求量增大; 3. 宣传、报道的重要性逐渐凸显出来。	职业环境威胁 T 1. 中文、媒体方向的毕业生; 2. 自拍等网络实践已有不俗成绩的社会人; 3. 正规的报社、媒体记者准入门槛高。

步骤二:对各矩阵因素进行赋值(见表 4-5)

表 4-5 各矩阵因素赋值

内部分析	自身优势 S 1. 本科计算机专业,成绩优秀;9 2. 丰富的记者工作经验;8 3. 大型公司半年实习经验。8	自身劣势 W 1. 非中文专业毕业;5 2. 专业不对口。4
外部分析	职业环境机会 O 1. 自媒体随着网络文化的发展,实现了重 要的飞跃,得到了国家的重视;8 2. 网络新媒体、自媒体的兴起,导致记者人 才需求量增大;6 3. 宣传、报道的重要性逐渐凸显出来。7	职业环境威胁 T 1. 中文、媒体方向的毕业生;4 2. 自拍等网络实践已有不俗成绩的社会人;5 3. 正规的报社、媒体记者准入门槛高。4

步骤三:分别将 S、O 中各因素分数相加,W、T 中各因素分数相加后进行比较

S+O=46

W+T=22

比较:S+O＞W+T

通过 SWOT 分析可见李刚从事记者工作具有一定的优势。

五、平衡单法

平衡单法也是生涯决策中比较常用的一种方法。平衡单法由詹尼斯(Janis)和曼(Mann)设计,它将重大事件的思考方向集中到四个主题上,即自我物质方面的得失、他人物质方面的得失、自我赞许与否、社会赞许与否。实际应用时,由于"自我赞许与否"和"社会赞许与否"仍显得笼统,我国台湾的生涯辅导专家金树人将最后两项改为"自我精神方面的得失"与"他人精神方面的得失",在"自我—他人""物质—精神"所构成的四个范畴内来考虑。

"决策平衡单"（decision-making balance sheet）被应用于问题解决模式和职业咨询中，用以协助咨询者系统地分析每一个可能的选项，判断分别执行各选项的利弊得失，然后依据其在利弊得失上的加权计分排定各个选项的优先顺序，以执行最优先或偏好的选项。平衡单法可以帮助我们具体分析可能的选择，考虑各种方案实施后的利弊得失，最后排出优先顺序，确定选择方案。

决策平衡单包括四个主题，分别是：

（1）个人物质得失（+/-）；

（2）他人物质得失（+/-）；

（3）个人精神得失（+/-）；

（4）他人精神得失（+/-）。

自我物质方面的考虑因素主要包括薪水、福利待遇、工作环境、休闲时间、变化、工作胜任程度、升迁机会、对健康的影响等；在他人物质方面的考虑因素主要包括给家庭带来的经济支撑、工作对家庭地位的影响、与家人相处的时间等；在个人精神方面的考虑因素主要包括成就感、自我实现、生活方式、工作的挑战、社会地位和声望的影响等价值观以及个人兴趣爱好、家人是否支持等；在他人精神方面的考虑因素主要涉及父母、师长、配偶、孩子等。这些因素是平衡单的重要组成部分，也是对每个可能的选择进行理性分析的重要内容。明白了平衡单的四个主题后，我们看一下采用平衡单法作生涯决策的具体步骤：

第一，列出各种可能的职业选择，一般来说 2~4 个。

第二，从四个考察维度列出你选择职业生涯考虑的因素。

第三，对每个考虑的因素按照自己的情况设置权重，1~10 分。1 分表示最不看重，10 分表示最看重。

第四，考虑这些因素在每个选择中的得失程度，从 -1.0~1.0 给分。-1.0 为全失，1.0 为全得。

第五，把各个因素的权重和相应的得失分数相乘后再相加，得出每一职业选择的总分。

第六，按照总分列出职业选择的优先级。

案例分析

李刚的生涯决策平衡单

在上大学之前，李刚没有想过自己会进入计算机专业，但学习计算机专业后，他觉得自己有一些这方面的经验和才能。但是，对于编程类科目的学习，他觉得比较头痛，他不太喜欢处理数据这一类的事情。有时他甚至怀疑，自己是不是单纯学语言如英语会比计算机专业研究生在就业方面前景好，薪水也高。经过个人需求分析和职业生涯分析后，他打算在本科毕业后从事英文记者或是考本专业研究生。由于跨专业从事英文记者存在一定困难，父母、老师和很多同学都不赞成他的想法。因为外部有很多反对意见，他自己也感觉有些犹豫。通过对决策平衡单法的学习，他认真制作了自己的生涯决策平衡单，如表4-6所示。

表 4-6 李刚的生涯决策平衡单

选择项目	权重	选择一　本专业研究生		选择二　英文记者	
考虑因素	1~10	得(+)	失(−)	得(+)	失(−)
个人物质方面的得失					
1. 就业背景	5	0.8		0.5	
2. 薪水	4	0.6		0.4	
3. 是否成功	3	0.8			−0.3
4. 对健康的影响	3	0.2		0.2	
他人物质方面的得失					
与家人相处	6	0.2			−0.3
个人精神方面的得失					
1. 工作对象	9		−0.6	0.8	
2. 兴趣	10		−0.6	1.0	
3. 价值观	9	0.1		0.7	
他人精神方面的得失					
家人支持	5	1.0			−0.3

本专业研究生总分 =0.8×5+0.6×4+0.8×3+0.2×3+0.2×6−0.6×9−0.6×10+0.1×9+1.0×5=5.1

英文记者总分 =0.5×5+0.4×4−0.3×3+0.2×3−0.3×6+0.8×9+1.0×10+0.7×9−0.3×5=24.0

　　结果一目了然。通过理性分析,把纷繁复杂的信息通过平衡单的方法清楚地呈现在面前。虽然外部很多反对的声音,但是反对的理由并不是李刚所看重的,如薪水、就业前景、考研是否成功等。李刚清楚地看到了自己最看重的是兴趣爱好以及价值观。因此,李刚跟从了自己内心的声音而不是他人的想法,做出了自己的选择。

　　在使用决策平衡单的时候,要注意其目的不仅在于得出最后的排序结果,填写的过程也很重要。因为列举各项考虑因素、给各项价值观分配权重以及给各项选择打分的过程本身,就是在帮助个人理清自己的思路。这样一个仔细思索和反复推敲的过程,可能比单纯得出一个结果更为重要,更能够帮助个人做出适合于自己的决策。

　　显而易见,这样的决策方式需要比较多的时间和精力上的投入。因为和许多事情一样,决策虽然有各种方法和技巧,但却没有捷径可走。也正因为这种决定产生的结果具有十分重大的意义,我们才需要这么多的时间和精力上的投入。看了李刚的生涯决策平衡单,如果你正面临着要做决定,鱼和熊掌只能取其一,请马上尝试一下这个决策工具吧!

第三节　目标设立与行动计划

一、决策目标

　　人生重要的不是你现在所站的位置,而是你所朝的方向。即使你所朝的方向距离目标很远,设立科学有效的目标体系,将每天的行动与目标之间建立起微妙、紧密的联系,就会为自己建立起实现目标的阶梯。

1. 设立目标的指导原则——SMART 目标

S——secific:要用具体、明确的语言清楚地说明要达成的目标标准,不能含混不清,同时要注意使用正面语言。

M——measurable:可以量化的,能度量的,目标可衡量才能计算达成度。

A——achieveable:目标可达成,订立目标不要贪多,太多目标等于没有目标。

R——rewarding:目标需有一定意义,让人感觉目标一旦达成,付出的辛苦是值得的,所得的收获让人感到内心满足和愉悦。

T——time-bounded:有明确时间限制的。

最后,目标必须有一定挑战性。如果缺乏挑战性,不仅对达成理想无益,也会让目标缺乏足够的吸引力。

2. 目标分解

目标分解是根据观念、知识、能力等的差距,将职业生涯的远大目标分解为有时间规定的长、中、短期分目标,直至将目标分解为某确定日期可以采取的具体步骤。目标分解是将目标清晰化、具体化的过程,是将目标量化成可操作的实施方案的有效手段。目标分解帮助我们在现实环境和美好愿望之间建立起可以拾级而上的通道,一直细分到今天干什么、明天干什么。

(1)按照时间分解。按照时间可将目标分为长期目标、中期目标和短期目标。

① 长期目标。一般为 5~10 年内的目标,个人会对此始终如一坚持不懈。它通常不是很具体,可能随着形势的变化而变化。主要特征:符合自己的价值观和信念,既有可能实现又具有挑战性;目标和社会发展需求相结合;实现时间可以有明确规定,也可根据现实灵活变动。

② 中期目标。一般为 3~5 年内的目标,它相对于长期目标要具体一些,并且服务于长期目标。主要特征:与长期目标保持一致;对目标实现的可能性做出评估;基本符合自己的价值观;个人对此充满信心等。

③ 短期目标。一般为 1~2 年内的目标,是长期目标和中期目标的进一步具体化、现实化,是最清楚的目标。短期目标又分为年目标、月目标、周目标、日目标。主要特征:可操作性强;服从于中期目标;明确规定具体的完成时间;对实现目标有把握等。一般来说,短期目标服从于中期目标,中期目标服从于长期目标。具体的实施通常是从短期的、具体的目标开始的。

(2)按照性质分解。职业生涯目标按照性质可分为外职业生涯目标和内职业生涯目标。其中,外职业生涯目标侧重于职业过程的外在标记,如职务目标、工作环境目标、经济目标等。内职业生涯目标侧重于职业过程中自身知识、经验的积累,能力的提高及内心感受等。通常,内职业生涯目标的发展带动外职业生涯目标发展。

生涯目标的实现可以促进内职业生涯目标的达成。一个人在分解自己的职业生涯目标时,外职业生涯目标与内职业生涯目标应该是并进的并且应该将内职业生涯目标作为重点考虑的内容。目标分解要兼顾内外职业生涯目标,长、中、短期目标两个维度的交叉并用。

3. 差距分析

具体目标的设置需要进行差距分析,就是将现实条件与达成职业生涯目标所需条件对照,找出其中的差距。这样设计目标,才具有针对性和可行性。差距分析是实现生涯目标的具体施工图。实现目标的过程实际上就是缩小差距的过程。

二、决策行动

在确定了职业生涯目标以后,行动就成了关键。

1. 行动步骤

行动分为四个阶段,从兴奋期到疲劳期到寂寞期再到收获期。

(1)兴奋期:做事热情很高,态度积极,但方向性差,方法较随意,目标设定缺乏经验。

(2)疲劳期:工作激情开始降低,遇到困难容易产生惰性,易转换目标或降低原来的目标标准,急需学习时间管理与情绪管理。

(3)寂寞期:大多数人思想动摇,开始怀疑自己的能力或是怀疑自己目标的可行性。很多人会在这时放弃原来的行动。

(4)收获期:只有少数持之以恒的人可以达到这个境界,获取阶段性成功。

了解、掌握了行动过程规律之后,就应该更加坚定信心,认准了目标就不要轻易放弃。

2. 行动的心态

这里向大家介绍简单易行的 FIRST 方法。

F——专注(focus):你必须明确你最重要的目标,专注是你成功的第一前提。为了专注必须懂得放弃一些东西。"舍得",有时候有"舍"才有所"得"。在行动的过程中,可能会有各种迷惑方向的事物出现,随时有将你吸引到岔路的危险。这时,保持清醒的专注度是必需的。

I——执行(implement):按照短期计划,每天进步一点点,达到一定的熟练度或找到一些技巧可以逐渐提高任务的难度与标准,尝试不断冲破你的舒适区。

R——反思(reflect):经常思考行动的执行过程,提炼心得与经验,会让你在目标实现的过程中做得更好,效率更高。

S——反馈(seek feedback):寻求他人的反馈与帮助,不要永远一个人摸索。要知道,一个人总是存在或大或小的盲点。多与人沟通交流,借助他人的"慧眼"帮你发现更深的问题。

T——延续(transfer):将你的经验与心得不断转移到下一个步骤,成功贵在坚持。当正确行动形成习惯,成功可能就像惯性一样接踵而至。

3. 改变阻碍行动的习惯

行动起来常常并不像想象的那么简单,因为人不可能预期所有的问题,不可能总是掌握着所有的动向,尤其是一些突发事件。如果外界条件发生改变,或者现实出乎预料,而自己还墨守成规的话,就可能陷入盲点,陷入一种看似僵化的局面,而这往往是由于旧有的惯性思维和行为造成的。所以,要积极改变那些绑缚自己的坏习惯,或者已经不适应当前局面的老习惯。人类 95% 的行为是习惯,习惯的影响是巨大的,而且因为它的潜移默化作用,自己有时候甚至浑然不觉。它在不知不觉中影响品德,暴露本性,左右成功。但是没有改变不了的习惯,只有不想改的习惯。好习惯直接影响到一个人的学习、工作和生活。成功是靠正确的行动,好的习惯也是从行动中建立的。行动有助于知识、技巧的增长,这些增长又进而促进行动。

三、职业生涯决策常见问题

在第二节中,我们介绍了职业生涯决策的常用方法和技术,然而,我们在实际运用中还会遇到各种阻碍和一些非理性观念的困扰,如果你学习到了突破各种职业决策阻碍和转化非理性生涯观念的技巧,将有助于你顺利进行初步的职业抉择,科学地做出自己的职业生涯决策。

个人出现决策困难的情形,通常可分为以下两种:

1. 生涯不确定

这是正常的发展性问题,大学生还处在生涯探索阶段,普遍不了解自己的兴趣、能力、价值观,缺乏关于工作世界的信息,因此难以进行生涯决策。这种情况通常只要通过了解更多的职业生涯规划信息、参加社会实践等途径就可以解决。

2. 生涯犹豫症

这是由个人特质引起的,这类学生需要较长时间的个别生涯辅导,甚至是心理咨询和治疗,如认知调节和心理咨询、放松训练、自信训练、积极的心理暗示等,才能帮助他们提升自我价值感、改善决策力。个人特质包含犹豫特质和决断特质。前者的特征是长期性焦虑、低自我概念、无助、外控,后者的特征是缺乏自我及环境信息,决策技巧不够。

四、职业生涯决策常见问题分析及应对

克朗伯兹认为,遗传和特殊能力、环境和重要事件、学习经验、任务取向的技能四种因素交互作用的结果,形成了个人对自我和世界的推论或信念。这些推论不一定完全正确,要视个人的学习经验是否丰富而定。但是,人们往往会以偏概全,在一两次深刻经历的基础上得到一些刻板的印象和先入为主的偏见,这就是所谓的"非理性观念"。如:由于某次住院时遭到医生的粗暴对待,就认为现在的医生都"唯利是图",从而在职业选择上排除了医生。又如:因为家庭经济上的困窘,就牢牢记住了"没钱就会让人瞧不起",从而在职业选择上将收入作为考虑的首要标准。下面是一些常见的与生涯相关的非理性观念。

1. 自我方面

有关个人价值:我必须得到他人的认可;一个人的价值与其所从事的职业有密切的关系;我不知道自己该干什么,我真没用。

有关工作能力的信心:我无法从事任何与我本身能力、专长不合的工作;只要我愿意去做,我就能做任何事;虽然我很喜欢 / 很希望当一个⋯⋯但如果我真去做的话,我很有可能会一事无成。

2. 职业方面

有关工作的性质:就像谈恋爱一样,我想只有某一种职业才是真正适合我的,我一定要设法把它找出来;这个行业不适合男生 / 女生。

有关工作的条件:我所做的工作应该满足我所有的要求;专业工作所要求的条件是非常苛刻的。

3. 决策方面

方法:我会凭直觉找到最适合我的职业;总有某位专家或比我懂得更多的人可以为我找到

最好的职业；也许有某项测试可以明确指出我最适合从事什么工作。

态度：在我采取行动之前，我必须有绝对的把握；一旦我做出了职业选择，就很难再改了；如果我改变了决定，那我就失败了；在我的生涯发展中，我只能做一次决定。

4. 满意的生涯所需条件方面

他人的期待：我所选择的职业也应该让我的家人、亲友感到满意。

自我的标准：除非我能找到最佳的职业，否则我不会感到满意；只有做到我想做的，我才会感到快乐；在选择要从事的工作领域中，我必须成为专家或领导者，才算是成功。

这些"非理性观念"的不合理之处，在于其绝对化。"应该""必须"这样的表述方式都体现了思想观念上的束缚，将个人的选择限制在狭小的范围内，缺乏弹性，最终阻碍了个人长久健康的发展。在真实情境中，人们也许不会做如此绝对化的表述，或者即使持有这种观念，可能在理性上也同意它们是不合理的，只是在潜意识中却仍然相信这些想法并且据此做出判断和行动。如：有的人会希望所有人都喜欢自己，所以如果别人做什么事或搞什么活动，没有叫上自己，他就会觉得很郁闷。在他的内心深处，可能存在"只有当所有人都喜欢我，我才是有价值的"这样的观念。对于非理性观念，如果你能对其适当调整，改为"我希望如此（而非'应该'或'必须'如此），但如果不能实现，我也能接受"，则你的认识可以更加切合实际，更有利于你的发展。在平时生活中，你要有意识地多审视自己的观念，看看它们是否合理，有没有对你的生涯发展造成阻碍。你还可以与他人谈论或阅读这方面的有关书籍。不断反思和更新自己的观念，是个人成长的重要内容之一。

长期以来多数职业生涯决策理论或模型都强调决策者的绝对理智，认为职业生涯决策是一个价值推理、符合逻辑的行为。在实际生活中，我们不难发现，虽然很多人懂得做这种符合逻辑的、按步骤进行的利弊分析，但在得出排序结果后却仍然难以做出最终的决策。这是因为单纯理性的决策忽略了情感的作用。人不仅有理性，也有情感。在传统教育中，情感由于其缺乏理性的可控性而经常遇到我们的排斥和轻视。殊不知，它也是人类天性的一部分，是有其重要功能和作用的。情感往往携带着相当大的能量，否认和压抑并不会让它自动消失，反而有可能在暗地里给人造成种种阻碍。我们常见的压抑愤怒，然后在一件小事上爆发，就是这样的例子。

在很多选择上，并没有绝对的"好"与"坏"之分。常言说得好："萝卜白菜，各有所爱"。每个人都有其独特的价值取向，各人所需要、所看重的东西不同，很难判断孰是孰非。比如，买计算机的时候，有的人看重品牌，有的人看重性能，有的人在意价格，还有的人注重外观。而在性能方面，有些人对计算机的使用仅限于撰写和打印文稿、上上网；另外一些人却要用它来看电影、听音乐、玩游戏。可以说，没有哪一款计算机是适合所有人的、最好的。大家只能根据自己的需要去选择，选计算机如此，选职业也是如此。如果我们不去聆听和尊重内心深处的爱恨或直觉，而是一味听从专家意见、大众标准和热门排行，往往就会落入陷阱而无法做出正确的选择。这时，搜集再多的信息，再比较权衡也无济于事，因为我们的认知和情感不一致，内心产生了冲突。许多人难以做出恰当的决策，原因就在于此。

只有当情感和认知一致时，才会感到内在的和谐，才感觉自己是一个高度一致的人，我们也会更容易信任自己的选择，加之科学的决策方法，从而使决策更有依据，使我们更有力量去承担决策的结果和责任。

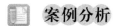 **案例分析**

李刚的职业生涯决策知识运用实例

在本章的案例中,李刚是计算机专业本科学生。在自己的职业生涯道路上遇到了一些问题,自己喜欢文科、语言方面的专业,对计算机虽然不讨厌,但是没有很高的热情。将来可能是IT男,毕业后应该去网络公司从事计算机编程相关的工作,但是自己比较感性,比较善于与人交往,在编程等课程中感觉很无趣,不喜欢只对着代码,感觉自己不适合做程序员。想找其他类型的工作如记者,可是专业不对口,不想考研希望毕业进入社会历练。李刚真不知道自己该怎么办了。

李刚带着这些问题咨询了学校就业指导中心的老师,并结合自身"大学生职业生涯规划"课程中职业生涯决策知识的学习,经过认真的学习和思考。他渐渐意识到在决策中,我们时常会觉得,好像有一些选择,但又哪个都不合适,无法选择。出现这种情况时,首先需要考虑是不是因为你所看到的选择太狭隘,把自己限死了。你有"我是计算机专业的,毕业以后要做程序员""我学的是计算机,找别的工作很困难"等想法,就将学计算机专业的同学可能有的职业前景局限在了"程序员"或"考研"这两项中。评价自己是"善于与人交往的"而且"不喜欢只对着代码",因此自己得出结论说"不适合做程序员"。但事实不一定如此,李刚爱好文学,而且理工功底也很扎实,当程序员当然可以,但是如果结合自己的兴趣专长,到计算机专业杂志社担任记者或编辑工作,不但懂专业而且能将爱好融入专业中。计算机专业毕业的同学当然也可以从事非计算机类的工作,许多学计算机科学的人其实已经将专业融入各种各样的行业中,找到工作并且取得了成功。

在考虑职业发展的时候,你要时常反省类似这样非理性的观念。只有在对自我、对工作进行充分探索的基础上,才能比较全面地看到自己可能拥有的选择,结果也许大大超出自己原先的想象。如果感到自己希望的选择难以实现,也许是因为某些方面的能力不到位。比如感到找工作困难,可能不是由于专业限制,而是由于自己从未学习过如何找工作造成的。无论综合能力、专长还是求职,都是一种技能,它们是可以经由练习而改善的。如果你提高了处理人际关系的能力、提高了综合素养、养成了良好的习惯,同时掌握了职业生涯规划的技能,可能的职业选择一定会大大增加。

本章小结

本章以李刚的决策案例为线索,从决策的认知,到职业生涯决策技术,再到决策目标的设立与行动计划,每个环节介绍知识体系的同时,还有生动的贴近大学生的事例解读,可以帮助大学生更加深入、具体地理解职业生涯决策的知识和技术体系。希望大家通过"大学生职业生涯规划"课程中职业生涯决策知识的学习,经过认真的实践和思考,渐渐意识到决策的重要性,学会科学地决策,获得有效的决策技能,懂得如何去承担决策的结果。

⚙ 复习思考题

- 1. 结合自身实际,你认为影响自己生涯决策的因素有哪些?
- 2. 如何深入理解、准确把握 CASVE 循环模型中的五个要素?
- 3. 运用 SWOT 分析法,对自身面临的职业发展机会进行 SWOT 分析。
- 4. 运用决策平衡单法,对自身面临的职业发展机会进行分析。
- 5. 通过对自我的探索和反思,谈一谈你对职业生涯决策含义及理性决策重要意义的理解和认识,谈谈自己存在着哪些非理性观念,如何避免和克服。

◆ 即测即评

第五章　职业生涯规划书

本章提要

　　通过前面几章的学习,大家对自我、职业和环境有了一定程度的了解,对如何寻找自己的职业生涯发展方向和确定职业目标也有了思考。但是在职业规划的方法上尚待提高。通过本章的学习,我们能够掌握职业生涯规划的基本方法,熟悉职业生涯规划的主要内容。本章提供一份职业生涯规划书的模板,帮助大家撰写职业生涯规划书。

案例导入

　　李丽(化名),某上市公司 HR 总监。在一次校企对话中,她和上海××大学就业创业服务中心孙主任讲到如下现象:

　　我们在公司招聘和现实工作中会经常听到这样的话:"我学的是计算机专业,希望能从事平面设计一类的工作。但很多时候,我又举棋不定,总觉得再多看几家,会有更好的选择。""我花了九牛二虎之力终于应聘成功了,可试用了几个月后发现,每天做的工作我实在提不起兴趣。""学了几个工商管理专业,感觉自己好像是什么都能做,又像是什么都不能做。真不知道该往哪个方向发展啊!"

　　其实,如此种种,都是典型的缺乏职业规划的表现,从上述描述中,我们也容易看出他们的困惑对个人发展的影响,我们可以通过编写职业生涯规划书的方式帮助个人进一步明确自己的职业发展方向。对于迷茫的职业发展者来说,规划书可以帮助他们挖掘自身的优势和潜力,提供职业发展的方向和目标,助力个人职业生涯的发展,提高职业发展效率和效果。

第一节　职业生涯规划书概述与编制原则

　　职业生涯规划是指个人结合自身情况以及机遇和制约因素,为自己确立职业目标,选择职业发展路径,制定教育、培训和发展计划,并为自己实现职业生涯目标而确定行动方案。职业生涯规划书的编制是进行职业生涯规划梳理的过程,是用文字的方式描绘规划思路。完成职业生涯规划书编制后,在行动过程中,职业生涯规划书就如同行动指南一般,提供操作指引,督促并提醒当事人及时评估与修正。

　　职业生涯发展过程中会有很多不确定性,但如果心中有方向,脚下就有路,就不会被眼前的不确定性影响,迷失了方向。因此,确立职业生涯发展目标十分重要。根据不同类型的目标,其发展路径也不尽相同。

　　首先,建立自己的长期目标、终极目标,即人生的最终定位。目标要立足现实,从自身实际出发。若目标太高,则会使自己失去信心和斗志;目标过低,则会使自己失去前进的动力。诺贝尔生理学或医学奖的获得者托马斯·亨特·摩尔根曾说过:"不要把志向立得太高,太高近乎妄想。没有人耻笑你,而是你自己磨灭目标。目标不妨设得近点,近了就有百发百中的把握。"

　　其次,建立短期目标,明确大学四年要达到的目标和应具备的能力。比如,要达到考取研究生的目标;培养七种能力:逻辑性及数理性能力、语言能力、空间能力、自我内省能力、洞察人性能力、体育能力、音乐能力,这也正是哈佛大学心理学家霍华德·加德纳研究发现的成功人士一般具备的能力。再如,培养团队协作、主动学习、诚信正直、具备理想和激情等特质。又如,掌握七项学习能力:学习自修之道、学习基础知识、实践贯通、兴趣培养、积极主动、掌控时间、为人处事。

　　再次,建立年度或学期目标。将短期目标加以分解,具体到每一学年、每一学期。比如,本学年要完成什么？这个学期末的成绩要达到什么标准？一年读多少课外书？参加什么社会实践与社团活动？人际关系处理得如何？身体素质怎样？等等。

最后，建立日常目标，即对年度或学期目标加以细化。比如，每天应该做什么？如何安排好一天的学习生活？日常目标要具有可操作性、可控性，并讲究人性化，力求容易实现，如坚持晚上跑步等，锻炼身体，增强体质，为顺利完成四年的大学生活创造条件。

确立好目标后，需要具体的行动方案。职业生涯规划书就是呈现确立目标的具体过程以及对行动方案的具体描述。职业生涯规划书的编制原则如下：

一、目标导向

目标的确定是职业生涯规划的关键，职业生涯规划书的撰写也应以目标为导向进行分析、归纳和总结。撰写的各个部分围绕着目标的寻找、确立、评估、调整来进行，让目标成为规划书的潜在主线。

二、可行性

事业发展的 TOP 模式，阐述了事业成功的重要因素。T 代表才能（talent），O 代表组织需求（organization needs），P 代表激情（passion），P+T 是怀才不遇，P+O 是力不从心，O+T 是动力不足，只有职业的选择是充满激情、具备相应才能并且符合组织需求的，才可能获得事业的成功。因此，职业生涯规划具有可行性原则，要考虑到个人的兴趣、能力，也要考虑到国家、社会发展的需求。

三、具体明确

职业生涯规划中目标的确立需要明确，越具体越具有实践的价值与意义，在实施的过程中才有方向并方便分步骤计划和行动。这往往与规划者对自我和职业探索的程度有关，探索得越充分，目标越容易具体。一般来讲，职业目标包括组织、行业、岗位，其中组织代表着希望就职的单位性质。

四、时间坐标

由于职业生涯规划具有阶段性的特点，设定的目标和行动方案，需要注意时间坐标原则。每个阶段的目标需要有开始的时间和结束的时间，每个阶段需要有明确的目标和具体行动计划。如果缺乏时间坐标原则，就会让规划陷入空谈，如同空中楼阁、难以实现。

第二节　职业生涯规划的基本方法

一、基本方法

1. 探索自我的基本方法

第二章自我探索部分中，讲述了探索职业兴趣的霍兰德职业兴趣理论、MBTI 等量表测评方法。除此之外,探索自我还可以采用360度评价法、自我分析法、橱窗分析法等方法。

360度评价法,是指通过收集与自己有密切关系的、来自不同层面人员的评估信息,来全方位地评估自我。通过评估反馈,可以获得来自多层面人员对自己素质、能力等的评估意愿,比较全面、客观地了解有关自己的个人特质、优缺点等信息。对于大学生而言,评估一般来自自我、家庭、老师、同学,如表5-1所示。

表5-1 360度个人评估表

评估对象	评价内容	
	优点	缺点
自我评估		
家庭评估		
老师评价		
同学评估		

自我分析法,就是对自我认知的总结。通过分析过去的经历,了解自己的性格、价值观、能力与成长,进而对未来发展提供参考意见,如表5-2所示。

表5-2 个人经历库范例

时间	事件	过程	感悟	关键词
2022年9月	竞选层长	在楼层各寝室的室长中竞选为层长,协助管理员开展各类社区活动,并为楼层中的同学服务	社区是个大家庭,做层长不仅能更好地感受到社区文化,参与到更多有意义的活动中,也能认识更多的朋友	服务意识、奉献精神
2022年10月	新生晚会	主持22级新生欢迎会并参与舞台剧《傲慢与偏见》表演	虽然有丰富的朗诵经验,但是主持还是有些许担忧,而舞台剧的表演是一次新的尝试	尝试新事物
2022年11月	学生会选拔	在辅导员的建议下,我决定参选学生会,成为文艺部副部长;班级同学也推选我为班长	开始只是抱着试一试的心态,但竞选成功后信心倍增	团队领导能力
2022年11月	合唱比赛	组织年级同学参加学校"唱支歌曲给党听"的合唱比赛,经过日日夜夜的排练,最终获得全校第二名	作为组织者和参与者,我觉得整个过程很漫长,也很累,但却体会到了团结就是力量的真正含义	组织能力
2022年12月	圣诞舞会	与部长一起策划筹备舞会,包括节目安排,邀请嘉宾,场务工作等	前期的准备工作很辛苦,但是苦尽甘来,舞会取得了很好的反响,我觉得之前的付出是值得的	策划能力

续表

时间	事件	过程	感悟	关键词
2023 年 1 月	慈善义卖	作为楼管会的一员参与"感动你我,让爱回家"的准备工作、宣传工作和落实工作,具有一定影响力	任何一个大型活动都是要靠团队的努力,只有齐心协力才能出色地完成各项活动	组织协调能力
2023 年 6 月	职业生涯管理项目	制作了个人的第一张简历,组建了团队开展各项活动,并接受有关专业人士的简历修改	对职业生涯发展有了初步的了解并产生了浓厚的兴趣	学习和探索能力
2023 年 7 月	爱心小学	担任暑期爱心小学社会实践活动的秘书长,负责会议事宜、人事管理及考评等工作	有意义的暑期实践活动,无论再苦再累都是值得的。同伴间的相互合作和孩子们的可爱让我体会到什么是幸福	实践能力

橱窗分析法,是一种借助直角坐标系的不同象限来表示人的不同部分的分析方法,它以"别人知道"或"别人不知道"为横坐标,以"自己知道"或"自己不知道"为纵坐标。分为"公开我"——自己知道、别人也知道的部分;"隐私我"——自己知道、别人不知道的部分;"潜在我"——自己不知道、别人也不知道的部分;"背脊我"——自己不知道、别人知道的部分,如图 5-1 所示。

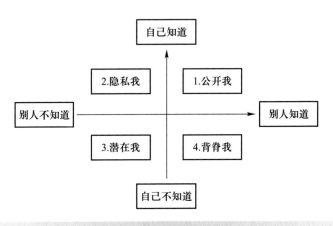

图 5-1　橱窗分析法坐标图

📖 小贴士

运用测评手段进行自我认知是一种力求客观的认知手段,它的特点是能够在较短时间内测出自己某方面特点,如兴趣、性格、行为方式、能力等倾向。这一特点是在与群体的比较中得出的。通过测量,同学们能够在短期内获得对自己较为客观的描述和评价。

职业测评是客观地评价自己的重要参考工具。常用的职业测评工具有:霍兰德职业兴趣测评、MBTI 职业性格测评、卡特尔 16PF 测评、职业价值观测评、职业锚测评等。某一个维度的单项测评并不能全面反映一个人的特质。应将多项测评的应用结合起来,还要将测评法与别的认知方法结合起来。

表 5-3 是常见的三类职业测评工具的对比分析。

表 5-3 常见三类职业测评工具的对比分析

测评工具	应用人群	优点	局限性
霍兰德职业兴趣测评(职业倾向或职业能力)	高中生、大学生或工作经验较少的人群	将兴趣与工作进行匹配,可以获取高的职业满足	兴趣是易变的,易受环境、任务的影响而产生变化;不太适合管理人员
MBTI 职业性格测评(或 MBTI 与动力的整合)	适用于 20 岁以上年龄的人,个性已经形成并基本定型	可以考虑工作内容、工作环境多个因素的影响,是了解个人性格与做事方式、改善沟通的好的补充工具	只从个性一个角度进行评价,与其他测评共同使用效果会更好
职业锚测评	具有一定的工作经验的人群	是个人天资和能力、工作动机和需要、人生态度和价值观的融合	不适合没有工作经验的人群,因为不了解具体的工作,有时职业锚并没有形成,或者并不清晰

2. 探索职业的基本方法

在本书的第三章中,提到了探索职业有资料查询、访谈和社会实践等方法。此处不再赘述。

3. 生涯决策的基本方法

具体见第四章 CASVE 循环、SWOT 分析、平衡单方法等。

二、职业生涯规划书编制过程中的常见问题

1. 目标不够具体、明确

大学生在撰写职业生涯规划书的时候,如果目标意识不强,在撰写过程中,沉浸于探索自我、探索环境,则规划书的目标就会不够具体、明确。他人阅读的时候,只能依据规划书的分析依稀判断其生涯目标。

2. 现实发展与目标选择不统一,逻辑性不强

职业生涯规划书在撰写之前需要对整篇规划书进行构思,把握框架和脉络,不能出现想到什么写什么,现实发展与目标选择之间不能很好地匹配,目标显得过于突然,逻辑性不强。如此下来,规划书的撰写就失去了实际的意义,目标显得无理由无依据。

3. 目标职业认识不到位,分析不透彻

大多数人对于职业环境的了解不多,仅停留在想象、听别人说的层面。探索职业的方式过于单一、深度不够。因此,在分析社会环境和就业形势的时候,容易泛泛而谈,对自己目标职业的特点、要求及面对的形势分析不够或不到位。

4．行动计划不具体、不清晰

规划书中的行动计划应是基于实施层面的计划,不能只是大致描述。需要根据阶段性目标细化行动计划,在计划中明确实施的时间、需要在各个模块达到的效果。行动计划越具体,越能够督促自己按照计划实施,目标也就水到渠成地实现了。

5．对评估调整不够重视,草率收尾

职业规划书中的评估调整部分是整篇的收尾,从规划的完整性看,评估调整是规划不可缺少的一部分。从实际意义来看,评估调整是对发展变化中的生涯规划的有效补充。

第三节　职业生涯规划书的主要内容

职业生涯规划书包括个人基本信息、目录和正文。个人基本信息包含姓名、性别、出生年月、学校、专业、联系方式。需说明规划的起始日期、终止日期、年龄跨度、撰写时间,这些信息的填写会提醒撰写者生命的不可逆性,更加体会到规划的意义。正文部分包括引言、探索自我、探索职业、职业定位、行动计划、评估与调整。

一、引言

包括个人对职业生涯规划的认识、职业生涯规划对个人及社会的意义、确定个人的职业发展方向和总体目标。引言的撰写启发阅读者理解规划者撰写的心境和规划书对于规划者的意义。

二、探索自我

职业规划是由内而外的过程,探索自我就是要借用多种方法和途径全面地、客观地认识、分析自我。探索自我应首先梳理脉络,明确想成为怎样的人、做怎样的职业,在探索自我的过程中,结合目标总结自己的相关特质。与职业发展密切相关的探索自我主要包括兴趣、性格、价值观、能力。

探索自我范例:

（1）我眼中的自己。

（2）他人眼中的我。

（3）职业测评报告分析。

职业兴趣——喜欢做什么。

职业测评报告显示,我的职业兴趣前三项是××型、××型、××型。

我的现实表现:

职业能力——能够做什么。

职业测评报告显示,得分较高的能力是××能力和××能力,得分较低的能力是××能力和××能力。

性格特质——适合做什么。

职业测评报告结果:

职业价值观——最看重什么。

职业测评报告结果前三项显示,×× 取向、×× 取向、×× 取向。

我的现实表现:

(4)探索自我小结。

三、探索职业

人的职业发展离不开职业环境,职业环境与个人的职业生涯发展密切相关。在职业规划的时候,必须对环境加以分析。分析职业环境,主要有三个维度。分别是宏观的社会环境分析,中观的行业环境分析、地域环境分析和企业环境分析,以及微观的岗位环境分析。

探索职业内容:

(1)家庭环境分析(家人经济地位、家人期待、家族文化对我的影响)。

(2)学校环境分析(学校特色、专业学习、实习、实践经验等)。

(3)社会环境分析(就业形势、就业政策、竞争对手等)。

(4)职业环境分析。

行业分析:行业现状、行业目前的优势与问题、行业发展趋势、前景预测、国际国内重大事件对该行业的影响等。

职位分析:暂定的目标职业岗位的工作内容、工作要求、发展前景等。

企业分析:暂定的目标企业在本行业内的地位和发展前景。

(5)职业探索小结。

四、职业定位

职业定位包括职业生涯决策、职业生涯发展策略、职业生涯发展路径等内容。

五、行动计划

职业生涯规划重在实施,结合生涯发展阶段目标,制定相应的行动计划,是确保目标实现的重要步骤,而大学生职业生涯规划应将重点放在大学阶段的行动计划。

在制定职业生涯目标的时候可以依据以下内容进行撰写:

职业生涯目标:

主要工作内容:

它吸引我的特点是:

我在个性上可以尝试的改变是:

我可以培养的生涯兴趣是:

我尚须培养的能力是:

我必须具备的其他条件是:

我的生涯行动计划(含教育进修或培训):

六、评估与调整

职业生涯规划是一个动态的过程,必须根据实施结果的情况及相应变化进行及时的评估与调整。评估与调整主要包括评估内容、评估时间、调整原则、备选方案。

评估内容:

(1)职业目标评估(是否需要重新选择)。

(2)职业路径评估(是否需要调整发展方向)。

(3)实施策略评估(是否需要改变行动策略)。

(4)其他因素评估(对身体、家庭、经济等意外情况的及时评估)。

评估时间:

一般情况,定期(一年或者半年)评估规划;当出现特殊情况时,需要随时评估并进行相应的调整。

调整原则及备选方案:

评估调整需要注意的是,调整并不是指可以随意更换目标和发展方向,而是指在实施过程中原有的优势和条件有了调整,经过重新整合后,对策略步骤和方法的调适,以便行动更有效。

本章小结

本章从职业生涯规划书编制的具体实施角度,阐述了职业生涯规划书的概念,职业生涯规划书的编制原则、方法、内容以及常见问题。通过职业生涯规划书的撰写来促进对个人职业生涯规划的整合,深入梳理和理解各环节的逻辑关系,形成个人的职业生涯规划理论和方案,让大学生更加清楚自己的职业生涯发展规划。

复习思考题

1. 编制职业生涯规划书,应当先确定目标还是先进行职业生涯规划书的编制?为什么?

2. 参考职业生涯规划书优秀范本内容,结合个人实际情况,编制你的职业生涯规划书。

3. 简述撰写职业生涯规划书的意义?

◆ 即测即评

第六章　大学生职业生涯规划管理

本章提要

当全面分析了自我，探索了职业及其环境，明确了职业发展方向和职业目标，制定了行动计划，撰写了职业生涯规划书之后，接下来要做的就是踏踏实实地践行自己的计划，并在执行过程中不断调整、优化和提高。通过本章的学习，我们能够明确大学生的理想与责任，了解大学生的自我管理分类，做好大学生阶段规划管理，并对如何进行大学期间职业生涯规划的评估与调整作出合理设置。

案例导入

求职前,如何找到职业规划最优解

职业规划是大学生求职前至关重要的一步。做好职业规划,在毕业求职时可以减少很多迷茫。

如何找到适合自己的发展方向?如何做好职业规划并把规划落到实处?在中国青年报社出品的新一期《参数》节目中,几位青年分享了自己制定职业规划的经验。

新疆大学研究生三年级学生刘小琳,正努力按照自己规划的职业方向努力,"我目前是打算回到家乡的事业单位或国企工作,投递简历的重心也放在这些单位上。我从去年7月开始复习国考,也会参加其他相关考试"。

罗荣灏目前在西北农林科技大学当辅导员,在大三下学期,他便确定了方向,参加学校"保留研究生入学资格从事专职辅导员"计划,"本科毕业后,我先专职做辅导员,然后在本校攻读硕士研究生,积累工作经验并提升学历"。

点滴教育合伙人、拥有18年职场经验的唐晓芸认为,职业规划也是对自己人生的规划,"职业规划决定着我们未来要过什么样的人生,和什么样的人在一起,在这个社会中发挥什么样的价值。所以做职业规划的前提是明晰对自己的了解——我是一个什么样的人,我要过什么样的人生"。

刘小琳在制定职业规划时,便充分考虑了自身性格,"我不太适合社交需求比较大的工作,比如公关、销售等。性格与工作内容匹配程度高,工作相对来说会更顺利一些,也更容易实现自我价值"。

刘小琳坦言,在做职业规划时,会存在爱幻想、好高骛远的问题,"我的一个朋友对自己的规划很简单,就是进入某个文化名人的工作室,为此她还出国进修了,但回国后没有如愿,落差感比较大"。

罗荣灏也了解到,身边很多同学在做职业规划时,没有想明白自己的综合能力和岗位需求,"还有一种情况是盲目从众,比如很多同学看到其他人都在参加考研、考公,所以自己也要考,或者不知道自己要干什么,就先参加考试"。

中国青年报社社会调查中心发布的调查报告显示,66.6%的受访大学生指出在求职过程中会因职业规划不清晰而不切实际,好高骛远。

"做职业规划有两大基石,一个是'我喜欢',一个是'我擅长'。"唐晓芸认为,把自己喜欢的事情和擅长的事情交叉一下,二者的交叉点就是最适合自己的职业方向。

唐晓芸强调,在做职业规划时,要对方向和目标有所区分。有些同学把一定要进某家公司的某一个岗位当作职业规划,而这其实只是一个具体的目标,"制定职业规划可以定一个方向,比如说我希望去互联网公司,从事人工智能方面的工作,人工智能领域就是我的职业规划方向。把领域和方向定下来,而不是纠结于某一个公司的某一个目标,才更容易实现职业目标,也更容易在人生道路上有更多选择"。

中国青年报社社会调查中心发布的调查报告显示,95.4%的受访大学生感到大家在制定职业生涯规划时,存在"纸上谈兵"现象。

　　制定职业规划时,如何把规划落到实处? 罗荣灏分享了一个案例,"我有个初中同学的职业规划非常明确,他属于薪资导向型,在高考后选择了毕业生平均薪资较高的计算机专业,本科期间他便十分专注于自己的技能提升,参加了多项专业比赛,并取得了很不错的成绩,大三时就拿到了很多互联网头部企业的录取通知"。

　　唐晓芸建议:第一,要找到人生榜样,去了解那些现在已经参加工作、有社会经验的人当中,谁的生活是你特别向往的;第二,要越来越多地了解自己,可以去做一些心理学的量表,同时观察自己在做什么事情的时候是开心的,在做什么事情的时候是擅长的;第三,不断实践,对于自己向往的公司,不妨去投一份实习申请,看一看有没有机会进去体验一下,很多时候在外面看到的和在里面感受到的,是截然不同的。

　　(资料来源:《中国青年报》,2023年2月15日)

第一节　大学生职业生涯规划管理概述

一、大学生的理想与责任

　　高等教育作为教育的主要载体,肩负着立德树人,培养社会栋梁的使命。高等教育内涵式发展的重要指标是培养当代大学生的理想与社会责任感,引导当代大学生树立正确的世界观、人生观和价值观。社会责任感就是在一个特定的社会里,每个人在心里和感觉上对其他人的伦理关怀和义务。尽管社会不可能脱离个人而存在,但是纯粹独立的个人却是一种不存在的抽象,所以我们一定要有对其他人负责和对社会负责的责任感,这样才能使社会变得更加美好。当代大学生社会责任感则是指在中国特色社会主义新时代,大学生对他人、集体、社会、民族、国家乃至全人类具有的履行社会责任和义务的意识。

　　以职业生涯规划教育为切入点,加强大学生的理想信念和社会责任感,有利于大学生的心理健康,有利于推动高校德育工作的有效开展,有利于强化社会主义核心价值观的自觉认同。职业生涯规划使大学生更加了解自我、了解环境、了解社会,准确定位,明晰目标,清晰自己肩负的社会责任;引导学生树立正确的社会责任认知观,帮助学生将个人理想和社会理想有机结合起来,促使大学生将社会责任内化为一种自觉力,从而使大学生志存高远,勇做时代的弄潮儿,在实现"中国梦"的实践中放飞青春梦想,在为人民利益的不懈奋斗中书写人生华章。

二、大学生的自我管理

　　现代管理学家彼得·德鲁克在《21世纪的管理挑战》一书中写道:"自我管理水平的高低是影响个体社会适应效果和活动绩效及心理健康状况的重要因素"。事实也多次证明:"历史上那些极成功的人——拿破仑、达·芬奇、莫扎特,一直进行自我管理,在很大程度上,也正是自我管理使他们成为伟大的成功者"。

大学生的自我管理是指大学生为培养自己全面发展的素质而进行的自我认识、自我评价、自我约束和自我激励的活动,实施自我管理可以使自己更深入地认识、评价自己,培养并有效提升职业发展所需要的素质和能力。大学生自我管理的内容一般包括:学业管理、目标管理、时间管理、财务管理、人际管理和健康管理。

1. 学业管理

学业管理是大学生最基本最重要的自我管理。大学的学习特点与中学时代相比已发生了明显的变化:学习内容相对深奥和广博,学习方法上不仅要明确"学什么",更要掌握"怎么学",学习环境相对自由独立,培养自学能力是关键,学习态度上须由"要我学"转到"我要学"。

虽然到了大学阶段,学生都有了自己的专业,但所学专业知识的广度和深度并无边界。大学生只有大力发挥学习的主动性、创造性,才可能夯实专业基础并接近专业前沿。大学实行学分制,除了公共基础课、专业理论课、实践课等必修课之外,各专业都开设了选修课。大学生可以根据个人兴趣和能力选修相关课程,从而发挥自己学习的自主性,利用好大量可自由支配的学习时间。广泛涉猎相关知识,掌握科学的学习方法,培养自主学习和独立思考问题、分析问题、解决问题的能力,也是大学阶段学习的重要内容。

2. 目标管理

目标是通向成功彼岸的导航,大学生在自我管理的过程中,必须充分重视目标管理的重要性,切实有效地利用目标促进个人达到胜利的彼岸。

做好目标管理,要注意以下几个要点:

(1)设立目标一定要结合自己的优点,围绕自己的长处来构思。设立的目标,要能强化自身的长处,专注于自身的长处,把潜在的优势转化为现实的优势。

(2)目标必须具体,不能模糊不清,任何人都不可能去实现一个模糊的目标。比如,打算考某个资格证,打算毕业后从事什么样的职业等,一定要把资格证的名称、职业的性质确定下来。

(3)目标要适中,既不能眼高手低,也不能自卑自贱。我们设立的目标如果超出自己的知识、能力水平,目标就会成为空中楼阁,可望而不可即。

(4)充分发挥目标的导向和激励功能。如果目标按期完成则给自己一定的奖励,反之则对自己做出相应的惩罚。

具体可结合本书第四章第三节中提到的"SMART 目标",加深对目标管理的理解。

3. 时间管理

时间管理技能被称为当今职业人三大核心技能之一,是一个人职业化素养的重要体现。具备高效时间管理技能,将大大提高你实现目标的可控性,提升自己未来职业发展的核心竞争力。大学生为了实现自己学业规划和职业生涯发展规划中的目标任务,完成学习任务和行动计划,必须学会管理好自己的时间,提高时间利用的效率。具体而言,应做到以下几个方面:

(1)养成良好的个人习惯。要区分自己习惯中哪些是好的习惯,哪些是坏的习惯。好习惯,要强化并顺应;坏习惯,要抑制并克服。比如在学习方式上,有的人是阅读者,通过阅读收获最大;有的人是倾听者,通过倾听收获最大。

（2）善于协调两类时间：一是他控时间，如学校安排上课的时间；二是自控时间，即属于自己自由支配的时间。因此，我们要善于制定长期计划并编写"每日必作表"，做到时间的高效支配，善于使用备忘录等工具。如，选择便捷交通工具等减少时间浪费，学习回避干扰的技巧，提高效率，养成绝不怠惰和拖延的习惯。

（3）养成思维行动的理念和习惯，这是时间管理的关键，思想决定行动，在做决定或计划时，一定要想清楚，哪些是重要的，哪些是紧急的。

根据"四象限法则"，我们可以实现高效的时间管理，如图 6-1 所示。

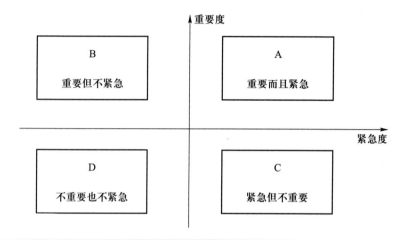

图 6-1 时间管理图

- A 级任务：出现就应及时进行处理。
- B 级任务：不拖延，尽量提前处理。
- C 级任务：尝试授权他人处理或尽快处理完，不占用太长时间。
- D 级任务：尽可能不要花时间做这类事情。

4. 财务管理

美国哲学家兼诗人爱默生把金钱看成一项管理工作，当作是对人的挑战。因为金钱是一把双刃剑，它可以助人一臂之力，也可以消磨人的意志。人要学会支配金钱，成为主宰它的人，而不要为金钱所支配。

大学生要树立财务管理意识，为未来独立的经济生活做好准备。大学生消费观念还不太成熟，校园频频出现追求品牌、攀比穿戴、花钱大手大脚、大肆请客、挥霍无度等种种不良的消费方式。大学生可以通过建立账目明细表，明确金钱的去向和投资方向，"把钱用在刀刃上"，养成良好的消费习惯，不断提升理财技能。

5. 人际管理

现代社会是一个竞争合作时代，单枪匹马的孤胆英雄已经基本没有用武之地了。大学校园生活圈子比较小，人际关系相对简单，但未来要步入的社会人际环境复杂，需要你具备足够强的人际管理能力才能适应。有人说"成功是靠 30% 知识 +70% 人脉"，甚至有人说"人际关系与人力技能是第一生产力"。所以，目前你可以把校园环境当作是练兵场，注意培养与人相处的技巧,学习建立良好人际关系的能力。

人际氛围可以看作是以自我为中心,以真诚待人为辐射线的场。以真诚和宽容待人处事,可以把自己打造成吸引他人的磁场。首先要相信自己,因为自信是信任他人的前提;其次要信任他人,在一定程度上敞开心扉,信任他人,别人才会相信你,才能拥有良好的人际关系氛围。

6. 健康管理

健康是一切的基础,没有了健康,就谈不上事业、生活和人生。健康管理包含健康的知识和观念、体育运动、心理健康和调适等。要拥有一个健康的身体和心灵,一方面要养成良好的生活习惯,有规律地进行体育锻炼,增强体质;另一方面还要特别注意心理健康,确定高尚、明确的人生目标,拥有健全的人格,学会控制自我情绪和行为,调节不良心理。

因此,由于职业生涯规划建立在知己、知彼基础上,它是学生的心灵地图,通过职业生涯规划教育可以让学生了解自己,开发学生的自身潜能,调动学生学习的目的性和积极性,有利于发展学生主观能动性和积极的人生态度,从而达到学生自我管理的目的。

三、大学生职业生涯规划的必要性

英国著名的哲学家怀特海这样说过:"在中学阶段,学生伏案学习;在大学里,他需要站起来,四面观望。"只有站起来,向社会、向历史、向未来、向生活的各个方面放眼展望,才能把握住恰当的目标,促进自己全面发展。大学生不但要站起来学会发展,还要明确朝哪个方向走,即要有明确的职业生涯目标,避免自我认知错位。职业生涯目标,如同一种"商品"。这种"商品"的市场性,才决定了"生产"的必要性。故在确定职业生涯目标时,要考虑到内外环境的需要。有需求,才有位置。

对于大一学生来讲,从高中到大学,从生活方式、学习方法,到人际交往方面都会有全新的感受。步入大学后,将会出现许多新的体验、新的希望、新的追求。如果说大一学生主要任务是适应大学学习生活,从被动学习转向主动学习,那么对于大二、大三年级学生来说,主要任务则是明确未来的职业方向,了解所学专业与自己职业目标的关系,认清职业发展应该具备什么样的专业知识以及什么样的专业能力,有选择地参加与自己职业生涯相关的各种活动,有意识地锻炼该职业所需要的能力和素质,并为之努力。四年级的职业生涯规划教育主要以就业指导为主。大四学生要再次确认自己的职业生涯目标,开展有针对性的择业、适业、敬业等能力训练。例如,了解用人单位的信息、强化求职技巧、进行模拟面试等。

大学生职业生涯目标建立的原则是职业生涯目标幅度不宜太宽。奋斗目标有高有低,专业面有宽有窄。在确立目标时,怎样设计会比较好呢?从科学的角度来看,专业面越窄,所需的力量相对较少。也就是说,用相同的力量对不同的工作对象,专业面越窄,其作用越大,成功的概率越高。所以,目标需要聚焦,把全部精力投放进去,才易取得成功。目标的确立也要长短结合。长期目标为人生指明了方向,可鼓舞斗志。短期目标是实现长期目标的保证,没有短期目标,长期目标也就不能实现。特别是在职业生涯发展过程中,短期目标的达成能体验到成就感和乐趣,鼓舞自己为了取得更大的成就向更高的目标前进。但是,只有短期目标,看不到远大的理想,也会失去奋进的动力,还会使人生发展左右摇摆,甚至偏离发展方向。目标的确立要具体明确。目标就像射击的靶子一样,清清楚楚地摆在那里。如果目标含糊不清,就起不到目标的作用。例如,有人决心干一番事业,具体干什么,不知道,这就等于没有明确的目标。自以为有目标,而没有明确的目标,不仅起不到目标的作用,还可能造成假象。投入了时间、精力和资金,却起不到"攻击"目标的作用,多年过去还是一事无成。生涯目标要留有余地,也就是在实现目标的时间安排上,不要过急、过满或过死。如果过急,比如需要 5 年才能达到的目标,改为三年或两年,就会"欲速则不达",不是计划落空,就是影响工作质量。如果安排过满,在同一时间里既做这个,又做那个,结果会顾此失彼,身心太累而无法坚持。如果安排过死,如规定某一时间只能做某事,若遇某些干扰,无法完成,又没有补做时间,目标必然会落空。

第二节　大学期间职业生涯发展阶段管理

一、适应及探索

走进大学这个"小社会",学习、生活、工作、情感、人际关系、社会实践等纷繁复杂的事情需要你面对和处理,但是由于心理适应能力和生涯发展能力准备不足,学生可能会感到困惑和不适,甚至焦虑。因此在大一期间最重要的规划是做好转变,尽快适应大学生活并学会制定职业生涯规划。

1. 适应

入学后第一至第二个月的大学生虽然在角色上已经是大学生,但是在其心理上属于高中后、大学前阶段。他们刚刚接受高考的洗礼,很多学生踌躇满志,对大学生活充满了憧憬与幻想,几乎每个人都为自己确立了远大的目标,制定了实现目标的宏伟计划。但是,这时的大学生对大学生活还不完全了解,对大学的认知只是停留在道听途说上,学生本人对于自我和环境的探索还不够。

该阶段生涯目标的特点是:生涯目标的确立多来自成长经历及外界的影响,目标高远,但显得空洞。该阶段大学生的生涯规划是:(1)熟悉新环境,结交新朋友,养成新习惯,形成新角色,更好地适应大学生活;(2)明确新目标,熟悉新规则,积极进行自我探索,分析高中时建立起来的职业生涯目标,发现问题并修正目标;(3)把握新资源,参加校园文化活动和社会实践活动,进行专业的心理咨询和职业咨询;(4)制定切实可行的大学阶段成长计划。

2. 自我定位

入学后第三个月至第一学年结束前两个月的大学生已经有了在校园生活和学习的经验,对大学生活有了一定的了解和理解,并且对自我有了一定的认识,制定了大学生涯规划。随着对所学专业的进一步了解及大学生活的深入,每一位学生的具体目标逐渐凸显出来。这一阶段大学生要把握专业特点与要求,探索学习新领域,学会利用更广泛的学习和生活资源。

该阶段生涯目标的特点是:目标逐渐与所学专业结合。该阶段大学生的生涯规划任务是:(1)通过相应的素质测评进一步进行自我探索,发现自身的优势、劣势、兴趣、性格、能力等;(2)了解社会职业、职位设置及对求职者的素质要求;(3)根据发现确定阶段性具体目标,制定实现目标的计划并积极行动;(4)参加校园文化活动和社会实践活动,参加能力提升训练。

3. 生涯起航

大学第一学年最后两个月的大学生已基本适应大学生活,经过大学生活的亲身体验和专业课程的学习,各方面能力有了一定的提高,对自我的探索逐渐深入,并开始探索职业发展方向。

该阶段生涯目标的特点是:目标开始与自我性格、爱好、能力等相结合。该阶段大学生的生涯规划任务是:(1)继续进行自我和环境的探索,了解自己的职业发展方向,了解社会相关的职业资讯;(2)制定大学期间阶段性目标,积极行动实现阶段目标;(3)参加校园文化活动和社会实践活动,参加成长训练;(4)对大学生涯进行合理规划。

二、目标初探

1. 初步社会探索阶段

大学一年级结束后的暑假,这一阶段的大学生经过一年的大学生活,已经完全适应大学生活,掌握了大学生活规律,建立了一定的人际关系,新环境的适应压力逐渐消退;进入大学二年级的学生,已经完成从中学生到大学生身份的完美过渡,形成初步的自我认知,对环境也有一定的了解,并制定了合理的职业生涯规划。这时的大学生开始真正从现实角度关注自己的成长,积极参加各种活动,主动进行能力提升训练;与此同时,大学生对于自己的性格、能力、优势、劣势、职业兴趣以及将来的职业方向,社会对各种人才的需求,社会经济、政治的发展,社会各职业发展的趋势等状况的探索更加积极和有实效,他们已经意识到探索的重要性,并积极行动,希望自己快速成长。但是,因受经历、经验、阅历的影响,这一阶段的大学生需要有效的帮助,借助外力的支持,会大大地加快大学生成长的速度。

该阶段生涯目标的特点是:目标的确立开始考虑社会需要与个人需要的结合。该阶段大学生的生涯规划任务是:(1)进一步进行自我探索;(2)了解将来的就业环境及职业方向;(3)了解社会政治、经济、文化发展状况及职业、职位状况;(4)制定自己的职业生涯规划;(5)参加校园文化活动和暑期社会实习、实践活动。

2. 大学生职业生涯规划准备阶段

大学二年级开始至二年级结束前两个月,这一阶段的大学生对于自我的认知和社会的认知达到了一定的水平,职业生涯发展方向进一步明确,这时的职业生涯规划避免了刚刚入大学时的盲目性,更加切合实际,更具有可操作性。

该阶段生涯目标的特点是:在长远规划的基础上更加具体和现实。但由于个体的差异,有些学生仍会因为寻找生涯发展目标和个人价值处于迷茫状态。该阶段大学生的生涯规划任务是:(1)学习并掌握生涯规划中生涯目标建立方法和生涯抉择方法;(2)建立合理的价值体系和认知结构;(3)围绕职业生涯规划制定相应的成长计划;(4)参加校园文化活动和社会实践活动;(5)参加专项行为训练,提升实现目标的行动力。

3. 探索和提升阶段

大学第二学年最后两个月,这一阶段的大学生通过对自我及环境的探索,逐渐找到了自我价值与社会价值的结合,积极探求实现自我价值的有效途径;通过学习生涯规划目标的确立及生涯抉择方法,大大提高了自我掌控的能力;通过参加各种实践及成长训练,综合能力快速提升,为即将到来的职业实践奠定了良好的基础。这时的大学生职业生涯发展道路开始出现不同,有的学生希望大学本科毕业后找到一份称心的工作,开始自己的职业生涯;有的学生则希望继续在某一领域进行深造。个人的选择来自两年的探索。

该阶段生涯目标的特点是:目标的确立直接反映了大学生的个人价值观,并与社会现实相结合。该阶段大学生的生涯规划任务是:(1)了解自己的职业兴趣,确定职业发展方向;(2)掌握与就业相关的信息;(3)掌握与就业相关的法律、政策、就业程序;(4)树立正确的职业道德观念;(5)完善并落实成长计划;(6)参加校园文化活动和社会实践活动;(7)参加专项行为训练,提升实现目标的行动力。

三、聚焦与调整

进入大三,学生需要缩小探索范围,确定重点研究项目,奠定专业基础,并通过实验、参观、考察和访谈学习等实践途径提升自己的职业技能。

此时,大学生步入了职业实习、实践阶段。

这一阶段的大学生由于志向的不同出现了生涯发展方向的不同,这种不同带来了大学生活以后阶段的发展道路不同。希望继续深造的学生开始备战研究生考试,将志向确定为找工作的大学生则更加积极地参加各种活动,有些学生则会到相关的单位进行职位实习。

该阶段生涯目标的特点是:长远目标逐渐明确和坚定,结合目标夯实基础和能力。该阶段大学生的生涯规划任务是:(1)进一步明确自己的职业方向;(2)发现自身职业竞争力的不足之处,制定职业竞争力提升计划;(3)参加职业实践;(4)参加校园文化活动和社会实践活动;(5)加强专项行为训练,提升实现目标的行动力。

四、实现与展望

大学四年级学生需要全面了解职业社会,进行一系列就业尝试,获取就业实习岗位,实现从学生到职业人的角色转换。

1. 预期实现阶段

这一阶段的大学生通过相应的职位实习,发现了自己的能力与职位要求之间的差距,发现了自己原来设想的职业生涯与社会现实之间的差距,发现了自己理想的职业与社会可以提供的职位之间的差距。这时的大学生开始对自己进行全面的反思,重新建立更加切合社会现实的工作理念及自我认知。学生参加各种活动更具目的性。

该阶段生涯目标的特点是:由于与社会密切接触,职业生涯目标得到有效修正,修正后的目标进一步反映了个人理想与社会现实的结合。该阶段大学生的生涯规划任务是:(1)对自己的职业生涯进行合理规划;(2)确定职业发展方向和各阶段发展目标;(3)寻求适合自己职业生涯发展的有效路径;(4)掌握生涯评估方法和生涯目标修正方法;(5)对生涯规划相关问题进行评估,发现问题;(6)参加相应的能力提升训练。

2. 进取和展望阶段

在大学生活的尾声,这一阶段的大学生通过前三年的专业理论学习和相关训练,掌握了一定的专业理论和专业技能,人际交往能力、思维能力、创新意识、团队精神都有了相应的提高;

面临毕业,即将走入社会,从职业生涯规划的层面上而言,能否真正适应将来的工作及工作环境,成为每一位大学毕业生关心的问题。期待通过最后的大学生活使自己更加完善。经过自我全方位的探索及对所处环境的探索,特别是经过一年的岗位实习,逐渐发现了适合自己的工作领域。这时的大学生会有意识地结合自己的理想职业规划自己剩余的大学生活。

该阶段生涯目标的特点是:目标更具有现实性和可操作性,更加具体,重视职业素质的培养和训练。该阶段大学生的生涯规划任务是:(1)结合自己的职业实践和职业发展理想,寻找自己和理想职业人之间的差距;(2)参加快速提升训练;(3)进一步了解社会及职位的发展变化;(4)了解本届大学生就业相关政策及相关程序;(5)了解相关就业及创业信息;(6)参加相应快速提升训练;(7)和相关单位及个人建立稳定的关系。

第三节　大学期间职业生涯规划的评估反馈与调整

职业生涯规划与管理是一个立体、动态的变化过程,在人生的不同时期,可能需要反复地进行这样的探索和规划,找出真正适合自己发展的道路。因此大学生需要在实践中深入探索自我,不断调整职业生涯规划。

一、评估反馈的意义

在一个系统的职业生涯规划过程中,最后一步是评估反馈。反馈是信息交流过程中的一个重要环节,在人际沟通过程中,信息源通过一定信息渠道发送出信息,传递给接收者,信息发送者和接收者相互间的反应,就被称为反馈。

由于现实社会中存在的发展和变化,使得执行生涯规划的过程与原来制定的目标出现偏差,这就要求反省和修正。由此看来,评估反馈就是一个不断认识自我、认识环境以及再发现的过程。评估和反馈的内容应包含职业的重新选择、职业生涯路线的选择、人生目标的修正、实施措施与计划的变更四个方面。

大学生应根据实际情况制定其合适的职业生涯规划,树立明确的学习、生活乃至人生目标,并以此目标为指引,在动态中制定和调整适合自己发展的学习、生活计划,有意识地培养和锻炼职业生涯目标所需要的各方面能力和素质。

职业生涯规划建立在知己、知彼、环境适应的基础上,因此,它是大学生的心灵地图,通过职业生涯规划教育可以让学生了解自己,开发大学生的自身潜能,调动大学生学习的目的性和积极性,利于发展大学生主观能动性和积极的人生态度。在评估和反馈的阶段,如果大学生能正视自身的短板与不足,勇于发现和破解现实情境中的种种难题,运用科学方法,进行及时有效的"纠偏",就能达到自我提升、自我促进的目的。

二、调整的原则

(1)清晰性原则:考虑目标或措施是否清晰明确? 实现目标的步骤是否直接有效?

(2)变动性原则:目标或措施是否有弹性或缓冲性? 是否能依据环境的变化而调整?

(3)一致性原则:主要目标与分目标是否一致? 目标与措施是否一致? 个人目标与组织

发展目标是否一致？

（4）挑战性原则：目标与措施是否具有挑战性，还是仅保持其原来状况而已？

（5）激励性原则：目标是否符合自己的性格、兴趣和特长？是否对自己产生内在激励作用？

（6）合作性原则：个人目标与他人目标是否具有合作性与协调性？

（7）全程原则：拟定生涯规划时，必须考虑到生涯发展的整个历程，作全程考虑。

（8）具体原则：生涯规划各阶段的路线划分与安排，必须具体可行。

（9）实际原则：实现生涯目标的途径很多，在做规划时必须要考虑到自己的特质、社会环境、组织环境以及其他相关的因素，选择确定可行的途径。

（10）可评量原则：规划的设计应有明确的时间限制或标准，易评估、检查，使自己随时掌握执行状况，并为规划提供参考依据。

本章小结

本章以在校大学生应加强自我管理为起点，与大家探讨了大学四年如何有意义地度过，简要介绍了大学生涯发展的几个重要阶段，提倡以开放的态度、实践的积累、有效的反馈，写下职业生涯规划的前端——大学时代的美好新篇。大学生还需要不断重新审视自己的职业生涯规划，不断对其进行评估反馈和调整。

复习思考题

- 1. 针对当前就业形势，大学生应做哪些准备？
- 2. 如何利用大学资源？
- 3. 生涯规划的根本目的是什么？
- 4. 请评估你的职业生涯决策的质量。
- 5. 从哪方面入手，加强你的时间管理，会让你变得更有效率？

◆ 即测即评

第二部分　就业指导

第七章　大学生就业指导导论

本章提要

就业是民生之本。每一个大学生都需要通过就业找到自己的职业归属。要使就业压力转变为学习的动力，让就业变得不那么难，大学期间就要做大量的准备工作。提高大学生的就业能力、掌握就业技巧，将有助于大学生从容应对就业难题。本章将简要介绍大学生就业指导的基本情况和有关内容、形式与方法。

案例导入

> 小陈是一名生物制药专业应届本科毕业生,在校期间担任班委,工作认真负责;学习刻苦,多次以满绩点的优异成绩获得学校综合奖学金和专项奖学金。他对生物制药行业比较感兴趣,在求职时,他的求职意向是国有大中型生物制药公司研发岗位,工作地点要求是沿海一线城市。
>
> 明确目标后,小陈向多家国有大中型生物制药公司投递了求职简历,但均石沉大海。有些公司拒绝的理由是:不接受本科生起点的研发人员;有些公司拒绝的理由是:要求较强的英文听说读写能力。刚开始,小陈觉得可能是自己定位太高,故稍稍降低了自己的要求,但结果仍然是被多次拒绝。自此,小陈放弃了投递简历,逐渐变得焦躁、懊恼,认为当初就是觉得生物制药专业好就业,才毅然决然地报考了这个专业,现在用人单位却不认可本科起点的这个专业,那读书的意义在哪里呢? 小陈甚至产生了极度的焦虑:是不是自己根本就找不到工作了? 为此,他陷入负面情绪的循环中……

第一节　就业指导概述

高等学校承担着发展高等教育事业、实施科教兴国战略、促进社会物质文明和精神文明建设的责任。进入 21 世纪以来,我国高等教育从实现高等教育"精英化"向高等教育"大众化"转变。在这样的新形势下,大学生就业指导工作应紧紧围绕促进国家经济发展和保持社会稳定的大局,采取积极有效的措施,转变大学生的就业观念,建立"市场导向、政府调控、学校推荐、学生与用人单位双向选择"的就业机制。高等学校开展大学生就业指导,就是要帮助大学生熟悉国家和地方就业政策,分析就业形势,转变就业观念,掌握求职技术,提高主动适应社会的能力。

一、大学生就业指导的概念与含义

就业指导在不同的国家和地区有着不同的称谓,如在英国和美国称为职业指导,在法国称为方向指导,在日本称为出路指导,在俄罗斯称为职业定向教育,虽然称谓不同,但含义大体是一致的。

1. 就业指导的概念

就业指导的概念,人们通常理解为是帮助择业者根据个人的生理、心理等特点选择适合自己的职业的过程,有狭义和广义之分。狭义上是择业期的选择过程;而广义上是择业的准备和选择过程,以及在职业中发展和完善的过程。

从不同学科界定就业指导又有多种定义。例如教育学者认为,就业指导是学生个性全面协调发展系统内的基本环节;经济学者认为,它是有计划地对劳动力进行分配与再分配的管理工作;而社会学者则强调就业指导对协调各种社会关系的作用。

目前我国对就业指导概念的理解,主要表现在把就业指导看作是择业指导,究其原因,一个是把就业指导局限于帮助择业者依据身心条件选择适合自己的职业过程,是择业时的一个环节;另一个是受到学科的局限,把就业指导理解成是劳动人事学科独有的范畴,或心理学的应用。这就使就业指导局限于某一过程或某一方面,而不够系统、全面。我们认为,就业指导从学科上来说是边缘交叉学科,就业指导还要考虑到对象的不同。如果考虑到高等学校就业指导的特殊对象,就必须重视职业的准备,也就是择业预备期的指导。基于此,我们认为大学生的就业指导是兼顾学生个人特征与社会需要,以期达到职业适应性而进行的自觉、自主、有科学根据的计划职业发展、合理选择职业的过程。

2. 大学生就业指导的含义

从一般意义的就业指导概念,结合在历史进程中人们对其含义的理解,可以揭示出大学生就业指导的含义。其一,大学生就业指导是理论应用与现实的结合。根据大学生的生理和心理特点,去发展适合自己兴趣、爱好的职业能力。但由于受到社会职业的发展和竞争的局限,大学生不可能都按照自己的意愿去实现职业理想,因此,调整他们的职业期望,把个人需要和社会需要结合起来,在结合中去设计自己的职业发展计划,这才是现实的。其二,大学生往往只想从事那些职业声望高的所谓"好"职业,而不顾个人特征的限制,这就需要指导他们认识自己,正确地评价自己,在自己适合的职业领域内去发展自己的职业能力。每个大学生由于身心特点的局限,均有其适应的职业范围,并不是所有的大学生都适应某一种职业,只有在适合自己的职业范围内实施职业发展计划,才意味着个人选择的成功。其三,就业指导有阶段性,但并不是一个环节的工作,而是一个连续过程。从职业生涯上来说,人的职业能力的培养和适应性是持续在人有劳动能力的过程中的。有学者认为,职业指导不仅要使被指导者知业,而且要设法为之预备,助其入业,使其乐于其业,万一入业不适宜,更当设法使之迁业。就大学生就业指导来说,它贯穿于大学生活的始终,大学教育过程就是学生适应职业要求的过程,而且学业和择业是紧密联系在一起的。按四年制的本科大学生来看,前三年是就业前期,也就是准备期,第四年进入就业期,也就是择业期。就业前期个人的综合素质和个人特征的养成不充分,就会给择业带来障碍。

二、大学生就业指导的历史沿革

1. 大学生就业指导的产生与发展

随着社会分工的发展,人们就有了从事不同职业的需要,但在一个多世纪以前,由于社会分工简单,职业分类过粗,职业指导的问题并不迫切。到 19 世纪末 20 世纪初,生产力得到了迅速的发展,社会分工越来越细,新的职业不断出现。以美国为代表的移民国家,由于经济发展迅速,新的工业部门不断涌现,需要对人进行合理安置,职业也对人提出了一系列的要求,因此,就有了职业指导的迫切需要。

基于社会的需要,美国的铁路工程师、律师帕森斯热衷于帮助青年人选择职业的工作,他于 1908 年在美国的波士顿创办了世界上第一个就业指导机构——波士顿地方职业局,自任该局的第一任局长,开始系统的职业活动。他在第一次报告会上,使用了"职业指导"这一概念,其后这一名词在美国广泛使用,并很快传播到其他国家。1909 年,他的著作《选择职业》出版,这标志着就业指导工作在美国的兴起。

1911 年,哈佛大学首开大学生就业指导的先河,开设就业指导十讲。1917 年,波士顿职业局并入哈佛大学教育研究生院,更名为哈佛大学教育研究生院职业指导局,这标志着美国大学就业指导工作的正式开展。

我国也是世界上开展就业指导工作较早的国家之一。20 世纪初,留美归国学生倡导和发起就业指导。1918 年,中华职业教育社主办的刊物《教育与职业》第 15 期专门刊出《职业指导》专号,进行宣传和倡导。1923 年,清华大学设立职业指导委员会。1931 年 9 月 21 日,全国职业指导机关联合会成立,并以研究职业指导为宗旨。同年 12 月 14 日,联合会举行了第一次年会。著名的教育学家蔡元培、黄炎培等都为就业指导做出过重要贡献。

倡导就业指导最得力的组织首推"中华职业教育社"。该社成立于 1917 年,以"使无业者有业,使有业者乐业"为社训,其主要工作内容为:一是调查本地重要职业;二是调查毕业生的基本情况;三是征求实业家对毕业生的要求;四是给毕业生讲演择业要点。1924 年,该社在上海、南京、济南、武汉等地举行了为期一周的职业指导活动。1927 年 9 月,上海职业指导所成立,宗旨为"求人者得人,求事者得事",工作内容包括升学指导、职业咨询、职业测验、职业演讲、职业调查、择业指导、改业指导等。1931 年,南京、无锡、常熟、嘉定等地也纷纷设立职业指导所。全国各地青年协会每年举办夏令营,邀请有关专家研究青年职业问题,出版刊物,指导青年就业。

当时中国职业指导的倡导者们,花了不少力气,想了不少办法,使中国的职业指导从无到有,取得了一定成效,但由于其后外侵内乱,教育落后,社会发展缓慢,就业指导中断。

新中国成立后,由于实行高度集中的计划经济,毕业生就业实行统包统配制度,人们的思想意识中没有开展就业指导的必要,所以从新中国成立到 20 世纪 70 年代末期,就业指导一直中断。

2. 我国开展大学生就业指导的历程

20 世纪 80 年代中期,我国的就业指导工作得到恢复。当时上海和北京的一些职业中学为帮助学生顺利就业开始试行职业指导,当时的劳动人事部还编写了培训教材《就业指导》。

从大学来说,深圳大学首开改革开放后大学生就业指导的先河。深圳大学是我国改革开放后成立的一所新型大学,学生毕业后不包分配、自谋职业,因此,就业指导工作应运而生。深圳大学 1986 年成立了大学生就业指导中心,中心为学生就业开展咨询服务活动,开设就业辅导课,编辑《就业指导报》,搜集、储存就业信息,设立就业信息公布栏,组织用人单位进行招聘,使该中心成为学生就业的桥梁和纽带。

在毕业生就业改革的新形势面前,国家教委积极推动大学生就业指导工作的开展。1983 年年底,国家教委创办《毕业就业指导报》;1989 年 4 月,筹建"全国高等学校毕业生就业指导中心",经过两年时间的准备,1991 年 2 月中心正式挂牌成立;1993 年国家教委创办了《中国大学生就业》刊物,并成立了毕业生就业指导专业委员会,研究毕业生就业制度改革和就业指导理论及工作的开展,并多次发出通知,要求各院校适应毕业生就业制度改革,积极开展就业指导工作。

1991 年,国务院批转国家教委提出的《高等学校毕业生分配制度改革方案》,把就业指导工作作为毕业生就业制度改革的配套措施,要求各地方、各部门和各高等学校建立毕业生就业指导机构。该方案提出,就业指导机构的主要任务是:贯彻国家毕业生就业的政策、法规,发布毕业生供求信息,架起毕业生、学校、用人单位之间的沟通桥梁,对毕业生进行就业指导,为毕业生创造公平竞争的客观条件,指导"双向选择"工作的正常运行,研究解决工作中出现的矛盾和问题,为学校反馈信息。1995年国家教委办公厅又发出通知,要求把就业指导列入正式的教育教学计划。1997年,全国高校毕业生就业指导中心制定了《大学生就业指导教学大纲》,为各高校就业指导教学的开展提供了依据。

从目前来看,我国已形成了以教育部为主的领导和指导机构,形成了高等学校以及主管毕业生就业的各省和地方人事部门的毕业生就业指导或服务机构,形成了纵向贯通、横向交流的就业指导模式。社会上面对毕业生就业服务和企事业单位人才录用服务的人才评价机构也已诞生。这标志着我国的大学生就业指导工作已进入了科学化和规范化的轨道。

高校的就业指导工作正蓬勃开展,对问题的研究不断深入,内容不断扩展,认识不断提高。高校的就业指导工作在形式上生动活泼、灵活多样。2008年,教育部提出高等院校要把就业指导列入必修课,我国高等院校的就业指导工作再上新台阶。之后几乎每年都会出台文件和通知,要求进一步加强对大学生就业和创业的指导与服务。

三、开展大学生就业指导的意义

大学毕业生的就业得到社会各方面的关注,这不仅关系到经济的发展和社会的进步,还关系到高等教育改革目标的实现,更关系到大学生自身的发展、成才和人生价值的实现。因此,对大学生开展就业指导工作具有十分重要的现实意义。

1. 有利于国家经济建设和社会稳定

我国已进入加快推进社会主义现代化的新时代。培养同现代化要求相适应的数以亿计的劳动者和数以千万计的专门人才,发挥我国巨大的人才资源优势,关系到21世纪我国社会主义事业的全局。目前,我国高等教育发展迅速,高校毕业生数量巨大,社会就业压力明显上升。据有关方面预测,在全球化进程中,世界范围内就业岗位的增加速度远远赶不上经济本身的增速,就业岗位正成为较稀缺的资源。在这样的形势下,大学毕业生不完全就业的现象将更加明显。此外,大学毕业生的职业理想常常受到传统择业观的误导,如迷恋大公司、追求热门职业、自我期望值过高等,这些对大学毕业生及时、顺利就业产生了不利的影响。因此,加强大学生就业指导,帮助大学生顺利就业,对于落实科教兴国战略、推进社会主义现代化建设具有非常重要的意义。否则,人才的闲置和不合理使用会造成极大的浪费,也会给社会稳定带来不利影响。

2. 有利于高等教育改革的深化

高等教育的任务是培养具有创新精神和实践能力的高级专门人才,高等教育的改革要全面适应经济建设和社会发展对各类人才的需求,全面提高人才培养质量。而大学生的就业状况直接影响到高等教育的改革与发展,同时,高校培养人才的质量如何也可以在用人单位对毕业生的实际使用中得到检验和评价。因此,对毕业生就业情况进行分析研究,可以推进高校人才培养模式的改革和专业结构的优化,加快学校发展,使高校培养的人才满足经济建设的实际需要。因此,大学生就业指导工作和高等教育的改革和发展密切相关,做好就业指导工作有利于不断提高教育质量,改进教学方法,提高整体办学效益,推动高等教育改革的深入。

3. 有利于大学生的学习、就业和成才

人生的价值在于事业的成就和对社会的贡献。因此,大学毕业生的就业是其人生道路上的一个重要转折。如何实现自己的职业理想是大学毕业生面临的现实问题。社会需要和欢迎品学兼优、基础扎实的复合型和创新型人才,这就激励广大大学生努力学习、奋发成长,学习目的更明确、职业设计更完善。大学生就业指导有利于毕业生今后的发展和成才,它不仅是对就业具体的指导,而且也是对今后事业发展的长远指导。就业是迈开事业的第一步,不能只为就业而就业,而是通过就业来成就事业、展示人生价值。因此,大学生就业指导的意义在于大学生成才的全过程。高等学校为大学生提供就业指导服务,不仅是必要的,而且也是必需的。

第二节　大学生就业指导的内容、形式与方法

大学生的就业指导不仅仅是毕业阶段的工作,而且在学生从进大学到毕业离校前的整个在校期间都要为学生打基础。大学生的就业指导是一个系统工程,应根据大学生不同年级、不同发展阶段进行合理的规划安排。大学生就业指导的内容、形式与方法,要具有系统性、科学性、政策性和实用性。

一、大学生就业指导的主要内容

1. 职业生涯规划指导

要让大学生明白当今社会对人才素质和能力是有要求的。从学生进入大学的那天起就要意识到,来校学习的目的一是为事业的建设,二是为自己的就业;因此要不断产生对学习的兴趣,同时加大学习的动力,为就业做好各方面的准备。大学生必须具备一定的能力与素质才能符合人才市场的需要,这就要求高校帮助学生找到培养自身能力与素质拓展的途径与方法。大学毕业生要想获得一个好的岗位,必须要有扎实的专业基础,学习勤奋,扩大知识面。通过职业生涯规划的辅导和有关素质测评系统的应用与分析,帮助大学生发现和了解自己的性格、兴趣和专长,帮助大学生结合自己所学的专业,制定出符合个人成长与发展的目标。

2. 择业心理咨询辅导

择业中大学生的心理往往是不稳定的,充满着矛盾冲突,从众、攀比、自负、自卑心理表现得较为明显。当前比较突出的是就业期望值过高,求高待遇而不客观分析个人付出和能力,求舒适的工作环境而缺少艰苦创业的精神,求稳定缺乏竞争意识;另一种表现是抗挫折能力过弱,对目前严峻的就业形势估计不足,依赖心理严重,求职被拒不能客观分析原因而是悲观失望、怨天尤人。学校要针对择业中的大学生的心理状况,采取心理咨询的手段,及时地消除大学生择业中的心理障碍,减轻心理压力,增强战胜挫折的能力,做好经受失败的心理准备,以健康的心理状态迎接挑战,参与竞争。

3. 就业思想教育

对大学生进行职业价值观的教育是就业指导的应有之义。职业价值是人们对职业的看法

和态度,这是思想方面的问题。择业标准、择业行为是受人的思想支配的。大学生选择职业要把事业放在第一位,要考虑自身的素质及特长,要同社会需要有机地结合,要到祖国最需要的地方去,要勇于从基层作起,要安于艰苦恶劣的工作环境。大学生选择职业要注重诚信意识,要客观真实地向用人单位介绍自己的基本情况,要在诚实守信的基础上和用人单位进行交流与合作。大学生选择职业要选择能够发挥自己最大特长和潜能的职业,而不要以金钱为准则。大学生选择职业要放眼未来,看到发展,而不要以眼前利益支配择业行为。职业发展的好与坏,与一个人的职业道德水平有直接的关系。学校要引导大学生养成良好的职业道德,教育择业的大学生遵守择业道德规范,实事求是,不弄虚作假,通过正当行为选择职业。

4. 就业政策指导

政策导向是毕业生就业工作的基础。一方面,毕业生需要了解劳动人事制度,包括用工聘用制度和劳动合同制度;另一方面,毕业生需要较为详细地了解就业政策。毕业生就业政策是毕业生就业的权利运用和约束条件的结合,是择业行为规范的法规性要求。要教育毕业生在法律法规的约束下开展求职择业,一旦违背就必须承担相应的责任。对毕业生进行广泛的政策引导和咨询,能使毕业生明确哪些是应该的,哪些是不应该的,自己有什么样的权利,有什么样的限制,纠正择业"误区",少走弯路,为他们顺利就业奠定良好的基础。

5. 就业信息服务

掌握社会需求信息,是毕业生进行自主择业的关键环节。没有信息,标志着就没有选择的机会;信息的多或少,标志着选择机会的多或少。学校通过就业指导机构,为毕业生就业架桥铺路,通过各种形式特别是像互联网等快捷的方式同社会用人单位建立广泛的联系,掌握需求信息,包括专业、数量、需求层次、用人要求等,及时向学生公布。学校不仅依靠就业指导机构收集就业信息,而且要调动内部一切力量,积极拓宽就业渠道。学校还要积极与各级政府人事主管部门和社会人才中介力量开展合作交流,多方面全方位为毕业生收集就业信息。同时要指导学生掌握主动搜集需求信息的方法,掌握信息渠道,学会筛选有价值的信息,有针对性地进行职业选择。

6. 就业技巧指导

求职技术与技巧的指导,具有较强的实用性。在"公平竞争、择优录用"的原则指导下,用人单位主要通过自荐、面试、笔试等方式来招聘录用人才。因此,指导大学生掌握求职的方法与技巧对保证求职的成功具有重要意义,可以帮助大学生提前做好充分的准备。通常,就业技巧的指导包含自荐技巧指导、简历指导、面试技巧指导、求职礼仪指导等内容。

7. 自主创业指导

随着时代的发展和进步,越来越多的大学生选择自主创业。对大学生进行创业教育与指导,使其树立创业的信心和决心,掌握创业的途径与方法,是具有现实意义的。创业指导一般分为对创业精神的指导和对自主创业的指导等内容。

二、大学生就业指导的形式与方法

在进行大学生就业指导的过程中,除应不断丰富就业指导内容,还要注意阶段性和连续性的有机结合、理论与实践的有机结合、学校与社会的有机结合。对大学生进行"全程指导",通过提供就业咨询与指导服务帮助大学生准确认识自身的条件与相关环境,科学地规划学习、工作、生活和职业选择,达到人与职业的优化匹配。目前,各高校在不断丰富就业指导内容的同时,还要不断创新大学生就业指导方式,提升大学生就业指导的水平。

1. 构建大学生就业指导组织管理体系

在学校就业相关机构的领导下,各学院成立就业指导工作组,实施"校—院—专业(班级)"三级管理运作模式,形成组织有力、管理有序、责任明确、齐抓共管的就业指导工作组织管理体系。

2. 完善大学生就业指导课程体系

开设、完善大学生就业指导课程,从新生入学后开始,全程对大学生进行就业指导相关课程讲授。一年级着重讲授职业生涯认知和规划,初步明确所学专业与职业的关系,了解所属行业的用人单位对人才的要求;二年级应着重强化学生基本能力的培养,建立合理的知识结构,加强创新思想和实践能力的培养;三年级则应根据学生的个体差异,有针对性地指导学生进行职业生涯设计和职业发展规划的修正,注重职业定向,使其逐渐明确并确定自己就业的方向和目标,明确为实现就业目标应该努力的方向;四年级或稍早时期则侧重就业形势、就业政策和择业技巧等方面的指导。

3. 人才测评促进个性化的就业指导

为掌握大学生自身能力、发展潜力和职业兴趣等方面的情况,避免就业定位出现偏差,有必要对大学生进行人才测评。根据个体差异,有针对性地进行"一对一"或小范围的个性化就业指导,帮助并指导大学生加强自我认知,制定职业生涯发展规划。建立健全大学生人才测评档案,开展有针对性、渐进式的贯穿大学整个阶段的就业指导服务。

4. 采用校内、校外相结合的就业指导方式

邀请政府有关部门和专家开展就业形势和就业环境等方面的讲座;邀请知名企业、合作单位等来校开展企业用人标准、市场需求等讲座;邀请优秀校友、毕业生分享成功经验;推荐指导大学生到人才市场、就业市场等进行社会实践,感受就业氛围,观摩招聘过程,增长知识,积累经验;到企事业单位开展教学实习、参观调查,加深对职业及用人单位的了解。这些方法都可以让大学生接触社会、了解行业情况,为求职创造有利条件。

5. 开展模拟面试招聘等活动

开展形式多样、内容丰富的模拟面试招聘活动,通过专家指导并结合就业市场的实际情况,让大学生得到应聘的感性体验,以此锻炼和检验大学生求职应聘能力。

☁ **本章小结**

本章主要阐述大学生就业指导的概况,全章从就业指导的概念入手,详细阐述了大学生就业指导的发展历程,以及开展大学生就业指导工作的重要意义。此外,还重点介绍了大学生就业指导的内容、形式与方法,希望能在一定程度上对大学生的就业产生具体指导作用。

复习思考题

1. 大学生就业指导的含义是什么？开展大学生就业指导工作有哪些重要的现实意义？

2. 我国大学生就业指导研究取得了哪些新进展？

3. 大学生就业指导的方法有哪些？

◆ 即测即评

第八章　大学生就业制度与就业政策

本章提要

　　无论是国家还是地方政府都非常重视大学生的就业情况,为此从中央到地方制定了很多有助于大学生就业的制度与政策,熟悉和了解相关就业制度与政策,可以更好地促进就业。通过本章的学习,我们能够了解当今的就业制度及相关概念,熟悉国家近期出台的大学生就业政策,能够初步明确将来的就业方向。

案例导入

村里来了大学生"村官"

王明容读大学时,常听到老师叮嘱:一定要注意着装,对得起自己站的讲台。她有一次素面朝天地走上讲台,被指导老师骂了一顿,从此每天化淡妆。

可是她学到的这些,到了村里就全掉了个个儿。

张滔大学毕业7年了,算是个"老社会人",但回到老家村子工作后,发现自己依然是个新手。

自2020年年初以来,贵州省仁怀市开始实行"大学生村官体验计划"。"真正为村级换届选好干部,为乡村振兴育好人才。"仁怀市委组织部副部长赵儒亮说。如今已有近2 000名大学生在从小生活的村子体验过村官生活。这群年轻人也学着以不一样的身份和视角融入熟悉的村庄。

碰撞

刚开始在村里工作时,王明容还是按照当教师时的习惯,穿着黑白搭配的套装。因为在吃药调理身体,她手里还常常拿着保温杯。

没过几天她就察觉到了异样:跟村干部一起到农户家走访时,如果她穿着白色衣服,村民会把座位上的灰土吹了又吹、抖了又抖,然后才请她落座;聊天的时候,村民还小心翼翼地看她的脸色。

保温杯则"雪上加霜"。来了客人,庄户人家总是客气地一人倒一杯水。王明容婉拒:"不用了,我有保温杯。"话一出口,她感觉空气中有一丝尴尬;主人家给她倒的水一直孤零零地放在桌上,又添了一分尴尬。她注意到,没有哪个村干部带着保温杯走访农户。

22岁的王明容去年师范专业毕业后,在仁怀市市区一家培训机构任教,但她工作没多久就辞职备考事业编制,希望到离自家村子不太远的乡镇找一份教师工作。回家后,王明容听说村里急缺会用计算机的年轻人,当时她已经考完试,于是去村委会报了到。

张滔大学毕业后在外闯荡了几年,后来因为要照顾家人回到村里。村里的干部找到他,邀请他到村委会工作,于是张滔成了一名储备干部。张滔村里的情况跟王明容所在的村类似:村委会人手紧张,干部年龄出现断层。张滔来之前,村委会除了两名年轻的村干部之外,另外六七名村干部都在50岁以上。他们服务的是7 000人的大村,有些力不从心;再加上不熟悉计算机、智能手机App等操作,应对工作更为困难。

中青网记者了解到,村干部年龄偏大、学历偏低是普遍现象,以贵州为例,40岁以下的村党组织书记或村主任占比均不到三成,大专学历以上的村党组织书记占比略高于三成。

赵儒亮表示,该市与假期大学生、待业大学生签订"村官体验协议","引流"大学生到村工作,正是为了破解村级组织干部队伍年龄老化、文化水平低、无人可用等难题。

这些大学生大都从初中起就离村上学,他们既是村庄的孩子,也是村庄里的陌生人。要胜任村里的工作,他们还有一段适应的路要走。

适应

王明容把上大一、大二时的衣服翻出来，换上休闲运动装，"自己穿着舒服、让别人看着也舒服"。她把保温杯放下，杯子里的药留到晚上回家再吃，化妆品也不用了。

村里的工作繁多，村干部少、又不熟悉计算机，王明容大部分时间在村委会整理资料、录入系统。她曾以为基层工作很简单，来到村委会后才发现，村里的工作很细、很杂。

跟村民打交道，是这些"新村官"最容易产生挫败感和成就感的环节。

王明容最近做房屋普查、激活医保电子凭证等工作，需要村民提供身份证号等个人信息。她不时会看到村民用警惕的目光看她，以为她是骗子。有一次，不管她说什么，对方就是不相信。王明容只好请村干部跟村民说，她正要给村干部打电话，村民却要求村干部直接打给他。

记者了解了五六个"新村官"的实习经历，他们和村民打交道时没少遇到挫折。就连有六七年工作经验的张滔，也觉得最难的是做群众工作。

张滔在后勤部门工作过两年，熟悉后勤部门的工作性质：繁杂、琐碎。但到了村里，繁杂琐碎的程度比原先增加了几倍。以前，他所在的后勤部门有六七个人，服务医院400多名医护人员；如今在村里，他的同事比以前多了一两个，服务人数则是以前的十几倍。

在县里、市里由不同部门分管的工作，到村里全都汇集到一起。上级部门千丝万缕的线，全从村委会这一个针眼里穿过。张滔形容，在村里"所有东西都揉到一块儿了"。任务扎堆儿或上级催得急的时候，他得忙到夜里一两点。

很多年轻人喜欢把工作时间和私人时间分开，但这在村里基本不可能。张滔原来在市区工作时，喜欢和同事一起到城郊自驾游。但如今，他除了晚上有些空余时间外，基本没有时间出去玩，"随时都有事"——村民有事找他，如果电话打不通就会去他家里找。

收获

繁杂的工作中，也有暖心的瞬间。

王明容记得，一个村民组里几乎家家户户都种橘子树。每次到那里走访农户，村民总会"逼"她先吃橘子再说事情。

在村里工作的4个月，王明容学着换位思考。有些独居老人家里的卫生状况不好，有的人家墙上甚至潮得滴水。她说："绝对不能有怕不卫生的心理，不管身上穿什么，该坐就坐。"她感觉到，村民会从这些细节来判断村干部是否愿意跟他们接触。

在村里工作的这段时间里，"新村官"们有各自的收获。

贵州大学大三学生李光梅今年寒假体验了1个月的村官生活。有次走访农户时，她听到村民对孩子说，要以这些哥哥姐姐为榜样，好好读书，以后也做些有用的事儿。这个姑娘说，自己以前只是一名普通团员，没意识到"带头作用"；但现在她是一名预备党员，在村里实习期间，她开始学着当一名组织者，承担额外的工作。

张滔说自己脾气比较急，村里的工作可以帮他磨磨性子。"新村官"中有在校大学生，也有像张滔这样有工作经验的人，他们都感觉自己的交际能力提升了不少。

茅台学院大四女生蔡莉莉以往放假回家就宅在家里,今年寒假她当了1个月的村官。她所在的村共有20多名大学生参加这次活动。进村走访时,她注意到大多数农户家只有老人留守。像在手机App上激活医保电子凭证等事务,对于年轻人来说很简单,但对这些老人来说有难度。

　　这名大四女生痛心于村庄的"空心化""老龄化"现象,希望未来能尽力帮助家乡。蔡莉莉说:"这次实习能锻炼自己,也能帮助别人,感觉很有意义。"

　　赵儒亮告诉记者,该市立足大学生毕业实习需求、待岗大学生就业困难等问题,采取聘任、合同和有偿补贴等方式,逐步将"村官体验"演变为选才用才的大舞台;还计划进一步做好大学生参与乡村治理的待遇、后勤等保障工作。

　　（资料来源:《中国青年报》,2021年3月31日）

第一节　大学生就业制度

一、大学生就业制度变迁

　　改革开放以来,随着经济的发展,我国的大学生就业制度的变革经历了三个阶段:第一阶段,1977—1988年,高校招生和毕业生分配按照国家计划进行,对毕业生安排实行"抽成调剂,分级安排",计划招生与计划就业相对应;第二阶段,1989—2001年,在国家就业方针、政策指导下逐步实行毕业生自主选择,用人单位择优录取的"双向选择"的就业制度;第三阶段,2002年至今,由于大学生规模不断扩大,国务院办公厅转发教育部等部门《关于进一步深化普通高等学校毕业生就业制度改革有关问题的意见》,提出了以市场为导向的就业方针,并逐渐建立起了"双向选择,自主择业"的就业制度。

二、当下就业相关概念解析

1. 实习

　　1987年发布的《关于改进和加强高等学校生产实习和社会实践工作的报告的通知》中明确要求教育必须为社会主义建设服务,社会主义建设必须依靠教育。青年学生只有在学习科学文化知识的同时积极参加社会实践,更多地了解国情,了解社会主义建设和改革开放的实际,了解人民群众的思想感情,才能逐步锻炼成社会主义建设需要的德才兼备的合格知识分子。

　　（1）实习制度的分类。按照实习性质的不同,实习又分为专业实习和就业实习。

　　① 专业实习。专业实习是指纳入教学计划的实习,是理论与实践结合,培养人才和教学改革的重要方面。高等学校以此让学生了解社会,接触实际,以增强群众观点、劳动观点和社会主义的事业心、责任感,提高政治思想觉悟,同时巩固所学理论,获得本专业初步的实际知识,以利于培养实际工作能力和专业技能。在教学计划中安排必要的实习次数和时间,切实保

证实习质量。改进和加强学生实习工作,是学校和有关部门以及企业、事业单位的共同责任。

② 就业实习。就业实习指的是完成学校基本文化课程且满足实习单位基本录用条件的准毕业大学生,以在实习单位就业为目的,在就业前提前到实习单位进行实习。就业实习的双方应有实习期后可能签订劳动合同的合意。《2023 年全国教育事业发展基本情况》及相关数据显示,我国高等教育在学规模进一步扩大。2023 年,高等教育毛入学率 60.2%,比上年提高 0.6 个百分点。全国共有高等学校 3 074 所。其中,普通本科学校 1 242 所(含独立学院 164 所);本科层次职业学校 33 所;高职(专科)学校 1 547 所;成人高等学校 252 所。另有培养研究生的科研机构 233 所。各种形式的高等教育在学总规模 4 763.19 万人,比上年增加 108.11 万人。全国普通、职业本专科共招生 1 042.22 万人,比上年增长 2.73%。其中,普通本科招生 478.16 万人,比上年增长 2.19%。职业本科招生 8.99 万人,比上年增长 17.82%。高职(专科)招生 555.07 万人,比上年增长 2.99%。全国共招收研究生 130.17 万人,比上年增长 4.76%。其中,招收博士生 15.33 万人,硕士生 114.84 万人。在学研究生 388.29 万人,比上年增长 6.28%。其中,在学博士生 61.25 万人,在学硕士生 327.05 万人。全国共招收成人本专科 445.49 万人;在校生 1 008.23 万人。招收网络本专科 163.42 万人;在校生 739.97 万人。在高等教育普及化的同时,大学应届毕业生的规模也在不断扩大。随着大学毕业生人数的增长,就业形势也面临着前所未有的挑战,毕业生的就业实习逐渐成为必不可少的环节。

(2)实习的寻找途径。

① 学校官网、辅导员微信公众号推荐。

② 招聘会现场上寻找。

③ 高校就业网站或社会就业招聘网站寻找。如前程无忧、应届生、中华英才网等。

(3)实习管理制度。实习管理制度一般包含实习生的录用程序、管理规定和薪资待遇等。根据不同的需要,公司会制定相应的实习协议与学生签署。

2. 就业协议书

就业协议书是《全国普通高等学校毕业生就业协议书》的简称,是普通高等学校毕业生和用人单位在正式确立劳动人事关系前,经双向选择,在规定期限内确立就业关系、明确双方权利和义务而达成的书面协议。它是用人单位确认毕业生相关信息真实可靠以及接收毕业生的重要凭据,也是高校进行毕业生就业管理、编制就业方案以及毕业生办理就业手续等有关事项的重要依据。一般由教育部或各省、市、自治区就业主管部门统一制表。

3. 劳动合同制度

根据《劳动法》,劳动者与用人单位确立劳动关系,明确双方权利和义务,应该书面订立有固定期限、无固定期限或以完成一定的工作为期限的劳动合同;在订立劳动合同过程中,劳动关系双方必须遵循平等自愿、协商一致的原则。实行劳动合同制度,明确了劳动者与用人单位双方的权利和义务,保障了劳动者择业自主权和用人单位的用人自主权。根据《劳动法》规定,未毕业的大学生,不属于劳动法调整范围,因此,在校学生不受《劳动法》调整和保护,不能签订劳动合同,等毕业生拿到毕业证、学位证就可以和公司签订劳动合同。

4. 劳动合同与就业协议的区别

就业协议是大学生和用人单位在签订劳动合同前,双方确定就业意向和权益的依据。劳动合同是劳动者与用人单位确立劳动关系、明确双方权利和义务的协议。具体区别如下：

（1）主体不同。就业协议的主体是毕业生、用人单位和学校，其中毕业生与用人单位的主体作用不言而喻，学校作为一个主体，其作用是维护毕业生就业工作的良好秩序，保障毕业生和用人单位的合法权益，并兼有证明学生毕业信息真实性的作用。而劳动合同是劳动者与用人单位之间在遵循平等自愿的原则下依法签订的，只有劳动者和用人单位两个主体。

（2）依据不同。就业协议依据的是教育部颁发的部门规章，劳动合同依据的是《劳动法》和《合同法》。

（3）内容不同。就业协议可规定毕业生自身情况、就业意向、用人单位同意接收、学校派遣等，而在劳动合同中，依法必须明确劳动合同期限、工作内容、劳动保护和劳动条件、劳动报酬和劳动纪律、合同终止条件，以及违反合同的责任等必备条款。除此之外，双方还可以协商约定其他内容，在具体涉及某项时还可以优先适用本地地方法规和规章。

（4）签订时期不同。就业协议一般在学生毕业前签订，正式签订劳动合同只有等到毕业后方可。

（5）效力不同。就业协议只是毕业生在"择业"过程中签订的协议，其效力始于签订之日，终于毕业生与用人单位签订劳动合同之时。劳动合同的有效期，是劳动者与用人单位以合同方式确定的，除法律规定的情形外，双方不得随意变更、中止。对毕业生来说，到用人单位报到后，在双方签订劳动合同之后，原就业协议随之失效。从这点来看，就业协议不能替代劳动合同。

第二节　大学生就业政策

为解决大学生就业难的问题，国家及时调整并制定了适应新形势的毕业生就业政策。

一、大学生就业基本政策

（1）鼓励高校毕业生到基层和艰苦地区工作。各级政府要为高校毕业生创造工作条件，主要充实城市社区和农村乡镇基层单位，从事教育、卫生、公安、农技、扶贫和其他社会公益事业。在艰苦地区工作2年或2年以上者，报考研究生的，应优先予以推荐、录取；报考党政机关和应聘国有企事业单位的，同等条件下，应优先录用。

（2）党政机关录用公务员和国有企事业单位新增专业技术人员和管理人员，应主要面向高校毕业生，公开招考或招聘，择优录用。

（3）鼓励各类企事业单位特别是中小企业和民营企事业单位聘用高校毕业生，政府有关部门要为其提供便利条件和相应服务。对企业跨地区聘用的高校毕业生，省会及省会以下城市要认真落实有关政策，取消落户限制。

（4）鼓励高校毕业生自主创业和灵活就业。凡高校毕业生从事个体经营的，除国家限制的行业外，自工商部门批准其经营之日起1年内免交登记类和管理类的各项行政事业性收费。有条件的地区由地方政府确定，在现有渠道中为高校毕业生提供创业小额贷款和担保。

（5）为高校毕业生办理户口和人事档案手续提供便利。中组部、人社部、教育部、公安部、国资委联合印发《关于做好取消普通高等学校毕业生就业报到证有关衔接工作的通知》,明确自 2023 年起,不再发放"全国普通高等学校本专科毕业生就业报到证"和"全国毕业研究生就业报到证",取消就业报到证补办、改派手续,不再将就业报到证作为办理高校毕业生招聘录用、落户、档案接收转递等手续的必需材料。通知要求,明确户口迁移要求。高校毕业生户籍可以迁往就业创业地(超大城市按现有规定执行),也可以迁往入学前户籍所在地。通知要求,明确档案转递衔接。2023 年起,组织人事部门和档案管理服务机构在审核和管理人事档案时,就业报到证不再作为必需的存档材料,之前档案材料中的就业报到证应继续保存,缺失的无须补办。通知要求,明确信息查询渠道。用人单位、户籍和档案接收管理部门、公共就业人才服务机构在办理招聘录用、落户、档案接收转递等业务时,可通过查看学历证书、劳动(聘用)合同(就业协议、录用接收函)等,或通过查询全国高校毕业生毕业去向登记系统,明确离校时相应毕业去向信息。

(6)毕业半年以上未能就业并要求就业的高校毕业生,可持学校证明到入学前户籍所在城市或县劳动保障部门办理失业登记。劳动保障部门所属的公共职业介绍机构和街道劳动保障机构应免费为其提供就业服务。对已进行失业登记的高校毕业生,有条件的城市、社区可组织其参加临时性的社会工作、社会公益活动,或到用人单位见习,给予一定报酬。对于因患病等原因短期无法工作并确无生活来源者,由民政部门参照当地城市低保标准,给予临时救助。此项费用由地方财政列支。

(7)鼓励中小企业和民营企事业单位聘用高等职业学校(大专)毕业生,对就业困难的应届高职(大专)毕业生,由劳动保障、人事和教育部门共同实施"高职(大专)毕业生职业资格培训工程",对需要培训的应届高职(大专)毕业生进行职业技能培训和职业技能鉴定。培训费由教育系统承担,职业技能鉴定费由劳动保障部门适当减免。

二、大学生志愿服务西部计划

1. 大学生志愿服务西部计划简介

西部计划是由团中央、教育部、财政部、人社部联合实施,针对普通高等学校应届毕业生或在读研究生到西部基层开展为期 1~3 年的志愿服务。大学生志愿服务西部计划,是团中央、教育部根据国务院常务会议、《国务院办公厅关于做好 2003 年普通高等学校毕业生就业工作通知》和 2003 年全国高校毕业生就业工作电视电话会议精神的要求而实施的,财政部、人社部给予相关政策、资金支持。该项计划从 2003 年开始实施,按照公开招募、自愿报名、组织选拔、集中派遣的方式,每年招募一定数量的普通高等学校应届毕业生或在读研究生,到西部基层开展为期 1~3 年的教育、卫生、农技、扶贫等志愿服务,鼓励志愿者服务期满后扎根当地就业创业。西部计划按照服务内容分为基础教育、服务三农、医疗卫生、基层青年工作、基层社会管理、服务新疆、服务西藏 7 个专项,主要服务地包括河北、山西、内蒙古、吉林、黑龙江、安徽、江西、河南、湖北、湖南、广西、海南、重庆、四川、贵州、云南、西藏、陕西、甘肃、青海、宁夏、新疆共 22 个省(自治区、直辖市)以及新疆生产建设兵团。

2. 大学生志愿服务西部计划实施情况

2023 年是西部计划实施 20 周年。20 年来,累计招募派遣 46.5 万余名大学生志愿者在

2 000多个县(市、区、旗)基层服务。2023年西部计划全国项目实施规模将继续保持2万人,地方项目预计实施规模将超过4万人。西部计划实施以来,综合成效明显。作为实践育人工程,引导具有理想主义情怀的青年人,通过火热的西部基层实践进一步坚定理想信念,锤炼意志品格,升华志愿情怀;作为就业促进工程,引导和帮助高校毕业生树立正确的就业观,并为他们搭建到西部去、到基层去、到祖国和人民最需要的地方去干事创业的通道和平台;作为人才流动工程,鼓励和引导东、中部大学生到西部基层工作生活,促进优秀人才的区域流动;作为助力扶贫工程,以西部计划志愿者为载体推动校地共建,引导高校资源参与到当地的脱贫攻坚工作中。

西部计划是国家重大人才工程"高校毕业生基层培养计划"的子项目,是引导和鼓励高校毕业生到基层工作的5个专项之一。党中央、国务院高度关心西部计划志愿者,高度重视西部计划和研究生支教团工作。习近平总书记曾多次作出批示或给志愿者回信,肯定志愿者们在西部地区辛勤耕耘、默默奉献,为当地经济社会发展、民族团结进步作出了贡献,勉励越来越多的青年人以志愿者为榜样,到基层和人民中去建功立业,让青春之花绽放在祖国最需要的地方,在实现中国梦的伟大实践中书写别样精彩的人生。

三、大学生村官计划

1. 大学生村官计划简介

大学生村官工作是十七大以来党中央做出的一项重大战略决策,主要目的是培养一大批社会主义新农村建设骨干人才、党政干部队伍后备人才、各行各业优秀人才,江苏同时设立了985村官计划。2014年5月30日,中央组织部召开全国大学生村官工作座谈会,进一步明确了大学生村官工作的定位。

2. 大学生村官岗位说明

大学生村官岗位性质为"村级组织特设岗位",系非公务员身份,其工作、生活补助和享受保障待遇应缴纳的相关费用由中央和地方财政共同承担。大学生村官的工作管理及考核比照公务员有关规定进行,由县(市、区)党委组织部牵头负责、乡镇党委直接管理、村党组织协助实施;人事档案由县(市、区)党委组织部管理或县(市、区)人力资源和社会保障部门所属人才服务机构免费代理,党团关系转至所在村。

四、选调生

1. 选调生简介

选调生,是各省省委组织部有计划地从高等院校选调品学兼优的应届大学本科及以上毕业生到基层工作,作为党政领导干部后备人选和县级以上党政机关高素质的工作人员人选进行重点培养的群体的简称。

2. 选调对象

主要选调本科生、研究生中的共产党员以及优秀学生干部和三好学生。各省情况差别较大,部分省份只要求满足学生干部、三好学生和中共党员三个条件中任意一个即可。

3. 选调原则

秉持"公平、平等、竞争、择优"的原则,采取本人自愿报名、院校党组织推荐、组织(人事)

部门考试考核相结合的办法选调。

五、"三支一扶"计划

1."三支一扶"计划简介

"三支一扶"是指大学生在毕业后到农村基层从事支农、支教、支医和扶贫工作。计划的政策依据是国家人事部(现人力资源和社会保障部)2006年颁布的第16号文件《关于组织开展高校毕业生到农村基层从事支教、支农、支医和扶贫工作的通知》。其目的在于为高校毕业生到基层单位落实就业问题提供具体的指导和保障。

2."三支一扶"招募条件

招募对象为普通高校应届毕业生,不含定向、委培生和已落实就业单位的毕业生。其基本条件是:

(1)政治素质好,热爱祖国,拥护党的基本路线和方针政策;

(2)大学专科以上学历,具有工作岗位所需要的专业知识;

(3)具有敬业奉献精神,遵纪守法,作风正派;

(4)身体健康。

六、大学生应征入伍

由教育部高校学生司、国防部征兵办公室发布普通高等学校应届毕业生入伍预征公告,公布具体要求和流程:

1. 年龄要求

男兵征集对象为大专、本科在校生,年龄为17至22周岁;大专毕业生,年龄为17至23周岁;本科毕业、研究生毕业及在校生,年龄为17至24周岁。

女兵征集对象为普通高中应届毕业生,年龄为17至19岁;普通全日制高校在校生及应届毕业生,年龄为17至22岁。

2. 优惠政策

(1)由政府补偿相应学费,代偿国家助学贷款。

(2)服义务兵役期间,在选取士官、考取军校、安排到军队技术岗位等方面优先。

(3)具有普通高等学校本科及以上学历、取得相应学位的,表现优秀、符合总政治部有关规定的可以直接选拔为军官。

(4)服义务兵役退役后(下同),参加政法院校为基层公检法定向岗位招生考试时,优先录取。

(5)具有高职(高专)学历的,退役后免试入读成人本科,或经过一定考核,入读普通本科。

(6)退役后报考硕士研究生初试总分加10分;荣立二等功及以上的,退役后免试推荐入读硕士研究生。

(7)退役后可以根据需要参考应届高校毕业生办理就业报到手续。

七、特岗计划

1. 特岗计划简介

2006年,教育部、财政部、人事部、中央编办下发《关于实施农村义务教育阶段学校教师特设岗位计划的通知》,联合启动实施"特岗计划",公开招聘高校毕业生到"两基"攻坚县农村义务教育阶段学校任教。通过公开招募高校毕业生到西部"两基"攻坚县县以下农村义务教育阶段学校任教,引导和鼓励高校毕业生从事农村教育工作,逐步解决农村师资总量不足和结构不合理等问题,提高农村教师队伍的整体素质。特岗教师聘期3年。原则上安排在县以下农村初中,适当兼顾乡镇中心学校。

2. 实施范围

特岗计划涉及山西、内蒙古、安徽、江西、河南、湖北、湖南、广西、海南、重庆、四川、贵州、云南、陕西、甘肃、宁夏、新疆、青海、河北、辽宁、吉林、黑龙江以及新疆生产建设兵团。"特岗计划"的岗位设置相对集中,一般1个县(市)安排100个左右,1所学校安排3~5人。人口较少的边境县、少数民族自治县和少数民族县可安排在农村生源占60%左右的县城学校。

3. 招聘对象及基本条件

(1)全日制普通高校师范类专业应届本、专科毕业生;

(2)全日制普通高校具备教师资格条件的非师范类专业应届本科毕业生;

(3)取得教师资格,同时具有一定教育教学实践经验、年龄在30岁以下且与原就业单位解除了劳动(聘用)合同或未就业的全日制普通高校往届本科毕业生;

(4)政治素质好,热爱祖国,拥护党的各项方针、政策,热爱教育事业,有强烈的事业心和责任感,品行端正,遵纪守法,在校或工作(待业)期间表现良好,未受过任何纪律处分,为人师表,志愿服务农村基层教育;

(5)符合教师资格要求和服务岗位要求(应聘初中教师的学历要求原则上为本科及以上,所学专业与申请服务的岗位学科一致或相近);

(6)身体条件能适应设岗地区工作、生活环境。

第三节   农科院校大学生就业现状

农科院校大学生作为专业性强、就业选择相对较窄的特殊大学生群体,在专业相对冷门、市场需求相对较少的环境下,就业形势较为严峻。以下以东部地区某农科院校为例进行阐释。

一、农科院校毕业生就业单位性质流向调查

从东部地区某农科院校的就业质量报告书中2022届签约毕业生的就业单位性质来看,本科生就业去向占比第一位的是中小企业(57.53%),第二位是国有企业(20.08%);研究生就业去向占比第一位的是中小企业及其他企业(53.03%),第二位是国有企业(14.54%)。

同时,据有关研究表明,受传统观念和经济因素影响,"学而优则仕"的观念依然根深蒂固

地根植于农科院校大学生的脑海中,由此导致农科院校大学生在就业时期望值存在偏差,不想从事跟农科有关的工作,甚至出现"有业不就、无业可就"的现象。更多的大学毕业生宁愿选择留在大城市里继续寻找工作,也不愿到农村、基层等条件落后但就业前景广阔的地方就业。但城市所能够提供的就业岗位日趋紧张也是不争的事实,城市就业岗位紧张,农村、基层就业岗位充足,就业供求矛盾日益突出。我国当前提倡大力推进农业现代化,这就需要大量的人才到基层去,但现实情况却是很少一部分学生愿意选择"面向农业,服务基层"的就业岗位,导致涉农岗位、农村基层严重缺少人才。农科院校大学生在就业地域上主要倾向于城市,在就业单位性质上主要倾向于党政机关、企事业单位。但到党政机关和其他事业单位就业的比例与学历成正相关,到党政机关和其他事业单位就业的本科毕业生占 9.38%,而到上述单位就业的研究生占比 21.17%。

二、农科院校毕业生就业地域调查

农科院校大学生在择业地域上,大部分学生更向往到大城市就业。有关调查研究表明,有60.8% 的农科院校大学生希望毕业后在大城市就业,希望毕业后在中小城市就业的学生比例为 26.5%,而选择去农村基层就业的仅占 12.7%。由此可见,由于目前我国城乡发展不平衡,农村发展相对缓慢,经济条件相对城市较差,收入待遇相对较低,生活条件也比城市艰苦,再加上农科院校有相当一部分学生生源地是农村,学生希望通过上大学来跳出农村的愿望十分强烈,使得很大一部分农科院校大学生谈"农"色变,看不起基层工作,宁愿在城市慢慢寻找工作,也不愿意前往前景广阔、对人才需求巨大的农村或者基层。

三、农科院校毕业生赴基层和西部就业概况

无论是现在还是过去,基层对农科人才的需求一直都是很大的。但是基层的农科工作人员却在不断流失,并且基层工作者年龄老化现象日益严重。其中原因除了基层条件差外,更主要的是社会竞争机制和外界更好条件的诱惑。虽然到基层工作的思想在近几年通过学校教育已经得到了相当的改观,但是在实际工作中,基层农科人才不断流失的现象却依旧没得到改善。有关资料表明,农科类院校毕业生前往基层和西部就业的人数并不多。

四、农科院校毕业生工作岗位与专业相关度分析

就业相关度是指毕业生就业岗位或工作内容是否与所学专业相关,工作过程中是否应用到专业知识。根据东部地区某农科院校的就业质量报告,对该校 2022 届毕业生进行抽样调查的结果显示,2022 届研究生就业专业相关度为 84.72%,本科生就业专业相关度为 73.82%。毕业生就业相关度与学历成正比,学历越高,就业相关度越高。

五、农科院校毕业生就业行业分布

2022 年,制造业,信息传输、软件和信息技术服务业,科学研究和技术服务业是毕业生就业人数居于前 3 位的行业。毕业生中选择与学校教育特色相关行业的人数最多。

六、进入不同性质单位毕业生薪酬水平

调研分析显示,东部地区某农科院校 2022 届毕业生中,国有企业和三资企业的平均薪酬较高,科研设计单位、其他事业单位较低。从薪酬满意度分析,薪酬满意度较高的为基础教育单位(86.24%)、其他事业单位(63.66%)、党政机关(71.62%)以及国有企业(70.18%)。这种反差的现象表明在党政机关、事业单位工作的毕业生,或许是毕业生进入该系统时对薪酬水平的期望不高,或许是工作的环境较好,工作压力相对较小,所以,即使毕业生薪酬不高,满意度仍旧较高;而进入企业的毕业生,虽然获得较高的薪资,但是其承受的压力和付出较高,因此出现薪酬满意度不高的现象。

七、升学情况和出国(境)率

各个高校具体的升学情况和出国(境)率不一,以东部地区某农科院校的 2022 年就业数据来看,本科生的升学率保持在 33% 以上,出国(境)率最高可达到 10.52%,其中本科生以自费为主。

八、就业满意度

2022 年东部地区某农科院校对 2 982 名 2022 届毕业生开展就业满意度和初入职岗位胜任力调查,回收有效问卷 2 384 份。结果显示:毕业生对所从事职业表示非常满意和满意的达 72.16%,仅有 3.51% 的毕业生表示不满意。

九、大学生创业情况

青年是创业的生力军。中国青年创业就业基金会和泽平宏观研究团队于 2022 年 7 月联合开展问卷调查,认为:(1)专科及以上学历的青年创业者占比超九成;(2)近七成青年创业者启动资金低于 10 万元,多数来源于个人或家庭积蓄、亲友借贷;(3)首次创业人数占七成以上,31 岁及以上青年创业者半数有二次及以上创业经历;(4)超过九成青年创业者选择个人独资、合伙创业形式,家庭创业占比较小;(5)创业资金、社会资源和知识储备是青年创业主要面临的三大困难;(6)创业税收优惠政策和简化行政审批手续是青年创业者的两大诉求;(7)超半数大学生创业者参加过创业大赛,具备一些初步的创业理论知识。

在对广州、青岛、重庆、郑州、沈阳五地的实地调研中,发现:(1)广州市注重打造"创新工坊、青创营、青创班、领航班"四大培训品牌,针对不同人群分类培训,助力创业;(2)青岛市实施"青创先锋贷",强化升级"团银协作"模式,提升创业金融支持,发放的创业各项补贴总额位居全国前列;(3)重庆市打造重点创业帮扶品牌项目"青锋计划",以"创业资金 + 导师辅导"服务模式,解决青年创业初期融资难题;(4)郑州市组建创业导师服务站,采取五方面措施支持青年返乡创业;(5)沈阳市打造"五位一体"的创业导师队伍,助力青年创业,青年可根据自身情况,运用"自选菜单模式"选择导师。

研究团队选取 199 座地级及以上城市作为研究对象,按照各城市的青年创业发展指数对城市进行排名,评选出 50 座青年创业友好型城市。从整体看,北京、深圳、上海在 2021 年青

年创业友好型城市中名列三甲,一线城市、发达省会城市及东部发达地级市的创业发展指数排名明显靠前。从创业环境看,长三角、珠三角、京津冀和中西部地区的省会、副省级城市排名靠前;从企业家精神看,深圳、北京、苏州位列前三位,排名靠前的城市同样集中分布在东部地区;从创业结果看,核心城市以及发达都市圈受创业者青睐,城市集中效应显著,长三角、珠三角区域区位优势明显。

本章小结

本章介绍了大学生就业制度和就业政策,特别针对农科院校大学毕业生的就业状况做出了比较详实的分析,旨在让大学生更深入地了解就业制度和就业政策,选择适合自己的就业方向。通过了解当今的就业制度及相关概念,熟悉国家近期出台的大学生就业政策,希望大学生能够初步明确将来的就业方向。

复习思考题

- 1. 结合自身情况和特点分析哪些就业途径适合自己。
- 2. 大学生应征入伍的政策有哪些?
- 3. 谈谈三方协议的签署流程和重要性。
- 4. 毕业后户口和档案如何处理?

◆ 即测即评

第九章 大学生求职择业准备

本章提要

　　求职过程并非一帆风顺，需要大学生作出充足的准备，这不仅要结合自己的专业技能的适用性，还要了解岗位需求中的综合素质水平，这需要长期的积累和不断的学习。通过本章的学习，我们能够了解大学生求职过程中所需要的专业技能、通用技能，大学生进入职场所需要具备的职业素养。在全面了解的基础之上，能够正确规划大学学业。

案例导入

　　小李所学专业是企业管理,是一个较宽泛的专业。2022年大三的时候,他看到中国建设银行招聘暑期实习生,他立志花大气力去拼这个实习机会。为此他详细分析了中国建设银行对暑期实习生的需求,结合招聘启事的要求与网上的一些信息,小李发现中国建设银行主要需要的实习生是来帮忙做数据统计分析。所使用的软件是SPSS统计分析软件。为此,小李赶制了一份申请材料。

　　(1)小李在大学里曾经用SPSS统计分析软件做过一份作业,为了显示自己对SPSS的熟练程度,他特意熬了两个通宵把报告从5页增加到14页标注了计算方法的使用情况,而且到一间专门做标书设计和制作的打印社用photoshop做了排版。

　　(2)他用一封求职信介绍自己对SPSS统计分析软件的使用心得,以及如何利用SPSS为银行分析大量的客户数据。

　　(3)在个人简历中他主要突出自己的学习成绩中上等,在社团活动中主要扮演"得力助手"的角色,擅长打乒乓球等特点。之所以突出这些特点,是因为他认为企业向来偏好三类学生:成绩好的、执行能力强的、有文体特长的。

　　小李的申请材料让中国建设银行的HR颇为惊喜,他也因此顺利地通过了面试,成为中国建设银行2022年在广州招聘的三名实习生之一。2023年小李再次以类似的申请方法,通过了同样的竞争激烈的面试,得到了中国建设银行的正式录用。

　　如果说高考是人生命运的一次重大转折,那么求职更是决定人生方向的关键一步。在经历大学几年的学习锤炼之后,除部分人选择继续深造外,多数的大学生都将走向社会就业。今天站在哪里并不重要,重要的是下一步要迈向何方,机遇总是垂青那些做好充分准备的人,因此大学生只有未雨绸缪、提早准备,才能赢得时间和机遇,占据主动和优势。

第一节　专业技能准备

　　专业知识技能是指那些需要通过专门的教育或者培训才能获得的特别的知识或者能力。这些技能涉及学习的专业科目,它们是你所懂得的专业知识,比如说是否掌握英语的语法、自然科学的研究方法、打篮球的规则技术等。

一、基础知识与技能

　　"万丈高楼平地起,全靠基础来支撑"这是人尽皆知的最浅显的道理。知识结构的基础知识也是如此,它是知识结构的根基,如果不宽厚扎实,其知识结构就不牢靠。对于大学生来说,今后无论选择何种职业、何种岗位层次,也不管向哪个方向发展,都离不开宽厚扎实的基础知识。

　　目前,大学生应掌握的基础知识主要包括社会所需要的基础知识和专业所需要的基础知识两大类。

1. 社会所需要的基础知识：数学、英语、计算机、互联网

创新工场 CEO 李开复曾经在给大学生的演讲中明确提出：当代大学生要学好的基础知识就是数学、英语、计算机、互联网。

数学是理工科学生必备的基础。很多学生在高中时认为数学是最难学的，到了大学里，一旦发现本专业对数学的要求不高，就会彻底放松对数学知识的学习，而且他们看不出数学知识有什么现实的应用或就业前景。但是绝大多数理工科专业的知识体系都是建立在数学的基础之上的。所以，大家一定要用心把数学学好，不能敷衍了事。学习数学也不能仅仅局限于选修多门数学课程，而是要知道自己为什么要学习数学，要从学习数学的过程中掌握认知和思考的方法。

英语是 21 世纪最重要的学习和沟通工具之一。目前的国际学术交流和现今的技术资源、论文都是采用英语。例如在软件行业里，不但编程语言是以英语为基础设计出来的，最新的研究成果、行业标准、参考资料、用户手册等资源也大多是用英语写的。

计算机和互联网知识是大学生必备的基础知识。随着信息时代的到来，大学生在信息科学与信息技术方面的素养也已成为他们进入社会的必备基础之一。虽然不是每个大学生都需要懂得计算机原理和编程知识，但所有大学生都应该能熟练地使用计算机、互联网、办公软件和搜索引擎，都应该能熟练地在网上浏览信息和查找专业知识。在 21 世纪，使用计算机和网络就像使用纸和笔一样，是人人必备的基本功。不学好计算机，你就无法快捷、全面地获得自己所需要的知识或信息。

2. 专业所需要的基础知识：与专业相关的基础理论知识

科技的高速发展和知识的几何级膨胀，使得各个学科之间的界限不再那么明晰，学科间相互渗透联系的现象越来越明显，因此想要学好一门专业的课程，必须要有相关的多方面的知识作为支撑和补充。比如，计算机专业分为硬件和软件两方面，要想学好硬件知识，就要学习其他专业的专业知识作为本专业基础知识，例如，电子学、机械学和材料学相关的知识；而统计学、逻辑学和信息学等知识是学好软件方面的基础知识。同样法学专业学生在进行专业学习前，要进行经济学、写作、演讲与口才等方面基础知识的学习。

二、专业知识与技能

专业知识通常是指大学生各自所学专业的知识和技能，是大学生知识结构中的主要内容。专业知识技能是不能举一反三的，一般需要经过有意识专门的培训和学习才能掌握。高等教育专业的设置就是基础教育发展到一定程度时，随着社会分工的需要而建立的一个特殊的培养人才的计划。专业知识的学习是最终实现育人目标的必然途径。

大学生要根据本专业的培养目标，有意识和有目的地在专业知识上达到广博而精深。所谓"广博"即广采博学。知识过窄，难以适应现代化科学技术发展的需要，也很难在事业上有所建树，同时也难以适应用人单位所要求的"一个人能胜任几方面工作"的实际要求。所谓"精深"，是指大学生对自己所从事专业的知识和技术，要在一定的范围，具有一定的深度，既有对专业的概念体系、理论体系、研究方法、学科历史和现状等的量的要求，又有对本专业国内外最新信息及与专业邻近领域知识的了解和熟悉，并善于将其与本专业领域紧密联系起来的质的要求。成功的人才往往都是在宽厚的基础知识之上对专业知识的精益求精，从而成为某一学科、某一方面颇有造诣的专才。这两者相辅相成，如何把握好度是关键。具体到个人的知识体系构建，是要精深还是要广博，要看个人的发展方向和定位。因此，大学生及早树立奋斗方向很重要，早有职业规划，早着手打造自己的核心竞争力，就能未雨绸缪，在未来的学业和事业上游刃有余。

同时，专业知识技能，并不是只有通过正式的专业教育才能获得。除了学校的课程，课外培训、专业会议、讲座、研讨会、自学、资格认证考试等方式都可以获得专业知识技能。此外，公司为新员工提供的相关上岗培训，也可以帮你发展专业知识技能。实际上，越是大的公司，越是看重综合素质，也就是"自我管理技能"与"可迁移的技能"，而不那么在意你是否已经具备专业知识。不少企业在校园招聘时，都已不再区分应聘者的专业背景。

总之，大学生在学习基础理论知识、掌握专业知识的同时，还要不断拓宽自己的知识面，这是提高实际工作能力的基础。拓宽知识面并不是什么都要学，而是科学地、有目的地、有选择地学，要根据自己的情况，考虑自己的精力和承受能力，量力而行，才能达到学习的目的。首先，要学好必修课，把基础打牢固；其次，要尽可能地多读些参考书，了解和掌握本专业国内外最新的科学技术成就；最后，就是学些同本专业和对应的行业发展相关的知识，以适应社会的需要。

三、职业与知识结构

不同类型的职业对求职者知识结构有特殊要求。

1. 管理类职业的要求

该职业包括企业管理、金融管理、财务管理、外贸管理、行政管理、人力资源管理等社会工作。此类职业者在其知识结构上除应具备上述共性要求外，还必须很好地掌握党的方针政策，掌握基本的法律，还应了解税务、工商、外贸的管理知识。

2. 工程类职业的要求

该类职业的范围包括行业中从事工程技术应用工作的职位。它要求就业者牢固地掌握所学的专业知识，具有较新的现代专业理论，熟练地掌握应用技术知识及一定的管理知识，并能将其应用于实际工作中。

3. 科研类职业的要求

该类职业主要指基础理论研究、信息情报研究、学科应用技术研究等职位。该类职业对求职者的知识结构要求是：具有丰富、坚实的专业基础知识，掌握严谨和科学的研究方法并能运用于实际研究中，掌握大量的本专业的当代研究的前沿信息，熟练掌握本专业的各种实验方法和调查方法，并能运用于实际工作中。

4. 教育类职业的要求

该类职业包括大学教师、中小学教师以及各类职业教育教师、干部培训教师等。要求求职者具备的知识结构是：掌握教育学、心理学等理论知识和深厚扎实的专业知识，熟悉本专业最新研究成果及其发展趋势，了解与本专业相近的新兴边缘学科或交叉学科的情况，具备较高的文化素养,达到真正的"博学"。

案例分析

临近大学毕业,某大学经济学专业的李某,参加了一家英国公司的招聘。那天他很准时地到了应聘现场。所有面试的人都集中在一个大房间里,考官给每个人发了一张试卷,上面只给了一道看起来很简单的题目:英国每年要买几个高尔夫球? 没有其他数据,要求在45分钟内完成。这是个看起来无厘头的题目。初看的时候,李某都傻眼了,因为所学的专业知识里没有相关信息。后来自己再看,这样的题目对他这个经济类的高材生来说并不算难,只要综合运用所学的知识就可以间接解答此题,中间涉及的很多管理知识对他来说也轻而易举。

所谓的"英国买"其实就是英国进口。进口的数量与市场需求有关,市场需求与人口有关。英国有多少人口,这个脑子里要有数。可以假设16—70岁的英国人有多少,其中最有可能打高尔夫球的30—45岁的有多少人。为了使数据精确,他的答案上写着如何进行抽样调查,写完步骤后,他再假设50万人口在打高尔夫球,经常打的有多少人,这些人每年估计要用多少高尔夫球,其他的人会多久打一次,需要用多少球。加起来就是英国总的市场需求。然后写下一组数字,他很满意地交了卷。

这道题并不是要你随便弄个数字,而是要对一个人的思考过程进行考查。一个月后,李某收到了这家公司的录用通知。

分析:在实际生活中,要解决一个问题,仅靠一两门专业知识是不够的,需要综合运用各种学科的知识,大学生在完善自我知识结构时,必须充分认识复合知识的重要性,充分发挥自身的主观能动性和自身知识的特点,进行有针对性的复合知识的学习,提高自身的综合分析问题和解决问题的能力。

第二节　通用技能准备

通用职业技能,是人们职业生涯中除岗位专业能力之外的基本能力,它适用于各种职业,适应岗位的不断变换,是伴随人终生的可持续发展能力,通常包括以下九项能力:自我管理能力、学习和适应能力、解决问题能力、创新能力、团队协作能力、语言表达能力、信息处理能力、人际交往能力、自我规划能力。

一、自我管理能力

自我管理能力是指受教育者依靠主观能动性按照社会目标,有意识、有目的地对自己的思想、行为进行转化控制的能力。

要做到自我管理,需要个体对自己本身,对自己的目标、思想、心理和行为等进行管理,自己把自己组织起来,自己管理自己,自己约束自己,自己激励自己,自己管理自己的事务,最终完成自我奋斗目标的一个过程。自我管理是每个人对自己生命运动和实践的一种自我调节。自我管理核心思想就是自我认知、自我组织、自我激励、自我监督、自我调控、自我评价、自我意识、自我锻炼、自我反省,使个体通过科学方法有目的地逐步走向自我完善和完美,从而达到自我实现、自我成就和自我超越的一门科学与艺术。也是充分调动自身心灵的自动调节功能,最大限度地激发自身潜能,更有效地发掘和实现自身最大社会价值和责任的一门科学与艺术。

大学生应具备自我管理的能力,需要对自己的优缺点有清晰的认识,有明确的生活目标和职业生涯目标,明确实现目标的障碍,懂得时间管理的方法,能够很好地掌控自我情绪,有效平衡学习、生活、工作的各个方面,有对人生、职业的积极态度。这种能力需要我们从小处着眼,注重日常中的点滴,对自己的未来有规划、有目标,学会守时,学会自我调节情绪,以一颗平常心用心做自己。

二、学习和适应能力

学习适应需要正确地认识自我,挖掘自身的闪光点和短处,善于学习,养成良好的学习习惯,能快速地适应新的环境。当今社会已进入了信息化时代,新知识、新技术层出不穷,不学习、不会学习,终将被时代淘汰。适应环境变化最有力的武器就是学习,只有不断地学习,不断地优化学习方法,才能不断地提升自己的职业能力。

三、解决问题能力

解决问题能力,是指个体面对复杂问题的分析、解决能力,能从多视角、多层面提出解决方案,并且可以将抽象问题具体化,可以在多个方案中找出最优方案的能力。

四、创新能力

创新是指以现有的思维模式提出有别于常规或常人思路的见解,利用现有的知识和物质,在特定的环境中,本着理想化需要或为满足社会需求而改进或创造新的事物(包括产品、方法、元素、路径、环境),并能获得一定有益效果的行为。创新能力是指在技术和各种实践活动领域中,不断提供具有经济价值、社会价值、生态价值的新思想、新理论、新方法和新发明的能力。

创新,首先是一种态度,立足于实际,勤勤恳恳面对生活工作才有可能创新;创新需要方法,是一种技能,需要系统的学习和严谨的训练,需要我们用心观察,用心感悟,用行动去反复验证,才能有所建树。创新能力是经济竞争的核心,当今社会的竞争,与其说是人才的竞争,不如说是人的创造力的竞争。

五、团队协作能力

所谓团队协作能力,是指建立在团队的基础之上,发挥团队精神、互补互助以达到团队最大工作效率的能力。

对于团队的成员来说,不仅要有个人能力,更需要有在不同的位置上各尽所能、与其他成员协调合作的能力。一个好的团队并不是说每一分子各方面能力都特别棒,而是能够很好地借物使力,取团队其他成员的长处来补自己的短处,也把自己的长处优点分享给大家,互相学习交流,共同进步。

六、语言表达能力

语言表达能力是指在口头语言（说话、演讲、作报告）及书面语言（回答申论问题、写文章）的过程中运用字、词、句、段的能力。它要求用词准确、语意明白、结构妥帖、语句简洁、文理贯通、语言平易、合乎规范，能把客观概念表述得清晰、准确、连贯、得体，没有语病。在现实的求职中，大学生求职，首先要向用人单位递交一份简历，表现的就是文字表达能力，参加面试开口就是口头表达能力的展示。语言表达能力关键在于我们需要运用文字将思想和观点准确清晰地传递给读者、运用语言将自己的思想生动地传递给听者。

七、信息处理能力

信息处理能力是指根据职业活动的需要，运用各种方式和技术，收集、开发和展示信息资源的能力，是日常生活以及从事各种职业必备的方法能力。它以文字、数据和音像等多种媒体为基础，以计算机及网络通信等技术为手段，以适应工作任务的需要和实际问题的解决为目的。

知识是无限的，个人能力是有限的，我们需要从网络、图书馆、数据库等渠道的无限知识中获取源源不断的有限的个人知识和能力。信息接收就是能够经过分析识别出对自己有用的信息，能够快速地通过网络、图书馆搜索出各种所需的电子化信息和参考资料，能够知道哪些是有用信息，哪些是无效信息，并及时将接收的有效信息分类、储存，适时学习和更新。

八、人际交往能力

人际交往能力是衡量一个公共关系人员能否适应现代社会需求的标准之一，是看他是否具备善于与他人交往的能力。公共关系人员必须懂得各种场合的礼仪、礼节，善于待人接物，善于处理各类复杂的人际关系。公共关系人员在平时要注意培养自己的良好性格、儒雅风度、学识修养，在社交活动中要热情、自信；注意仪表、举止；面带微笑，运用温和、幽默的语言处理公共关系事务。在社交活动中应对领导、同事、合作者和其他公众表示关心和尊重。注意交往的技巧、方法，并努力使自己留给对方良好的印象。公共关系人员只有具备迅速与他人交往沟通，"打成一片"的能力，才能及时地了解公众的心理，知晓组织形象的缺陷，完成双向沟通和实施公共关系宣传的任务。

人际交往能力由 6 个方面构成：

（1）人际感受能力，指对他人的感情、动机、需要、思想等内心活动和心理状态的感知能力，以及对自己言行影响他人程度的感受能力。

（2）人事记忆力，是记忆交往对象个体特征以及交往情景、交往内容的能力。总之，是记忆与交往对象及其交往活动相关的一切信息的能力。

（3）人际理解力，即理解他人的思想、感情与行为的能力。人际理解力是现代企业管理中重要的工作技巧，也是人力资源管理人员必须具备的关键素质之一。人际理解力暗示着一种去理解他人的愿望，能够帮助一个人体会他人的感受，通过他人的语言、语态、动作等，理解并分享他人的观点,抓住他人未表达的疑惑与情感,把握他人的需求,并采取恰如其分的语言帮助自己与他人表达情感。

（4）人际想象力,从对方的地位、处境、立场思考问题,评价对方行为的能力。也就是设身处地为他人着想的能力。

（5）风度和表达力。这是人际交往的外在表现,指与人交际的举止、做派、谈吐、风度,以及真挚、友善、富于感染力的情感表达,是较高人际交往能力的表现。

（6）合作能力与协调能力,这是人际交往能力的综合表现,是企业团队合作的必要能力。

九、自我规划能力

自我规划能力是指个人制定的比较全面长远的发展计划,是对未来整体性、长期性、基本性问题的思考和考量,设计未来整套行动方案的能力。规划与计划基本相似,不同之处在于:规划具有长远性、全局性、战略性、方向性、概括性和鼓动性。

通过以上的介绍,不难看出,通用技能在人的职业生涯中对专业能力的运用和个体的发展都极其重要。特别是随着科技的发展,现代就业形势的需要,培养和提高学生的通用技能已是大势所趋。在现代社会的职业生活中,从业人员的知识老化周期与产品的生命周期相似,专业知识和技能也有一个生命周期。有关资料显示:知识的更新周期大约在 3~5 年,以后会越来越快,如果一个人不具有接受再教育的能力,就不能及时更新自己的知识,也不能很好地调整知识结构。随着社会的进步,目前许多有价值的知识和技能很快就会被淘汰。因此,获取知识的能力比获取知识的数量更为重要,学习能力的提高比吸收知识的数量更为重要,通用技能的掌握比专业技能的掌握更为重要。只有具备通用技能的人,才能够适应变化的环境,把握新的机遇。

从就业的角度看,随着新技术革命带来的科学技术和社会生产力的飞速发展,产业结构的变动更为频繁,市场竞争更为激烈,人们面临失业和转岗的压力更大,就业不再是从一而终,从业人员会经常面临失业、转岗、从业这样一个循环过程。"一技在手,终身受用"的传统观念在高速发展的现代社会中已很难通行。高等教育的技能培养目标,除了考虑具体行业和职业岗位的需要外,还必须考虑学生日后会遇到的职业变更、技术更新及个人发展的需要。既要重视专业技能,又要重视通用技能的培养,以适应未来社会生活中职业的嬗变和知识更新的需要,为学生今后的发展和接受继续教育奠定一个较为宽厚的基础。

由于通用技能适用于所有的职业生活,因此,当职业岗位发生变更或者当劳动组织发生变化时,学生所具有的这一能力依然能够起作用,这样就能较快地适应新的职业岗位。另外,由于其具有可迁移的特点,也有助于形成个人独立的终身不断学习进步所必备的能力,使之在变化的环境中不断自我充实、提高、发展,跟上技术进步、经济发展的步伐,增强学生可持续发展的能力和适应市场变化的能力,使学生真正具有应变、生存、发展的能力,从而有助于提高他们在社会实践中的竞争力,同时也有助于克服专业技能教育的定向性和社会需求多变性的矛盾。

第三节　职业素养准备

案例分析

时隔多年的床垫

一位美国人搬家时,到一家名叫"蓝森林"的家具店订购了一张床垫。不料,回家的路上,才突然想起说错了地址。这位美国人还没来得及告知家具店,途中竟遭遇车祸并成了植物人。自然,"蓝森林"的送货人一次又一次地吃了闭门羹。但是,"蓝森林"是一家严守合同的老店,他们不但没有因为这张床垫无人领取而感到捡了个便宜,反而四处张贴广告,并在当地媒体上发布信息寻求"床垫购买人"。更令人感动的是,其间,家具店两次老板更迭,接任时,前任都要给接任者说明这张床垫的来历,接任者也像他们的前任一样,信守承诺……七年后,奇迹发生了,"植物人"神奇地苏醒了,他唯一能够记起来的一件事情就是:七年前,他是在订购床垫回来的路上出事的。结局是完美的——七年之后,店家特意将这张床垫作为订购者康复回家后的第一个礼物送到了客户的家里。

这件事在全美引起了强烈的震动,就连当时的美国总统里根看了报道,也激动地跑到一家新闻中心,大加赞扬:"真诚,一定能感动上帝!"的确,只是因为一张床垫,家具店竟默默地坚守了七年,整个过程简单又平凡。但这种一诺千金的社会契约精神注定会在人们心灵深处引爆一次"核裂变"式的冲击。世界上真正无价的,唯有诚信。

看完这则小故事,同学们有什么感想呢? 在市场经济逐步成熟的今天,人们似乎更多地将诚信看作经济领域的"专有名词",而"诚信"二字事实上也频繁地出现在纷繁芜杂的日常经济交往中。一个商人是不是诚信,无非看他在买卖中是否缺斤短两? 是否童叟无欺? 生意场上产品质量是否能够保证,有没有"以假乱真"? 其实,这是诚信的外在形式,这个故事告诉我们:真正的诚信在心灵深处,在精神层面,应该是理性的守诺。同样,在工作的时候,在为人处世的时候,这样的职业素养和精神品质更是你前进的重量级砝码。所以,在就业形势严峻的今天,作为大学生,所要做的不仅仅是掌握专业知识,更要加强对职业素养的认知和践行。

对于一个职场人士来说,能力和专业的知识固然重要,但是要在职场成功,最关键的并不在于他的能力与专业知识,而在于他所具有的职业素养。工作中需要知识,更需要智慧,而最终起到关键作用的就是素养。缺少这些关键的素养,一个人将很难成功。拥有这些素养,会少走很多弯路,以最快的速度通向成功。良好的职业素养是衡量一个职业人成熟度的重要指标,是一个人职业生涯成败的关键因素。

一、职业素养的内涵与特征

1. 职业素养的基本概念

职业素养是个很大的概念,专业是第一位的,但是除了专业,敬业和道德是必备的,体现在职业上就是职业素养;体现在生活中,就是个人素质或者道德修养。弗朗西斯科(San Francisco)在其著作《职业素养》中这样定义:职业素养是人类在社会活动中需要遵守的行为规范,是职业内在的要求,是一个人在职业过程中表现出来的综合品质。个体行为的总和构成了自身的职业素质,职业素养是内涵,个体行为是外在表象。

简单地理解,职业素养就是一种工作状态的标准化、规范化、制度化,即在合适的时间、合适的地点,用合适的方式,说合适的话,做合适的事。使其在知识、技能、观念、思维、态度、心理上符合职业规范和标准。

职业素养,具体量化表现为职商(Career Quotient,简称 CQ),体现在一个社会人在职场上的素养及智慧,也可以说一生成败看职商,职商可以概括为"5C"的综合体。

(1) confidence(信心):信心代表着一个人在事业中的精神状态和对工作的热忱,以及对自己能力的正确认知,在任何困难和挑战面前都相信自己。

(2) competence(能力):能力的培养是和不断地吸收新知识、新经验密不可分的,只有充实自己,才能赢在各个起跑线上。

(3) communication(沟通):在工作中掌握交流的技巧是至关重要的。如何有效地沟通,表达自己的理想与见解,是一个很大的学问,也是决定我们在社会上能否成功的关键点之一。

(4) creation(创造):在这个不断进步的时代,不能没有创造性思维。我们应该紧跟市场和现代社会发展的节奏,不断在工作中注入新的想法,提出合乎逻辑、有创造性的建议。

(5) cooperation(合作):在社会上做事情,如果只是单枪匹马地战斗,不靠集体和团队的力量,是不可能取得真正成功的。每一个想获得成功的人都应该学会与别人合作。

2. 职业素养的内容

职业素养涵盖的内容非常广泛,个体行为的总和构成了自身的职业素养。职业素养从表现形式上分为显性修养和隐性修养。

显性修养,主要指个体的职业技能,是支撑职业人生的表象内容。主要通过学习、培训获得,并在实践运用中日渐成熟,例如,计算机、英语等属于职业技能范畴的技能,我们可以通过三年左右的时间掌握入门技术,在实践运用中日渐成熟,成为专家。

隐性素养是职业素养中最根本的部分,主要指个体的职业道德、职业思想(意识)和职业行为习惯,属于世界观、价值观、人生观范畴的产物,它是随着个体从出生到退休,甚至到死亡,才逐步形成,逐渐完善的。

3. 职业素养的特征

(1) 职业性。不同职业的职业素养是不同的。对建筑工人的素养要求,不同于对护士的素养要求;对商业服务人员的素养要求,不同于对教师的素养要求。

(2) 稳定性。一个人的职业素养,是在长期执业时间中日积月累形成的。它一旦形成,便产生相对的稳定性。例如,一位教师经过三年五载的教学生涯,就逐渐形成了怎样备课、怎样讲课、怎样热爱自己的学生、怎样为人师表等一系列教师职业素养,然后便保持相对的稳定。当然,随着他继续学习、工作和环境的影响,这种素养还可继续提高,使他的教学水平更上一层楼,精益求精。

(3) 内在性。职业从业人员在长期的职业活动中,经过自己学习、认识和亲身体验,认识到怎样做是对的,怎样做是不对的。这样有意识的内化、积淀和升华的心理品质就是职业素养的内在性。

（4）整体性。一个从业人员的职业素养，是和他整个人的素质有关的。一个从业人员，虽然思想道德素质好，但科学文化素质、专业技能素质差，就不能说这个人整体素质好。相反，一个从业人员科学文化素质、专业技能素质都不错，但思想道德素质比较差，同样，我们也不能说这个人整体素质好。所以，职业素养一个很重要的特点就是整体性。

（5）发展性。一个人的职业素养是通过教育、自身社会实践和社会影响逐步形成的，它具有相对性和稳定性。但是，随着社会发展对人们不断提出新的要求，人们为了更好地适应、满足、促进社会的发展和需要，总是不断地提高自己的职业素养，所以，职业素养具有发展性。

培养职业素养具有十分重要的意义。从个人的角度来看，适者生存，个人缺乏良好的职业素养，就很难取得突出的工作业绩，更谈不上建功立业；从企业角度来看，唯有具备较高职业素养的人员，才能帮助企业求得生存与发展，他们可以帮助企业节省成本，提高效率，从而提高企业在市场上的竞争力；从国家的角度看，国民职业素养的高低直接影响着国民经济的发展和社会的稳定。正因如此，职业素养教育才显得尤为重要。

二、职业素养理论与大学生职业素养的构成

1. 职业素养理论

（1）大树理论。大树理论认为：在生活中，每个人都是一棵树，原本都可以成为大树，根系就是一个人的职业素养。枝、干、叶、型就是其显现出来的职业素养的表现。要想枝繁叶茂，首先必须根系发达。作为一名合格的职业人、企业员工，不仅要具备一定的显性素养，更要具备隐性素养。

（2）素质"冰山"理论。素质"冰山"理论认为：每个人的职业素养，就像水中漂浮着一座冰山，水面以上的部分是知识和技能，仅代表外在的特征，不能区分绩效的优劣；水面以下部分代表的是动机、特质、态度、责任心，这些才是决定人的行为的关键因素，鉴别出绩效优秀者和一般者。

大学生的职业素养，也可以看成是一座冰山。冰山浮在水面以上的只有十分之一，它代表大学生的形象、资质、知识、职业行为和职业技能等方面，是人们看得见的、显性的职业素养，这些可以通过各种学历证书、职业证书来证明，或者通过专业考试来验证。冰山隐藏在水面以下的部分占整体的十分之九，他代表大学生的职业道德、职业心态和职业能力等方面，是人们看不见的、隐性的职业素养。这些隐性职业素养如何体现呢？他具体体现为团队精神、诚信品质、竞争能力、敬业形象、责任意识、法纪观念等。

显性职业素养和隐性职业素养，共同构成了个体所应具备的全部职业素养。隐性职业素养决定并支撑着外在的显性职业素养，显性职业素养是隐性职业素养的外在表现。

单位招聘时，在专业、资格等方面划定的硬性条件就是显性职业素养的体现；在后面的面试、复试等过程中重点考核的综合素质，就是隐性职业素养。因此，大学生职业素养的培养应该着眼于整座"冰山"，并以培养显性职业素养为基础，重点培养隐性职业素养。当然，这个培养过程不是学校、学生、企业哪一个方面能够单独完成的，而应该由三方共同协作，实现"三方共赢"。

2. 大学生职业素养的构成

一名在校园里表现优秀的大学生,到工作单位后是否依然是一名优秀的职员?很显然,这两者之间不能画等号,因为学校与社会对"优秀"的判断标准是不一样的,甚至可以说社会的标准更为严格,其中很重要的一项就是对员工职业素养的要求。

大学生的职业素养主要由职业技能、职业道德、职业心态、职业能力四部分组成,根据我国职业教育培养目标,以上四个方面可以进一步地细化为以下十个方面的内容。

(1)身体素养:指体质和健康(主要指生理)方面的素养。

(2)心理素养:指认知、感知、记忆、想象、情感、意志、态度、个性特征(兴趣、能力、气质、性格、习惯)等方面的素养。拓展训练可以提高心理素养,很多知名企业都通过拓展训练来提高员工的心理素养以及团队的信任关系。

(3)政治素养:指政治立场、政治观点、政治信念与信仰等方面的素养。

(4)思想素养:指思想认识、思想觉悟、思想方法、价值观念等方面的素养。思想素养受客观环境等因素影响,如家庭、社会等。

(5)道德素养:指道德认识、道德情感、道德意志、道德行为、道德修养、组织纪律观念方面的素养。

(6)科技文化素养:指科学知识、技术知识、文化知识、文化修养方面的素养。

(7)审美素养:指美感、审美意识、审美观、审美情趣、审美能力等方面的素养。

(8)专业素养:指专业知识、专业理论、专业技能、必要的组织管理能力等。

(9)社会交往和适应素养:主要是语言表达能力、社交活动能力、社会适应能力等,社交适应是通过后天培养的个人能力。

(10)学习和创新方面的素养:主要是学习能力、信息能力、创新意识、创新精神、创新能力、创业意识与创业能力等。学习和创新是个人价值的另一种形式,能体现个人的发展潜力,以及个人对企业的价值。

知识拓展

世界 500 强职商测试之 EQ(情商)综合测试

这是欧洲流行的测试题,可口可乐公司、麦当劳公司等众多世界 500 强企业,曾以此为员工 EQ 测试的模板,帮助员工了解自己的 EQ 状况。共 33 题,测试时间 25 分钟,最高 EQ 为 174 分。请准备好纸和笔,自己平时是怎样的反应就怎样回答,不要刻意。这样的成绩才真实有效。

第 1—9 题:请从下面的问题中,选择一个和自己最切合的答案,但要尽可能少选中性答案。

1. 我有能力克服各种困难:_____

　　A. 是的　　　　　　　　B. 不一定　　　　　　　　C. 不是的

2. 如果我能到一个新的环境,我要把生活安排得:_____

　　A. 和从前相仿　　　　　B. 不一定　　　　　　　　C. 和从前不一样

3. 一生中,我觉得自己能达到我所预想的目标:_____

　　A. 是的　　　　　　　　B. 不一定　　　　　　　　C. 不是的

4. 不知为什么,有些人总是回避或冷淡我:_____

A. 不是的　　　　　　　B. 不一定　　　　　　　C. 是的

5. 在大街上,我常常避开我不愿打招呼的人:_____

A. 从未如此　　　　　　B. 偶尔如此　　　　　　C. 有时如此

6. 当我集中精力工作时,假使有人在旁边高谈阔论:_____

A. 我仍能专心工作　　　B. 介于A、C之间　　　　C. 我不能专心且感到愤怒

7. 我不论到什么地方,都能清楚地辨别方向:_____

A. 是的　　　　　　　　B. 不一定　　　　　　　C. 不是的

8. 我热爱所学的专业和所从事的工作:_____

A. 是的　　　　　　　　B. 不一定　　　　　　　C. 不是的

9. 气候的变化不会影响我的情绪:_____

A. 是的　　　　　　　　B. 介于A、C之间　　　　C. 不是的

第10—16题:请如实回答下列问题,将答案填入右边横线处。

10. 我从不因流言蜚语而生气:_____

A. 是的　　　　　　　　B. 介于A、C之间　　　　C. 不是的

11. 我善于控制自己的面部表情:_____

A. 是的　　　　　　　　B. 不太确定　　　　　　C. 不是的

12. 在就寝时,我常常:_____

A. 极易入睡　　　　　　B. 介于A、C之间　　　　C. 不易入睡

13. 有人侵扰我时,我:_____

A. 不露声色　　　　　　B. 介于A、C之间　　　　C. 大声抗议,以泄己愤

14. 在和人争辩或工作出现失误后,我常常感到震颤,精疲力竭,而不能继续安心工作:_____

A. 不是的　　　　　　　B. 介于A、C之间　　　　C. 是的

15. 我常常被一些无谓的小事困扰:_____

A. 不是的　　　　　　　B. 介于A、C之间　　　　C. 是的

16. 我宁愿住在僻静的郊区,也不愿住在嘈杂的市区:_____

A. 不是的　　　　　　　B. 不太确定　　　　　　C. 是的

第17—25题:在下面问题中,每一题请选择一个和自己最切合的答案,同样少选中性答案。

17. 我被朋友、同事起过绰号,挖苦过:_____

A. 从来没有　　　　　　B. 偶尔有过　　　　　　C. 这是常有的事

18. 有一种食物使我吃后呕吐:_____

A. 没有　　　　　　　　B. 记不清　　　　　　　C. 有

19. 除去看见的世界外,我的心中没有另外的世界:_____

A. 没有　　　　　　　　B. 记不清　　　　　　　C. 有

20. 我会想到若干年后有什么使自己极为不安的事：_____
A. 从来没有想过   B. 偶尔想到过   C. 经常想到

21. 我常常觉得自己的家庭对自己不好，但是我又确切地知道他们的确对我好：_____
A. 否   B. 说不清楚   C. 是

22. 每天我一回家就立刻把门关上：_____
A. 否   B. 不清楚   C. 是

23. 我坐在小房间里把门关上，但我仍觉得心里不安：_____
A. 否   B. 偶尔是   C. 是

24. 当一件事需要我做决定时，我常觉得很难：_____
A. 否   B. 偶尔是   C. 是

25. 我常常用抛硬币、翻纸、抽签之类的游戏来预测凶吉：_____
A. 否   B. 偶尔是   C. 是

第26—29题：下面各题，请按实际情况如实回答，仅需回答"是"或"否"即可，在你选择的答案下打"√"。

26. 为了工作我早出晚归，早晨起床我常常感到疲惫不堪：
是_____   否_____

27. 在某种心境下，我会因为困惑陷入空想，将工作搁置下来：
是_____   否_____

28. 我的神经脆弱，稍有刺激就会使我战栗：
是_____   否_____

29. 睡梦中，我常常被噩梦惊醒：
是_____   否_____

第30—33题：本组测试共4题，每题有5种答案，请选择与自己最切合的答案，在你选择的答案下打"√"。

答案标准如下：

1	2	3	4	5
从不	几乎不	一半时间	大多数时间	总是

30. 工作中我愿意挑战艰巨的任务。   1   2   3   4   5
31. 我常发现别人好的意愿。   1   2   3   4   5
32. 能听取不同的意见，包括对自己的批评。   1   2   3   4   5
33. 我时常勉励自己，对未来充满希望。   1   2   3   4   5

参考答案及计分评估：

计分时请按照记分标准，先算出各部分得分，最后将几部分得分相加，得到的那一分值即为你的最终得分。

第1—9题,每回答一个A得6分,回答一个B得3分,回答一个C得0分。计＿＿＿分。

第10—16题,每回答一个A得5分,回答一个B得2分,回答一个C得0分。计＿＿＿分。

第17—25题,每回答一个A得5分,回答一个B得2分,回答一个C得0分。计＿＿＿分。

第26—29题,每回答一个"是"得0分,回答一个"否"得5分。计＿＿＿分。

第30—33题,从左至右分数分别为1分、2分、3分、4分、5分。计＿＿＿分。

总计为＿＿＿分。

测试结果:

如果你的得分在90分以下,说明你的EQ较低,你常常不能控制自己,你极易被自己的情绪所影响。很多时候,你轻易被激怒、发脾气,这是非常危险的信号——你的事业可能会毁于你的暴躁。对于此最好的解决办法是能够给不好的东西一个好的解释,保持头脑冷静,使自己心情开朗。正如富兰克林所说:"任何人生气都是有理的但很少有令人信服的理由。"

如果你的得分在90~129分,说明你的EQ一般,对于一件事,你不同时候的表现可能不一,这与你的意识有关,你比前者更具有EQ意识,但这种意识不是常常都有,因此需要你多加注意、时时提醒。

如果你的得分在130~149分,说明你的EQ较高,你是一个快乐的人,不易惊恐担忧,对于工作你热情投入、敢于负责,你为人正义正直、具有同情心,这是你的长处,应该努力保持。

如果你的EQ在150分以上,那你就是个EQ高手,你的情绪不是你事业的阻碍,而是你事业有成的一个重要前提条件。

专家点评:

近年来,情绪智商(EQ)逐渐受到了重视,世界500强企业还将EQ测试作为员工招聘、培训、任命的重要参考标准。

看我们身边,有些人绝顶聪明,IQ(智商)很高,却一事无成,甚至有人可以说是某一方面的能手,却仍被拒于企业大门之外;相反,许多IQ平庸者,反而常有令人羡慕的良机、杰出不凡的表现。

为什么呢? 最大的原因,乃在于EQ的不同!一个人若没有情绪智商,不懂得提高情绪自制力、自我驱使力,也没有同情心和热忱的毅力,就可能是个"EQ低能儿"。

通过以上测试,你就能对自己的EQ有所了解。但切记这不是一个求职询问表,用不着有意识地尽量展示你的优点和掩饰你的缺点。如果你真心想对自己有一个判断,那你就不应施加任何粉饰。否则,你应重测一次。

第四节　大学学业规划

学业是大学生立身之本,是大学生应当集中精力努力掌握的知识、能力、素质体系。具备和拥有好的学业,才会有好的就业和好的职业。

一、树立正确的学业观

大学生的学业是指在高等教育阶段进行以学习为主的一切活动,是广义的学习阶段,不仅包括科学文化知识的学习,还包括思想、政治、道德、业务、组织管理能力、科研及创新能力等的学习。

大学生要完成好大学学业,首先必须树立正确的学业观。所谓学业观就是对所学专业、课业的态度和认识,在很大程度上影响着大学生们的学习、生活乃至人生前景。而现在的学生在对待学业问题上存在着一些误区:对学业含义理解过窄,对学业生活预期过高,对学业角色定位不准,以及对未来职业期望值过高,以至学业不精,甚至荒废学业。为此,大学生应正确处理如下四种关系:

1. 正确处理学业与专业的关系

选择了这个专业,就该学得其所,努力培养自己的专业兴趣,把自己的爱好和社会发展的需要有机地统一起来,掌握专业知识、专业技能和相关能力,培养自己的专业素质。

2. 正确处理学业与职业的关系

在学习期间就应自觉地学好职业知识,培养职业技能,锻炼职业能力,以期在将来的职业竞争中立于不败之地。

3. 正确处理学业与事业的关系

将自己现在的学业、将来的职业和未来的事业联系起来,在学习的过程中,充分认识所学专业在国家建设和社会发展中的意义、作用和发展前景,立志献身其中,在工作中充分实现自己的人生价值。

4. 正确处理学业与就业的关系

学业与就业存在着密切的关系,就业是学业的导向,学业决定了就业。以就业为学业的导向,有利于大学生专业报考的选择、学业目标的调整、学习方式的改变、学习外延的拓展以及综合素质的提高。与此同时,就业也构成了衡量学业成就的重要标志。想要就好业必须具备强烈的事业心、广博精深的专业知识、较强的沟通协调能力、良好的心理素质和强健的体魄以及创新精神,这些都应当在完成大学学业的过程中养成。

案例分析

李某,大四学生,快要毕业了,不知道该做什么工作,也不知道自己未来该如何发展,对前途比较迷茫,平时除了上课也不知道干什么好,课上也并不是非常认真。来学校就业指导中心咨询的问题是:将来应该做什么? 做职业生涯规划有用吗?

下面是他和咨询师的一段对话:

咨询师:你了解你自己的专业吗?

李某:不太了解,就感觉自己的专业不太好,没有前途。

咨询师:你有没有和你的专业课老师谈谈呢?

李某:没有,没敢找老师。

咨询师:……

李某:职业规划有用吗?

咨询师:你满意你现在的状态吗?

李某:不!

咨询师：你现在的状态与你缺少规划有没有关系呢？

李某：如果现在大一，我会……

二、做学业规划的意义

大学生学业规划是大学生根据自身情况，结合现有的条件和自身不足，为自己确立整个大学期间的学业目标，并为实现学业目标而确定行动方向、行动时间和行动方案。换句话说，就是大学生通过解决学什么、怎么学、什么时候学等问题，为成功实现就业或开辟事业打好基础。对于在校的大学生来说，及早设计自己的学业规划，明确自己的学业目标，提高素质优势，才有可能在激烈的竞争中把握住机会，获得成功。

1. 做好学业规划能增强自我约束力和自我管理能力

没有学业规划，大学生的时间、精力容易处于荒废和散乱之中，很容易进入跟学业无关的琐事中，虚度大学美好光阴、浪费青春。而学业规划能让大学生明白现在做的每一点都是实现未来目标的一部分，从而重视现在，把握当下。

2. 做好学业规划能增强生活与学习的主动性

一份有效的学业规划，能够引导大学生认识自身的个性特质、现有的和潜在的资源优势，对自己的综合优势与劣势进行对比分析，树立明确的学业发展目标与未来职业理想，评估个人目标与现状之间的距离，学会运用科学有效的方法，采取切实可行的步骤和措施，不断增强自己的学业竞争力，实现学业目标与职业理想。大一是做学业规划重要的时间段，到了大四就已经晚了。

3. 做好学业规划能促使大学生积极向上和自我完善

学业规划是大学生对自我的鞭策。随着学业规划的每一个具体目标的实现，大学生就会越来越有成就感，思想方式及心态就会向着更积极向上的方向转变。好的学业规划为大学生提供了完成学业的清晰步骤，使大学生对学业的实现过程有了清晰透彻的认识，从而更有信心、勇气达到自我完善。

4. 做好学业规划有助于自我定位

大学生要不断地了解自己，发掘自己的特点，进而不断地调整与修正自我定位。找出自己感兴趣的领域，确定自己能干的工作，即优势所在；明确切入社会的起点，其中最重要的是明确自我人生目标，即自我定位。学业规划确立的过程是一个有弹性的动态的规划过程，是一个认识自身优势与弱势、机会与挑战的过程，是一个自我定位、规划人生的过程，是一个明确自己"能干什么""社会可以提供给我什么机会""我选择干什么"等问题的过程，这个过程使理想具有可操作性，为大学生进入社会提供了明确方向。

拓展阅读

有这样一则寓言故事，一只山猪在大树旁勤奋地磨獠牙，狐狸看到了，好奇地问它，既没有猎人来追赶，也没有任何危险，为什么要这样勤奋地磨牙。山猪回答道："你想想看，一旦危险来临了，就来不及磨牙了，现在磨尖一点，等到要用的时候就不会慌张了。"可见，预先做好准备，掌握充沛的知识和技能是我们抵御风险，获得成功的重要保障。

三、大学学业规划五个步骤

1. 学业规划选定

首先,分析自己的兴趣爱好,认定自己想干什么。兴趣是理想产生的基础,兴趣与成功概率有着明显的正相关性。要择己所爱,选择自己喜欢的专业方向和研究领域进行钻研和学习。

其次,分析自己的能力、特长。能力是人的综合素质在现实行动中的表现,是正确驾驭某种活动的实际本领、能量和熟练水平。能力是实现人的价值的一种有效方式,也是支配人生命运的一种主导性的积极力量。因为任何一种职业都要求从业者掌握一定的技能,具备一定的条件,所以要结合自己的兴趣爱好,在认定自己想干什么的基础上,确定已经具备的能力和应该培养的能力。

最后,分析未来,确定社会要求干什么。要关注时事、着眼将来、预测趋势、立足于社会不断发展变化的需求。避免盲目跟风,最热门的并非是最适合自己的。选择社会需要又最适合发挥自身优势的专业方向和研究领域才是最好的。要把自己的兴趣爱好、能力特长同社会需要结合起来,几方面的结合点和链接处正是我们学业规划的关键所在。

2. 强化学业规划

当学业规划选定以后,很多大学生就抛在脑后,结果导致有了学业规划却不能实施或实施后不能持久,最终无法实现既定的学业。这些现象的出现是因为大学生在制定学业规划时缺少一个重要环节,即对学业规划的强化。强化学业规划就是规划执行者在执行之前充分运用想象,详细地罗列出达成学业规划的好处,从而培养出积极的心态,进而增强动力、产生更强的执行力,确保学业规划顺利完成。

3. 学业规划分解

学业总目标制定出来以后,要能自上而下地详细分解,即制定学习计划和目标进度表。以本科四年为例,可以按照以下的思路进行:四年的总学习目标——一年的学习目标——一学期的学习目标——一月的学习目标——一周的学习目标——一日的学习目标。使得学业规划落实到学习生活的每一天,确保严格执行。

4. 学业规划评估与反馈

在实施过程中,要及时地对环境和条件做出评价和估计,对自己的执行情况做出评估。由于现实生活中种种不确定因素的存在,学业规划的设计必须具有一定的弹性,因此评估结果出来以后应进行反馈,以便及时反省和修正学业目标,变更实施措施与计划。同时应做到定期评估与反馈:每年、每学期、每月、每周、每日进行检查评估与反馈,分析原因与障碍,从而找出改进的方法与措施。

5. 激励与惩罚

激励措施能将人的潜能和积极性激发出来,保持对未来的憧憬和希望,惩罚可以防止惰性的产生。一定要制定完成阶段目标后对自己的奖励或惩罚措施:完成后获得奖励,完不成要严格执行自己制定的惩罚措施。

拓展阅读

小张的职业生涯目标规划

小张是某大学管理学院大一新生,下面是该生的职业生涯目标规划:

1. 职业发展路径

本科阶段认真开展专业学习,发展和丰富个人的素质和能力,奠定职业发展根基。本科毕业后,报考本专业研究生,进一步明确发展方向。硕士毕业后希望能够进会计师事务所工作。工作五到八年后,希望能在事务所晋升为合伙人,或者能够去私企任财务总监。

2. 长期发展目标

长期从事与会计相关的工作,成为一个优秀的注册会计师。

3. 中期发展目标(十年内)

研究生期间深入学习,实践与理论并重,发表学术性文章,有意识地利用多种机会加强实践锻炼。研究生期间考取注册会计师资格证。同时加强英语口语和听力能力,熟练使用计算机处理分析数据。

计划保障措施:除专业知识和技能外,还要培养有效沟通的能力、准确获取信息和解决问题的能力等技能;掌握企业中各部门的运行机制;掌握较好的人际关系处理能力;了解国家政策以及行业趋势;参加实习,得到一些实践经验;获得硕士学位,参加求职应聘,争取进入全球四大会计师事务所之一,从底层会计师做起,争取逐步晋级。

4. 近期发展目标(四年内)

一年级(已完成):在适应新的学习生活环境基础上,参加学生社团组织,培养治学精神和综合协调能力;增强独立精神,在实践中学习生活常识;培养自主学习能力,制定切合实际的学习方案;通过计算机考试;参加社会实践,丰富专业知识。

二年级:通过大学英语四六级考试;学好专业基础课,尤其是经济学、数学、英语;有目的有计划地选修会计领域的相关课程;寒暑假完成一次社会实践;提升英语听说能力。

三年级:学好资产评估学、审计学、高级会计学、国际金融学等专业课程,进一步提升知识的综合运用能力。暑假开始收集考研相关信息和资料,开始复习英语和数学。

四年级:第一学期重点考研,第二学期完成研究生考试的复试与毕业论文。

5. 动态反馈调整

如果没能考入名牌大学继续深造,同意调剂,获得硕士学位,必要时考虑直接就业。如果硕士毕业后,没能在目标领域成功入职,可选择在其他中小企业或国内事务所从事相关工作。

6. 单位和地域目标的备选方案

地域目标根据所要进入的大学和企业的位置来定。

四、实践学业规划的过程

机遇总是垂青有准备的人。一个人的文化知识素质如何,将决定他在求职择业时的自由度和取得职业岗位的层次。大学是就业准备教育,大多数大学生一毕业就将走向工作岗位。大学生应该为几年后的就业做好知识、能力、素质等全方位的准备,珍惜大学时光抓好学业,为未来的就业、创业、成功立业开山铺路。为此,根据社会发展和用人单位的需要,大学生应重点从以下三个方面抓好学业,做好就业准备。

1. 构建合理的知识结构

坚持广博性与精深性、理论与实践相统一的原则,培养宽厚扎实的基础知识、广博精深的专业知识,构建合理的知识结构。这一过程没有捷径可走,其基本途径只能是学习和积累,必须持续不断地付出艰辛劳动。只要采取适合自己的科学方法,并且不断努力、辛苦耕耘,就一定能建立和完善自己的知识结构,为顺利就业、创业打下良好的基础。

2. 锻炼较强的实践能力

知识并不能简单地与能力画等号,知识与能力是辩证的关系。在一定意义上说,能力比知识更重要。因此,一名优秀的大学毕业生应把建构合理的知识结构、培养科学的思维方式和锻炼较强的实践能力统一起来,这样才能在择业、从业过程中立于不败之地。大学生应具备的基本能力包括表达能力、动手能力、适应能力、交际能力、管理能力、创造能力、决策能力等。培养实践能力的方法和途径主要有勤奋学习、积累知识、积极参与、勇于实践、启迪思维、发展兴趣等。

3. 全面提高综合素质

知识、能力、素质是大学生社会化的三大要素。知识是素质形成和提高的基础,能力是素质的一种外在表现。知识和能力往往只解决如何做事的问题,而提高素质可以解决如何做人的问题。高素质的人才应该将做事与做人有机地结合,既把养成健全的人格放在第一位,又注重专门知识、技能和能力的培养,使自身得到全面、和谐的发展。

因此,一名优秀的大学毕业生应把构建合理的知识结构、培养科学的思维方式、锻炼较强的实践能力和提高全面的综合素质统一起来,这样才能在择业、从业过程中立于不败之地。综合素质主要包括思想道德素质、专业素质、文化素质、身心素质等四个方面。四者相辅相成、不可分割,其中思想道德素质是综合素质的灵魂和根本,文化素质、专业素质和身心素质是基础。

拓展阅读

如何本科毕业四年就当上大区经理

小郭是一个来自农村的男生,家庭条件困难,长相普通。开始,由于他说话语速偏快加上咬字不清,别人听不懂他在讲什么。但小郭很上进,也很爱交流,在课上认真积极发言。由于热情为班级服务,他被大家举荐为班长,大学四年他充分利用各种机会锻炼自己的组织能力和语言表达能力。同时,大量积累自己的人脉,广泛结交专业老师和其他专业同学。

毕业的时候,经辅导员推荐,他进入一家知名的跨国公司做销售。班里同学认为这份工作可能不适合他,因为小郭虽然热心爱聊天,但会让不怎么了解他的人觉得他谈论的内容比较空洞。所以大家多数认为,他做销售一定不会吸引太多客户。四年过去了,小郭已经是这个跨国公司的大区经理了。在一次同学聚会上,小郭的风采折服了在场所有同学。他依然比较喜欢交流,但是多了很多个人感悟,他依然和同学老师们保持密切联系,你想了解的情况,他基本上都能知晓。他还是那么热心,已经能利用自己的资源为同学介绍工作。比起班里其他同学,小郭在职业道路上走在了前面,他是怎么样做到的呢?

本章小结

通过本章的学习，我们发现大学生求职过程中不仅需要具备扎实的专业知识，也要注重通用技能的培养，提高自己发现问题解决问题的能力。职业素养是一个人职业生涯成败的关键因素。因此，在大学期间，大学生应该树立正确的学业观，合理规划大学生涯。大学生在大学学习期间需要对自己有长期、中长期、短期的学业规划，同时学会用计划进度表对自己进行有效的约束。计划完成后也要养成自我反馈及时改进的良好习惯。除了学习课本知识外，要适当对自己进行拓展，无论是在专业知识还是兴趣爱好上拓展，都能为以后择业就业奠定基础。

复习思考题

- 1. 大学生求职过程中需要具备哪些技能？
- 2. 职业素养的定义是什么？求职过程中需要具备哪些职业素养？
- 3. 学业规划有何意义？
- 4. 大学生应如何合理规划自己的大学学业？
- 5. 设计一份短期计划表。

◆ 即测即评

第十章 大学生求职择业的方法与技巧

本章提要

经过四年的苦修,大学生终于准备走向社会,寻找一份具有发展空间且适合自己特质发展的工作,求职与择业成为大学生必须跨过的一道门槛。为了能够顺利地找到理想的工作岗位,大学生需提前做好各项准备工作。本章内容主要从求职信息与择业程序、简历撰写、面试技巧及心理调节等四个方面进行分析探索,旨在帮助大学生树立科学的就业观念,提升就业能力,把握就业机会,为成功就业打下良好的基础。

案例导入

　　王小帅(化名),男,中部地区某双一流高校大四学生,独生子女。父亲在医院做医生,母亲在中学担任教师。从小受到良好的教育,学习成绩优秀。大四期间选择备考公务员,在笔试环节,顺利通过了考试,等待进入复试。听别人说,公务员复试竞争非常激烈,自己也不知道复试应该准备些什么,但是一想到父母期待的眼神,他就变得更加焦虑起来,他生怕复试没有通过无法向父母交代,近期变得晚上休息不好,经常半夜醒来想复试的事,吃饭也不太规律,情绪波动大,有时候因为一点小事情也会莫名其妙地发火,结果公务员复试以失败告终。

　　王小帅的事例并非偶然,像他这样求职失败的案例不胜枚举,这里我们会给广大毕业生朋友提供求职择业的技巧和方法。

第一节　求职信息与择业程序

　　求职信息在毕业生求职择业过程中起到十分重要的作用,它是毕业生求职择业的基础,是通向用人单位的桥梁,是择业决策的重要依据,更是顺利毕业的可靠保障。

一、求职信息

　　求职信息是指通过各种媒介传递的与就业有关的信息和情况,包括政策法规、就业程序、人事制度、劳动力的供求状况、劳动用工制度、经济发展形势与趋势、国家发展规划、就业方法以及岗位信息等。

1. 求职信息的内容

　　大学生的求职信息一般包括政策法规、就业程序、岗位信息等。

　　(1)政策法规。需要了解国家、地方和学校有关毕业生的政策与规定,如《劳动法》《劳动合同法》《反不正当竞争法》《国家公务员法》等政策法规。

　　(2)就业程序。毕业生需要了解是国家、地方和学校哪些部门和机构从事就业工作,以便于咨询。毕业生需要了解学校关于毕业生就业方面的规定,如签订就业协议所履行的手续、户口迁移手续、档案转接手续等。

　　(3)岗位信息。岗位信息是毕业生搜集信息的重要内容,主要包括哪些单位在招聘人才,所需毕业生的专业、需求数量,工作岗位内容要素,岗位对人才的要求,岗位资格证书,所需要的技能等,还有薪资条件、发展前景等。对于用人单位,主要需要了解用人单位的名称、性质、生产经营状况、盈利情况、所处地区、行业情况、行业前景、管理机制、招聘数量、招聘趋势、离职率、专家评价等方面,也尽可能多地了解用人单位的文化背景、个人发展前景、工作条件、福利待遇、人才培养状况等。

2. 求职信息的获取途径

大学生在就业选择时会通过各种途径获取信息,特别是在当今信息时代,就业主管部门发布的就业信息,大众传媒公布的就业信息,人才市场、供需见面会提供的就业信息,人际关系网络提供的就业信息等都会成为大学毕业生获取就业信息的重要渠道。据某高校发布的《2022年就业质量报告》数据分析,学生获取就业信息的渠道和比例如表 10-1 所示。

表 10-1　学生获取就业信息的渠道和比例

序号	信息渠道	所占比例
1	校园渠道(校园招聘活动)	34.88%
2	社会渠道(专门求职网站)	30.50%
3	亲友渠道	11.62%
4	用人单位自设渠道	11.00%
5	校友渠道	5.62%
6	其他渠道	3.63%
7	政府渠道	2.75%

通过此表,我们发现学校开展的招聘活动和发布的就业信息仍然是大学毕业生获取就业信息最为主要的渠道。

3. 求职信息的加工处理

面对大量就业信息,要善于加工和处理,使之形成有价值的信息。一般有以下步骤:

(1)收集:通过多种方法获取信息,用比较鉴别的方法,确定有用之处。

(2)筛选:一般而言,有价值的就业信息包括工作单位名称、单位性质、上级主管部门、单位发展趋势、行业地位、对从业者的要求、工作地点、工作时间、福利待遇等。

(3)分类:将具体信息根据招聘岗位的不同进行分类,通过各种渠道和办法打听、澄清,以确定信息的可靠程度,务必要求透彻清晰,要全面了解信息的中心内容。

(4)提炼:将分类信息列出后,结合自己的实际情况,加以筛选和过滤,有针对性地选用,或者按照重要顺序进行排列。

二、择业程序

对大学生而言,一个完整的择业过程,包括收集信息、自我分析、确立目标、准备材料、投递材料、参加笔试、参加面试、签订协议、报到上岗等环节。

收集信息是就业的第一步,往往需要收集就业市场的供需形势、政策和法规信息、用人单位信息、就业活动安排、成功择业经验信息等。

在收集信息的基础上,大学生要联系自身实际,理智地进行自我分析,主要包括自身素质能力测评、气质性格测评、优势劣势分析等。

自我分析的目的是确立自己的择业目标,主要包括择业地域、择业行业范围、择业单位等。

在确立了择业目标之后,大学生接下来需要准备自荐材料,自荐材料包括:学校推荐表、个人简历、自荐信以及其他辅助证明材料。

准备择业材料后就可以实施投递了,招聘会和就业市场是经常使用的投递渠道。

面试是众多用人单位考核大学生综合素质的重要手段。通过面对面的沟通和交流,用人单位可以了解大学生的表达能力、思维能力、处事能力、价值观念等。

用人单位和大学生在经过充分的双向选择之后,可以签署一份就业协议书,一旦签订,不得随意变更,如果一方提出毁约,须征得另外一方同意,且须缴纳违约金。

与用人单位签订好就业协议,并得到学校、政府就业主管部门的审核同意后,学生须顺利完成学业,做好毕业离校的各项工作后即可去单位报到上班。

第二节　简历撰写

对于用人单位来讲,简历筛选是面对庞大的人力市场时最为经济快捷的招聘方式之一;对于毕业生而言,求职的第一印象也是先制作一份个人简历。虽然简历不会直接为毕业生得到一份工作,但是它能为毕业生赢得面试的邀请,通过面试才有找到工作的可能,故拥有一份出色的简历很重要。网络上指导简历撰写的文章比比皆是,各式各类的宝典都明确指出简历的标准应该如何,但是事实上,简历是根据个人观点而评价的,不是严苛的规则。比如有人说简历必须在一页纸之内,但是很多写了两页纸的简历同样找到了工作;有人认为简历必须写求职日标,但是也有的老板会认为求职目标会对有能力的应聘者造成限制。这些事实告诉我们,简历的撰写并没有绝对的标准。但是经过时间和市场多年的检验,某些共同的准则会帮助学生获得市场上更多用人单位的青睐,本节将会和大家共同探讨简历制作的基本准则和投递技巧。

一、注重百度简历

许多毕业生进入大四后,第一个想法就是求职之前的第一件事情是撰写简历,里面写明自己是哪个学校毕业的,学过什么,做过什么,未来会成为什么样的员工。在互联网不够普及的时候,这个确实很重要。但是 2010 年以后,如果你每天有 2 个小时以上的时间混迹互联网,那么你至少已经拥有了一份简历,它的名字就叫"百度简历"。当招聘经理看到你的名字的时候,只要在"百度"上输入你的名字和学校,然后,你曾经在 QQ 空间、新浪微博甚至是门户网站、求职网站以及别人网络空间里的所有痕迹都会一览无余。也许叫它简历并不准确,也许并不是所有的招聘经理都会百度你,但是网络的力量越来越强大已是不争的事实,比起你给他的那张纸质简历,用人单位更愿意相信网络上更加真实的你。值得庆幸的是,对于你的百度简历,依然可以从现在开始重新打造。

1. 编辑你的百度简历

换位思考一下,如果你是用人单位,希望在网络上看到求职者的哪些信息?如果想录取一个人,用人单位更在乎什么,比如专业对口、经验丰富、善良可信、有创造力等,给自己一个准确定位,然后开始百度自己,认真阅读搜索引擎找到的内容。仔细研究这些社交网站,也许是微博，也许是 QQ 空间。如果上面出现的某些内容，导致人事经理出现果断放弃的念头，比如你曾无意中吐槽某门科目的教授，还是尽早自己编辑或删掉，以免自断门路。

2. 填写你的百度简历

在任何职业网站上，包括前程无忧、智联招聘、应届毕业生网以及大街网等，都允许你填写个人主页或网络简历。如果希望获得更多机会，请尽量填写完整，并且确保信息及时更新。现在绝大多数公司都可以在职业网站上看到并搜索求职者的信息，如果希望被更多的人事经理所关注，记得填写自己的网络简历。但是值得注意的是，要合理发布个人信息，既要增加人事经理发现你联系你的可能性（E-mail 和手机），又要注意防止骗子利用个人信息诈骗（比如家庭电话、家庭住址等）。

3. 扩展你的百度简历

作为一个成长于互联网时代的毕业生，不要放弃一个宣传自己的网络阵地。要善于通过以下几种途径打造自己的专业形象。

（1）博客。多数毕业生拥有 QQ 空间，但是上面多是自己吃穿住行伤春悲秋的点滴记录，并不适合给人事经理阅读。所以如果你还没有自己的专业博客，不妨开设一个。各类门户网站都给予了免费平台，你的专业是什么并不重要，只要围绕你将来的目标领域即可，定期更新。如果你已经有了自己的博客，但是上面的主题包罗万象，那么建议重新开设一个，就局限在自己专长的某个领域。除了在上面转载专业的文章，最好也自己动手写点什么。尽管你是个学生，但还是可以撰写在某个领域的阅读、反思以及自己的实践行动。比如你是市场营销专业，那么你为社团做的某个创意推广方案就是极佳的行动案例。

（2）论坛。每个行业都有自己的专业论坛或团体。浏览这些论坛或团体，找到几个感兴趣的或者与专长领域相关的，定时浏览，获取行业专业的最新发展信息。当你有某些心得或见地时，可以适时表达一下，如果没有把握则尽量保持安静。碰到专业或行业的前辈，也可以提问一些有质量的问题，以获得更多的专业人脉资源。请注意，尽量把自己打造成是有专业精神的毕业生，而不是一无所知的职场菜鸟，这样才可能吸引该行业的行家里手来发现你。

（3）微博。尽管现在微信大行其道，但是微博的公众影响力依然强大，而且微博的优势是可以加主题标签，能够被搜索引擎检索到。有经验的招聘经理也会搜索候选人的微博，看他是否适合融入团队。你需要做的，就是准确定义有利于求职的那些标签，比如你是会计专业的毕业生，那么"CPA"就可以为自己打上专业形象的标签。

（4）短视频。现在的竞争和演示更加趋于视觉化，人们更容易被感官打动，如果你可以为自己做一份简短但是不简单的视频，或是将自己的作品视频发布到相关平台，相信会为你的求职带来意想不到的效果。比如 2013 年网络上"史上最牛个人简历"——马赛赛发布的个人求职视频，用 3 分钟的视频充分展示了自己的创意和技术，短短两个星期就为自己赢得了几十份工作机会。

二、打造单张简历

传统的求职途径中，简历是必然的一道程序，如何在众多的应征者中脱颖而出拿到面试机会，学历能力固然重要，但是一份经过设计、适当包装的简历，虽然不保证一定被录用，却能因为让人耳目一新而增加面试的概率。即使在网络时代,一份简洁有力的简历依然是求职不可或缺的重要资料之一。

目前职场上较为流行的是简洁流畅且方便浏览的单张简历,即个人最简单的履历介绍和能力说明,尽量在一页纸内完成。其主要包括以下内容:

(1)个人信息。如姓名、性别、证件照、学历、联系电话、邮箱、联系地址等。

(2)求职意向。如果能明确界定求职目标,则可以让雇主准确地了解求职者是否为其所需。

(3)教育背景。教育背景是求职者知识技能的集中体现。以倒叙方式说明就读学校、学位专业。另外,掌握的本专业之外其他与应聘职位相关的系统学习过的知识也可以进行阐述,包括专题培训经历,以增加录用的概率。

(4)实践经历。简历的重点部分,内容应包括受雇单位、职位、就职时间、工作表现、自己的收获。阐述时以诚实为原则,尽可能以量化方式表达。如果校外工作经验较少,则应强调校内实践或社团活动等。

(5)获奖情况。真实且有含金量的奖励将会帮助用人单位推测出你在哪些方面能力突出。

(6)自我评价。自我评价往往被写成千篇一律的套话空话,如果希望出彩,请真实真诚地对个人能力进行高度总结,不适宜用大段描述语句,应集中展示个人的特长和职业兴趣。

1. 分析求职目标

一想到制作简历,很多学生的第一反应是上网下载模板,搜索简历制作技巧,花费大量时间拍求职照、买职业套装,却不愿意认真思考自己的择业目标,这种本末倒置的现象比比皆是。倘若方向和目标都是错误的,努力越多,偏离越远。如果说求职准备需要十天的时间,那么了解行业、了解自我的兴趣优势、制定择业目标至少应该占用七天的时间,学习简历制作和面试技巧等三天足矣。

(1)SMART方法锁定职业目标。SMART方法是现在常用的一种简便易行的目标设定方法,具体介绍参见第4章相关内容。

(2)分析目标单位。当你确定了目标行业中的某些公司,为保证简历投递的有效性和准确性,应该尽可能详细地了解目标公司的情况,包括:

① 公司性质。不同性质的公司,在收入待遇、企业文化、管理风格上会有显著差异。比如欧美公司的管理较为宽松;国企则胜在稳定,福利也较好;私企则管理灵活,职业发展机会较多。选择具体哪家企业,其文化背景与个人风格是否契合就尤为重要。

② 工作地点。不能否认,工作地点直接决定了工作质量和角色平衡。比如某些同学经过重重考验最终进入了一家心仪企业,却发现两个小时的车程严重影响到自己的工作效率和家庭关系,而在半年后离职重新寻找工作,工作地点在某种程度上也影响了自己的职业发展。

③ 发展阶段。刚刚起步的公司,高风险高回报,可能暂时收入较低,但会有较大的发展空间。发展成熟的公司则较为稳定,但发展空间和速度都会受到一定限制。选择进入何种公司,取决于个人对自己成长风格的熟悉和了解。

④ 薪资收入。建议应届毕业生不要过于重视起薪,对于职业生涯刚刚起步的大学生,起

薪差距并不是很大,但是真正的差距却会在工作 5 年之后体现,更多关注工作的发展空间、能力的提升和经验的积累才能为长期的发展做好准备。

⑤ 发展空间。要深入评估公司的行业优势和发展空间,尽量选择行业优势和发展空间都大的公司。

(3) 分析岗位信息。比起行业信息和公司信息,岗位信息与毕业生有着更为直接的关联。它不仅直接决定了你每天的工作内容,还决定了未来你的职业发展路径。分析招聘信息是了解岗位信息最便捷的途径,比如下面一则招聘信息:

岗位名称:采购助理 –Category Purchasing Assistant

岗位描述:

* 收集并管理产品相应的信息和供应商所有信息,将之分类归档;

* 协助采购经理制定商业计划并开发产品及供应商;

* 协助采购经理贯彻公司采购政策和程序,对重要业务活动进行协调和跟踪;

* 与采购经理一起参加调研并完成分析报告。

岗位需求:

* 本科以上学历,采购相关专业的应届毕业生;

* 对自己未来的职业规划清晰且目标明确;

* 英语六级及以上,良好的英文听说读写能力(必备);

* 办公软件操作熟练,灵活使用计算机及相关软件,如 Word,Excel,Powerpoint;

* 较强的逻辑性,性格开朗,细心,抗压能力比较强。

薪资待遇 & 晋升机制:

* 基本工资 *13+ 季度奖金 + 饭补 + 五险一金 + 商业补充医疗 +24 小时意外伤害险 +13 天带薪年假;

* 采购助理→采购经理→高级采购经理→采购总监

岗位描述清晰地传达了入职后的工作内容,而岗位需求则明确地界定了公司要寻找的员工标准。其中既有硬性标准,为简历筛选时的基本条件,又有软性期待,虽然很难用证书来考量,却是公司最为看重的品质。薪资待遇和晋升机制则告诉求职者最为可能的职业发展路径。所以要对照招聘信息为自己准备定位,只有最恰当的匹配才是公司和求职者的双赢。

2. 分析个人经历

许多学生为了写出一份优秀的简历,会选择花钱请人来写或者逐字逐句地抄袭网上或书上的简历。也许你认为请人代写是件省时省力的事情,但是请注意,作为独一无二的你,没有人比你更了解自己,包括信息的收集,经历的梳理,能力的总结。所以我们并不建议大家请人代写简历,只有建立在对自己深度剖析基础上制作的简历才更有针对性,在面试时也会更加吻合流畅。

下面介绍经历梳理卡片法给应届毕业生参考。书写经历之前,不妨拿出卡片本,在每一页的上方把想写进简历的每一项经历或者活动依次写下来,有多少经历或活动就用多少页,包括你曾担任的组织职务。给自己一些时间将你能想到的和它有关的内容都记下来,无论看上去是多么简单或渺小的事情。以下问题可以帮助你思考:

你和什么类型的人一起工作?

你解决了什么问题?

你对哪些环节负责?

在这段经历中是什么特质让你变得与众不同、脱颖而出?

回忆在其中你学到的知识和技能,你每天具体做了些什么,你的心态发生了什么变化?

你的上级和同事如何评价你的工作?

其间有没有什么特别的事件或是活动发生?

你不用按照特定的顺序去书写,也不用遵循什么正规的格式,只需要做一个快速写作训练,尽可能快地将它们记下来。

接下来,我们用某位大四毕业生的案例进行简单说明,原始经历表述如下:

2022.10—2023.05　　　　上海某某咨询公司　　　　行政助理

很多毕业生把以上的工作经历直接放进简历,毫无疑问,这样没有内容的工作经历描述对招聘经理来讲没有任何吸引力,因为找不到提供符合招聘职位要求的有效信息。如何改进呢?

按照经历梳理卡片的提问去扩展,该同学把以上经历扩展如下:

单位:上海某某咨询公司

头衔:行政助理

时间:2022.10—2023.05

工作场所简介:该咨询公司主要从事金融服务行业的咨询。

我做了什么:

准时上班,未出现过迟到早退。

早上9点打开办公室,下午5点关门。

接电话——客户、各部门经理、公司合作机构。

礼貌欢迎并接待来访者,为他们提供咖啡等饮品。

维持客户,录音作为法律记录,计费。

制作、邮寄各类账单——使用Excel,组织了更好的费用统计汇总。

学习行政部门采购申请流程。

每天都穿着职业装——咨询行业的第一印象。

预订机票、酒店并最后汇总给财务报销。

优化工作流程,因为每一个部门都希望他们的东西先被处理好。

使用战略心态和团队心态。

准备会议资料并及时存档——需要认真——一旦丢失则造成重大损失——压力。

帮助行政经理制作五次会议ppt,并在行政部门总结会上展示,其中四次得到上级领导的点名表扬。

当我要离开的时候,培训接替我工作的下一位实习生。

处理日常敏感的和机密的信息,保守公司机密。

做了非常多的事情,因为有一段时间部门3个实习生同时请假——剩下我一人同时担任5个经理的助理,不得不管理时间和多重任务。

将 word 文件转化为 pdf 格式,并将其邮件给别人。

学习了办公室管理的工作,整理或是粉碎文件。

在一次接待中使用了我的日语技能。

经过这样的思考,该同学可以根据要申请的不同岗位,从此项经历清单中选出一些符合目标岗位需要的特质即可。例如,如果申请岗位需要抗压能力,选择同时承担 4 个实习生的多项任务和同时应对多个部门经理的工作就是很好的证明;如果申请的岗位需要很好的 office 操作技能,那么帮助经理制作 ppt 和使用 word、pdf 等格式文件就是更为充分的证明。

细化自己的工作经历内容表,将为今后制作目标简历节省大量的时间。当然不要忘记在校期间参加的所有活动和组织、志愿者经历,还有在班级中担任的日常职务,这些也是应届毕业生最宝贵的经历之一,善于从中挖掘自己的特质尤其重要。

3. 简历制作原则

虽然并没有标准说明何种简历才是最完美的,但是优秀的简历通常都具有切合岗位要求、简洁明了、表述专业、内容可信、语言精练、布局合理等特征,无各类错误,如果制作中加入个性特色则更佳。一般来讲,简历制作遵循以下基本原则:

(1)针对性原则。针对性原则是制作简历的基础原则,想象一下,简历写得再精彩,但是不匹配岗位的要求,那怎么可能获得面试机会呢? 所以无论简历撰写,还是求职信和面试,都务必要遵循针对性原则。不要希望一份简历包打天下,每次投递简历时根据岗位的要求进行修改是非常必要的。

(2)7 秒钟原则。很多研究表明,人事经理浏览一份简历大概在 7~10 秒钟。这也是建议大家制作单张简历的重要原因,关键是方便阅读,迅速掌握基本情况,判断是否值得进一步详读。所以,当简历撰写完毕之后,让身边的师长朋友帮忙审阅一下,是否可以在 7~10 秒内抓住重点。

(3)准确真实原则。很多人事经理都在抱怨,简历中人人都是学生会主席、班长,甚至有的还在同一学校同一学院。不要试图去编造虚假的工作经历或成绩,谎言不会让求职者走得太远。因为面试中的一个提问就可能让求职者露出马脚,更何况某些公司还会进行背景调研。面对阅历丰富的人事经理,遮遮掩掩和夸大其词终会露出破绽。对于用人单位而言,求职者的诚信是最重要的品格之一。简历要尽量诚实,踏实可靠的印象对于应届毕业生尤其重要。

(4)清晰原则。核心目的就是为了阅读的舒适感。一份布局凌乱,字体混杂的简历,不管求职者的能力有多强,都很难引起人事经理阅读的兴趣。所以,简历是你的第一张名片,书写时请条理清晰、标志明显、字体大小适中、合理使用符号、排版整洁大方。版面不要为了标新立异而过于花哨,公文风格是求职者的基本素养。

(5)关键词原则。计算机技术可以通过关键词的筛选极大地提升人事经理的工作效率。人力资源部有一套包含不同职位所需要的关键词索引,与要求的关键词匹配程度越高,也就越容易通过筛选。故简历制作时要在技能、经验、证书中重点突出关键词的设置。如果应聘计算机程序员,那么"HTML"就会是关键词之一。在求职网站的相关招聘信息中搜索关键词是一个不错的选择。

三、求职信

为数不少的毕业生认为求职信可有可无,常常低估其重要性。单页简历传达的是关于求职者能力素质的信息,点句式表达,言简意赅;而求职信则以更加感性的方式表达出更多独特的信息,比如说明你与其他竞争者有何不同,你能利用自己所长为公司发展做出什么贡献,你对该公司的了解和行业发展的见解,你的强烈愿望等。

一封得体的求职信应包括以下内容:

抬头:称呼语

第一段:开门见山说明从何处(招聘信息或者个人推荐)获得该公司的招聘信息,并表达求职意图。

第二段:解释申请这一职位的独特理由。

第三段:强调个人可以为公司的发展做到什么。

第四段:得体的结尾,再次表达个人愿望,强调联系方式,希望获得面试机会。

结尾:致谢落款。

注意,求职信的重点应该为第三段,你能为公司做出什么而不是获取什么,书写时尽量不重复简历中已有的语句,注意语气不卑不亢,如能将行业新闻和公司动向融入其中,则会显得更为专业和诚恳。

四、简历附件资料

学校出具的在校成绩单复印件(原件个人妥善保管,以备面试时呈现)。

简历中提及的获奖证明及荣誉证书复印件。

毕业生推荐表:多数毕业生求职时尚未获得最终的学历学位证书,故经学校盖章认证的毕业生推荐表是证明个人学历和在校表现的重要资料,投递时也请使用复印件。

五、投递简历

一份好的简历可以为毕业生获得面试机会,但是一份好简历没有一个有效的投递方式,则一样会石沉大海。下面简要介绍各类简历的投递技巧:

1. 电子邮件投递

(1)邮件标题。一个简明扼要表述准确的邮件标题会让你的简历在众多的邮件中一目了然,建议标题应该为"大学 + 专业 + 姓名 + 应聘岗位 + 联系方式",如果只写求职而没有具体职位,很可能在面试通知时被忽略甚至连邮件都不被打开。

(2)正文。研究表明接近 6 成的毕业生电子投递简历时不写任何正文。一封简短诚恳的求职信不仅能增加简历被阅读的可能性,也是求职者职业素养的体现。故再次提醒毕业生,求职信是非常重要的一个环节,不要低估它的重要性。

(3)附件。许多企业为了信息安全,邮件的自动分类会将以附件形式发送的简历误当成病毒或垃圾邮件。所以除非对方有明确要求,请尽量将简历以正文形式粘贴至求职信的下方,注意格式和照片的调整。

（4）职场 E-mail。为自己申请一个办公用的商务邮箱,最好由名字的缩写组成以便对方确认,放弃那些诸如 bigfatcat@.... 或者 woshinidaye@... 之类的邮箱吧,这样的邮箱会极大拉低求职者的职商,不仅不专业,也对别人不尊重。

（5）投递时间。要知道人事经理的邮箱永远都是满满的,50 页的简历邮件也许只能浏览前面的 10 页。所以要想简历排在前面,可以将邮件发送时间设置为第二天的上班时间,这样就能保证简历邮件被人事经理第一时间发现。

2. 纸质简历投递

对于有特别要求需要投递纸质简历的,或者求职意向特别强烈的公司,需要采用传统信件投递。这时候可以把打印好的单页简历和简历包附件一起进行投递。记住,纸张的质量和打印的整洁很重要。如果求职者有一手漂亮的字,不妨手写一份求职信,显得更有诚意。

3. 网络申请

目前很多知名企业都需要通过网络在线申请(简称网申)来收集简历和初步筛选应聘者。不同企业的网申形式有所差别,但是基本包括简历在线填写和开放式问题两大模块。通过精心设计的问题,用人单位可以衡量求职者的综合素质、求职动机乃至未来的职业稳定性。准确地讲,网申更像是企业的人才测评系统。对于应届生来讲,只有通过网申的筛选方能进入后面的笔试面试环节,另外网申填写的内容也确定了面试的基调,对面试的成败起着决定性的作用。具体技巧不一一列举,大家可以找相关的企业网申技巧文章进行参考。

第三节　面　试　技　巧

如果毕业生做好了目标职位搜索和深入自我分析,创建并投递了自己的简历,下一步需要面对的就是求职面试了。提到面试,经常有毕业生通过几次面试就下结论:"好的企业都不会录用我们这类学校的人"或者"企业都不会录用我这样内向的人",请相信,这并不是事实。某些单位没录用你,并不能代表所有的用人单位都不需要你。现实情况是,面试官仅仅代表个体,情况千差万别,面试筛选的方式也相差万里。千千万万个截然不同的面试官,需要岗位不同招聘要求也不同,除非求职者形象邋遢、性格孤僻、行为怪异,否则不太可能被所有公司拒绝。大公司拒绝你,不意味着中小公司不需要你,历史悠久的公司回绝了你,也不代表新兴的企业同样对待你。如果能准确定位自己的优势,总会有合适的单位合适的岗位等待你。所以并没有所谓的面试宝典,面试中的情况千差万别,求职者的任务就是做最好的自己,找到那个对自己说 Yes 的人。本节重点介绍面试中通用的技巧和注意事项,就是为了帮助求职者减少求职序列中那些"否"的次数,为在合理的时间内找到一份理想工作提供技能和自信。

一、面试类型

在准备面试之前,让我们先了解一下当前职场上的面试类型。

1. 结构化面试、半结构化面试和非结构化面试

结构化面试,是指面试题目、面试实施程序、面试评价、考官构成等方面都有统一明确的规范的面试;结构化面试最为正规,如公务员录用面试即为此种类型。所谓结构化,包括三个方面的含义：一是面试程序的结构化。在面试的起始阶段、核心阶段、收尾阶段，主考官要做些什么、注意些什么、要达到什么目的，事前都会相应策划。二是面试试题的结构化。在面试过程中，主考官要考察应试者哪些方面的素质，围绕这些考察角度主要提哪些问题，在什么时候提出，怎样提，在面试前都会做出准备。三是面试结果评判的结构化。从哪些角度来评判应试者的面试表现，等级如何区分，甚至如何打分等，在面试前都会有相应规定，并在众考官间统一尺度。

半结构化面试，是指只对面试的部分因素有统一要求的面试，如程序和评价标准是统一的，但题目可以根据面试对象而随意变化。

非结构化面试，是对与面试有关的因素不作任何限定的面试，也就是通常没有任何规范的随意性面试。故非结构化面试的组织貌似"随意"。关于面试过程的把握、面试中要提出的问题、面试的评分角度与面试结果的处理办法等，主考官事前都没有精心准备与系统设计。非结构化面试颇类似于人们日常非正式的交谈。除非面试考官的个人素质极高，否则很难保证非结构化面试的效果。目前，非结构化的面试在职场上比例较少。

2. 单独面试和集体面试

单独面试顾名思义，即面试官只面对一位求职者。这是目前最为常见的一种面试方式，其优点是能提供一个面对面深入交流的机会。面试官的数量并不固定，根据公司的惯例和录用职位的高低而有所区别。

集体面试也叫做小组面试，指面试官同时考察多位求职者。集体面试中通常要求求职者作小组讨论，相互协作解决某一问题，或者让求职者轮流担任领导主持会议、发表演说等。这种面试方法主要用于考察求职者的人际沟通能力、洞察与把握环境的能力、领导能力等。

无领导小组讨论是最常见的一种集体面试法。在不指定召集人、主考官也不直接参与的情况下，求职者自由讨论主考官给定的讨论题目，题目一般取自于拟任工作岗位的专业需要，或是现实生活中的热点问题，具有很强的岗位特殊性、情景逼真性和典型性。讨论中，众考官坐于离求职者一定距离的地方，不参加提问或讨论，通过观察、倾听为求职者进行评分。

当然，根据面试的目的，还可以分为压力面试和非压力面试，压力面试是将求职者置于一种人为的紧张气氛中，让求职者接受诸如挑衅性的、非议性的、刁难性的刺激，以考察其应变能力、压力承受能力、情绪稳定性等。典型的压力面试是以考官穷究不舍的方式连续就某事向求职者发问，且问题刁钻棘手，甚至逼得求职者穷于应付，考官以此种"压力发问"方式逼迫求职者充分表现出对待难题的机智灵活性、应变能力、思考判断能力、气质性格和修养等方面的素质。

二、面试前准备工作

1. 对用人单位和应聘职位做深入了解

许多毕业生认为对单位和职位做深入了解没有必要，因为会花费太多准备时间。也有毕业生认为，面试官希望知道更多自己的情况，所以只要准备好自己就可以。但是职场事实是，深入了解对方能让你在面试中更加充分、从容、自信。与了解求职者本身相比，面试官更好奇你对企业了解多少。做大量的研究会体现出求职者对单位的重视，让面试官在心理上更喜欢你,所以面试前尽量去了解应聘的用人单位在行业里的发展状况,主要业务是什么,市场对手是谁,以及我们所求职位的基本工作内容。一个在全球 500 强企业负责招聘的人力资源经理也肯定过这点的重要性:"面试时,我们都会问求职者对我们公司的了解程度。如果他们能够详细地回答出我们公司的历史、现状、主要产品,我们就会认为这名求职者非常重视我们公司,对我们公司也有信心,他被录用的可能性就比较高。而对那些进门就问你们公司是干什么的求职者,已经把自己推出门外了。"

深入探索的方法很多,查看公司的网页和搜索公司的信息是最便捷的方式。除此之外,还可以通过公司的宣传册、行业期刊或某些该公司管理层的访谈节目收集信息。当然,最有效的方式还是能找到在这个公司或曾经在这个公司的员工,这样才能掌握单位的核心信息。互联网时代,微信、QQ 等很多社交工具都提供了结交单位内部员工的可能性,通过职业访谈挖掘出内部故事会极大增强面试成功的概率。当然,或许听到这些故事后你会放弃面试,但也比面试后知道要好得多。

2. 再次梳理自己并准备面试需要的各种材料

(1)案例准备。永远不要脱离招聘启事去准备面试。要研究招聘启事中的硬指标和软期待。硬指标可以通过材料来证明,也是获得面试资格的基础条件。而软期待才是面试考察的重点,越符合期待标准录用可能性越高。每个人都可以说:"我具有极强的抗压能力和学习能力。"但是,如果你能举出具体的事例,比如独自面临某个紧急项目时,通过何种技能,克服压力最终出色地完成任务,这样才更加可信和生动。所以准备与招聘要求相关的几个案例,用讲故事的方式告诉面试官:"我就是最符合招聘信息的那个人"。面试前可以多加练习,当其变成一个熟练的自动输出过程的时候,成功的把握也会大大增加。

(2)个人广告。提前为自己准备一份个人广告,帮助自己展示所拥有的技能,并将这些技能与申请的岗位联系起来。个人广告是一份简短的说明,其内容包括职业目标、知识技能以及工作经验等,而这些内容可以证明求职者是有资格胜任所申请的工作职位的人选。请不要在个人广告中包含诸如籍贯年龄、兴趣爱好或其他个人信息,这不是面试官希望了解的关键内容。请尽可能反映出你的性格,对所选职业的兴趣,与该职位相关的能力以及你喜欢这个工作的原因,时间在两分钟之内为佳。下面是一份应届毕业生的个人广告范例:

我小时候就对数学、数字以及计算钱数有着浓厚的兴趣。从高中开始,我就开始对自己的生活费实施预算,并记录自己的储蓄和消费。进入大学后通过会计专业的学习,让我更加明确了今后想成为一名财务人员的想法。大学期间的学习让我具备了不同领域的会计知识,同时我利用寒暑假在四家企业进行实习,累计工作时间长达 10 个月,担任过出纳、会计等岗位的助理工作,很好地把专业知识运用到实际工作中,并使自己专业技能不断提升。

专业学习之外,我还学会了如何与客户和同事相处,熟悉了办公软件的操作。我的目标是成为一名财务人员,因为本人严谨、细致、负责、准时的性格特点非常适合这个岗位,我的所学所长也能让我全力以赴服务于公司和客户,因此我希望能成为贵公司的财务工作人员。

(3)面试的材料准备。面试的时候,要把所有能够证明个人能力的佐证材料带齐全,如各类证件和获奖证书,尤其是简历中曾经提及的。如果求职者是工业、艺术、IT 方面或者做出过任何产品的人,不妨带一件自己的作品,实物、照片、视频或制作的网页等,这些会更有说服力。如果允许,最好再次携带 2~3 份个人求职简历,以便临时出现其他面试官而有所准备。此外,为了应对各类测验、小组讨论以及案例分析等多种形式的面试,应该携带纸张、笔和手表等。当然,还可以携带一些必要的用品比如面巾纸,以备不时之需,着裙装的女生也可以随时携带一双备用丝袜,以免特殊情况下失礼。

3. 打造得体的面试形象

(1)着装准备。有研究表明:人事经理对求职者的印象常常在面试过程的前 30 秒就已经形成了。所以,求职者一定要注意自己的着装和精神风貌。这就是面试的"首因效应"。不过,注重着装不一定意味着非要西装革履,着装应符合求职单位的着装风格。如果穿一身笔挺的正装走入一家 IT 技术公司,不仅自己会觉得格格不入,面试官也会有强烈的感觉——求职者不属于他们团队。所以,对应届毕业生来讲,穿着请尽量符合企业着装风格,但是无论何种风格,请一定要整洁干净,自然大方,以免影响面试的状态。

(2)自信心态。许多毕业生研读了大量有关面试技巧的书籍,按照所谓秘籍把自己彻底包装成另外一个人以获得面试官的青睐。这样的结果是两败俱伤,如果面试官发现了你的伪装,自然会拒绝录用。即使通过了面试,岗位的安排也是根据面试时的表现进行匹配,而这对求职者个人职业生涯的发展是有害的。毕业生面试前需要学习提高,调整心态,目的是把自己的能力、品格更好地表现出来,而不是伪装和掩饰。

无论何种面试,对心理素质都是有一定要求的,如果过于紧张,往往发挥不出应有水平。记住,毕业生并不需要成为"面霸",只要对自我有准确的定位,对企业有足够的认知,展示出自己即可,因为你不可能也不需要获得所有面试官的欢心。

(3)时间准备。准时是职场的基本法则之一,也是所有人事经理最为看重的品质之一。因为面试安排往往是依次进行,如果一个人迟到,就会影响到下面的整体安排,从而给人留下极不可靠的印象。为避免迷路迟到,可以提前一天到面试公司进行时间评估(还可以观察公司员工穿着风格,为面试着装做相应准备)。万一遇到堵车或有其他紧急情况无法按时到达,应立刻给用人单位致电予以说明。

三、面试当天注意事项

求职者以提前 15 分钟到达面试区域为佳,如果周边有公共休息室或卫生间,可以检查一下仪容仪表,手机调成静音,清醒一下头脑,整理一下思路。请注意,从踏入公司的那一刻,非正式面试就已经开始了,跟每一位工作人员的交流都要礼貌而职业,包括前台接待人员,不要低估任何一位员工在招聘中的影响力。如果已安排好座位等待面试,可以在等候的时候使用积极自我对话,即一种正向的自我强化的精神方式,暗示自己有能力通过面试获取这份工作,再次回想自己准备好的自我介绍、个人特质以及案例故事,从而自信从容地走进面试房间。

1. 回答面试问题的基本原则

(1)岗位针对性原则。最优秀的求职者不一定是最适合的人选。从准备到回答,一定要紧扣求职岗位的期待和要求,充分展示自己的优势,表述自己从专业学习中获取了哪些知识,社会实践中提高了自己的哪些能力。

(2)电梯演讲原则。85% 的面试开场是"请介绍一下你自己",如何回答这个问题将决定你的命运,幸运的是,类似这样的问题是可以准备的。面试官的潜台词是求职者具备什么相关的知识、技能和经验可以胜任招聘岗位,而不是想了解求职者的籍贯爱好习惯等个人历史。当然,他们希望你的答案就在嘴边,逻辑清晰演练纯熟,这就是职业教练通常推荐给求职者的"电梯演讲原则",就是在电梯上升的时间里完整清晰地表达出来。所以,对于可以准备的面试题目,请务必多次演练。

(3) STAR 原则。面试官越来越倾向于通过追问案例和细节来判断求职者过往经历是否真实可信。求职者在描述具体工作或活动时可以遵循 STAR 原则:

情况 S(situation):当时面临什么情景。

任务 T(task):制定了什么任务和目标。

行动 A(action):为了达成这个任务采取了什么行动。

结果 R(result):通过行动达到了什么结果。

时间要把控在 2~4 分钟,开始要简洁,叙述的重点在于采取了什么行动,以及行动与结果之间的联系。

(4) half-half 原则。研究表明,被录取的通常是那些是用一半时间表达,用一半时间倾听的人。也就是说,面试中,50% 的时间是面试官在表达,50% 的时间是求职者在表达。这个研究也很容易理解,如果求职者讲得过多,往往暴露出的问题也在增多,而对方也可能认为你忽略了组织的需求;如果讲得太少,面试官会认为求职者不够主动,或者有意隐瞒什么。

(5) 20 秒 ~2 分钟原则。瑞士日内瓦的丹尼尔·帕洛特的一项研究发现,不管是开口发言还是回答提问,如果想给面试官留下最好的印象,一次不要超过 2 分钟,面试官最怕求职者长篇大论,滔滔不绝。当然,也不要低于 20 秒,否则面试官可能觉得求职者态度冷淡,缺乏沟通技巧。

2. 不同面试形式的应对策略

(1) 笔试。笔试是一种常用的考核方式,是用人单位采用书面形式(或采用计算机答题)对求职者所掌握的通用知识、专业知识、性格特征和心理健康等综合素质进行的考察和评估,因为成本较低且标准客观,通常用来筛选和选拔候选人,故一般安排在面试官面试之前。

笔试题型因单位性质的不同区别较大,总体来讲包括心理测试、通用能力测试(比如英语、计算机等)、专业考试、观点论述题和其他题型(逻辑推理、创新创意等)。毕业生在准备笔试时应了解各种题型的考察动机,各类知识和能力的积累则体现在日常学习生活中,调整心态,以诚实客观的心态轻松应试。

(2) 单独面试。单独面试相对于无领导小组面试来讲,对求职者的正面压力更为明显。除了通常注意事项,求职者尤其要小心"激怒"陷阱。面试官会用不友好的问题、怀疑的眼神或者尖锐的态度来挑战求职者的心理承受能力,比如"你的经验太少,我们需要的是有丰富经验的员工。""你的专业明显与申请职位不对口,而且你的毕业院校也是一个非常普通的二本学校。""你的学历对我们来讲太高了。"这时要保持冷静,不要跟面试官正面冲突,回答时有理有据,找准自己的特点。比如针对质疑经验太少,可以回答:"经验不够丰富是我们大多数应届生的共同问题,大学里我把专业知识系统学习放在主要位置,所以留给实习的时间只有 7 个月。但是我想如果能进入公司,凭借自己扎实的基础和出色的学习能力,很快就能积累丰富的社会经验,希望公司给予这个机会。"如果面对多位考官,请尽可能记住每人的姓氏和职位,以便面试之中恰当地称呼面试官。目光通常最好看着发问考官,但是面试中注意与其他考官的目光交流,不要忽略任何一个人。

（3）无领导小组面试。近几年来无领导小组面试法得到越来越多单位的认可,无论是公务员面试还是外企面试都倾向于用这种方法。无领导小组讨论给考生提供了一个充分展现个人才能与人格特征的舞台,在既定情景下,通过对问题的分析、论述,给考官留下良好的印象,从而在千军万马的竞争中脱颖而出,获得成功。但是很多毕业生对无领导小组面试缺乏了解,面对这种开放式面试不知该从何着手,在面试时没有发挥出自己应有的水平,错失展现才华的良机。关于此类面试的技巧介绍如下:

认真倾听,及时反馈:讨论过程中要特别留意倾听大家的观点,并抓住问题的关键。在倾听的时候注意记录,这样才能为把握讨论节奏奠定基础。对别人的意见给予及时反馈,适时地互相支持有利于共同完成任务。

主动发言,观点明确:选择什么样的发言风格取决于个人特点和应聘岗位要求,但是少发言或不发言则无法给考官留下深刻印象。故主动且有效发言摆明观点是讨论的基础,如果能引导小组讨论并担当领导角色,胜出的把握更大。

和谐人际,勿忘团队:观点是基础,人际关系就是纽带。良好的人际关系是团队合作的基石。无论彼此观点如何,发言不要咄咄逼人,尊重意见不同的队友也是良好职业素养的体现。

机智应对,以诚动人:如果自己处于被动地位,不要过于纠缠原来的话题,不妨切换角度。如果发现自己有明显错误,最好主动承认,从而显得真诚可信且有风度。

适时引导,掌握局面:由于角色不清,讨论陷入混乱时应有人掌握局面,引导讨论向有序、理性方向推进,也许讨论方案和结果不尽如人意,但是礼貌的引导和提醒会给考官留下有时间观念和领导潜质的印象。

（4）电话面试。为节约成本,电话面试也是用人单位筛选候选人的方式之一。与面试不同的是,电话面试通常没有事先安排。这就要求求职期间,你应当始终以职业的态度来应答电话,并将自己面试的相关资料随身携带。如果接到面试电话时确实不方便接听,可以礼貌地请求对方安排时间重新通话。

以下是电话面试的注意事项:

在安静的场所进行此次通话面试,排除所有可能的干扰,包括音乐、电视、室友等。

像正式面试一样,把自己关于面试准备的自我介绍、案例、个人特质恰当地融入电话沟通中,同样,记得做好笔记并发问。

沟通要简洁明了。对方只能通过你的语言内容和表达方式形成印象,所以语速语调和自信的状态就尤为重要。注意面带微笑,积极乐观,要相信,你的表情是能被电话另一端的人感受到的。

注意礼貌。通话中,不要吃东西或做私人事务,通话结束前恰当提问,并感谢面试官来电。

（5）视频面试。由于经济和地域因素,越来越多的面试选择通过远程视频进行。参加视频面试的求职者需要一台带有摄像头的通信设备和良好的网络信号。视频面试也需要像面试一样认真准备,当收到视频面试通知时,除了确认时间以及如何建立联系等注意事项外,还需注意以下事项：

提前安排一次预备演练，确保所有设备运转正常以及自己会调试这些设备（比如摄像头、麦克风、音量等）。

选择相对封闭安静的环境，如果在宿舍面试，提前请室友回避或保持安静，以免对面试官造成干扰。

视频面试时着装同样要正式得体，交流时请对准摄像头，不要因为面试官不在面前就举止随意。

3. 面试题型

面试专家曾经研究过出现在面试中的几千个问题，但是经过归纳汇总就会发现，面试官的所有问题无非是要解决三个核心问题：你能胜任这个工作吗？你愿意从事这个工作吗？你与其他求职者相比如何？故回答所有问题时请勿忘记面试官的考核目的。下面介绍常见的面试题型如下：

（1）正面问题。

例如："简单地介绍一下你自己吧。"

对于这类开放型的话题，很多人容易犯信马由缰的毛病。事实上这类问题给了求职者一个尽情展示自己优点的机会。回答时应切中要害，围绕工作技能和职业背景，不谈无关无用的内容。把准备好的符合招聘信息的个人特质进行阐述。仔细分析招聘启事，针对上面的要求，在自己过往的实习经历和生活经验中，找到其中与招聘要求契合的特点，进行相应的案例准备。注意条理清晰，层次分明，事先最好以文字形式写好，熟练诵读，该点已在前文中做出说明，此处不再赘述。

回答范例："我毕业于某某大学营销专业，具有较强的沟通能力和销售能力，大四期间曾在一家商业机构担任销售助理，学到了许多大客户营销和渠道营销的宝贵知识。我负责维护的两个营销业务区域，半年内业绩增长了20%，我还学到了如何团队协作，在压力下解决问题。我希望能利用自己所长为贵公司做出更多。"

类似的问题还有：

为什么申请这个职位？

能告诉我你的三个优点吗？

你认为为什么我们会录用你呢？

你凭什么认为你适合这个工作？

（2）诱导问题。

例如："你最喜欢看的综艺节目是什么？"

对于此类问题，表面看上去并没有标准答案，你也很难去迎合面试官的喜好。其共同的特点是：求职者喜欢什么并不重要，面试官更关心背后的原因是什么。所以回答此类问题时，最好选择答案的理由契合招聘启事要求。

回答范例："我目前最喜欢看的综艺节目是安徽卫视《超级演说家》，在遍地开花的唱歌选秀节目里，这档以语言和文字为主的演讲竞技节目独树一帜。选手都是在生活中有故事有激情的普通人，除了演讲技巧让我受益匪浅，他们的不懈努力和公众情怀也给我很大触动。尤其是我想成为一名培训师,每一期选手的表现都给我提供了很多的学习机会。"

类似的问题还有:

你最崇拜的人是谁?

你喜欢什么样的老板?

你觉得你用多少时间才能适应这份工作呢?

（3）投射测验。

例如:"如果用猫、狼、兔子三种动物来形容你,你觉得自己像什么?"

投射测验又可以叫做无差别问题,这些都是心理学中的投射问题,其背后的理论依据是外面没有别人,只有我自己。你对事物所有的看法,都是你内在对自我印象的投射。所以此类问题看起来有点不着边际,但是同诱导问题一样,选项并不重要,重要的是你如何去解释选项。故不要漫无边际地选择,请巧妙地与个人特质结合起来,委婉地表达出自己符合招聘要求即可。

回答范例:"我觉得自己更像猫。因为猫是一种敏感细腻,且亲和力比较强的动物。我个人的写作能力较强,在网络上发布的各类文章也有不少的读者,我觉得自己比较擅长把握社会上的敏感问题并写出自己的观点看法,而且也能在网络上与别人积极互动,很适合做文字撰写或者编辑工作,更符合猫的特质。"

类似的问题还有:

你喜欢国企还是外企?

你喜欢在大公司还是小公司工作?

一个人工作与团体工作,你喜欢哪一种?

（4）消极假设问题。

例如:"如果你遇到了愚蠢的客户,你会怎么办?"

消极假设问题是面试官的杀手锏之一,在这个时候务必保持清醒,不要踏入面试陷阱。面试官会预设一个棘手的环境和人,甚至有意制造出一些陷阱,看求职者如何回答。如果碰到此类问题,最好否定消极假设情境,根据招聘信息的软要求阐述自己在实际情况下的处理方案。

回答范例:"在我有限的工作经历中,似乎从来没有碰到过愚蠢的客户,因为我觉得不存在愚蠢的顾客,毕竟每个人的情况不同,面对同样问题的反应也不一样。作为一名客服人员,需要的就是换位思考,解决客户碰到的问题。如果是我的经验和能力导致无法妥善解决,我想我会求教自己的上级主管,给顾客一个满意的答复。"

类似的问题还有:

如果你和上级之间出现不可调和的矛盾怎么办?

如果在会议前你丢失了一份重要文件,你怎么办?

如果到了项目的最后期限,你还没有完成怎么办?

（5）负面问题。

例如:"能陈述你的一次失败的经历吗?"

诚实是美德,但是面试也不意味着坦白从宽。更不可自作聪明,只表扬自己没有失败过或没有缺点,一个拒绝自我检讨、骄傲张扬的人会成为团队中最难管理的成员。建议大家回答此类负面问题时,可以准备1个失败的案例,请注意将其转化为积极的陈述,比如你从中得到了哪些经验教训。客观理性地分析自己的缺点,尽量阐述自己技能上的弱势,因为这些可以通过学习和练习进行快速改善。不要过多为失败和缺点找原因,重点阐述从中得到了什么,如果能顺便说明自己如何通过努力来改善此类技能,则能化负面问题为正面问题,提升自己的竞争力。

回答范例:"我大学阶段最失败的一件事是以为必胜的学院团学联主席竞选失利,虽然以12票之差成为副主席,但是却让我意识到自己的演讲能力需要继续提升。虽然基础工作比较扎实,工作能力也得到同学们的认可,但是竞选演说上的逻辑性和感染力都明显不足。所以我利用以后各种公众场合锻炼自己的当众演讲能力,现在自己在演讲时更有自信和感染力,也提升了自己的领导力。我想也是得益于那次惨痛的失败吧。"

类似的问题还有:

你能告诉我你有哪些缺点吗?

让你胜任这份工作的最大挑战是什么?

(6)对用人单位或行业的了解情况。

例如:"请问你对本公司了解多少?"

此类问题取决于面试前对企业和行业的准备程度,如果功课准备充分,则可以适当多表达一点,强调该单位在行业中的地位和理念,发展历史及公司文化也是表述重点。如果了解得少也要实事求是地说明,不要肆意猜测或虚假夸张,以免给人留下油滑浮夸的印象。

回答范例:"坦率地讲,我对贵公司的了解不是太多,虽然进行过网络搜索,但是毕竟这样得来的信息不够具体全面,比较感性。但是我注意到了贵公司绿色环保以人为本的发展理念,这正是我所信奉和期待的。我相信在这种理念的引导下,企业和员工都能很好地同步发展。"

类似的问题还有:

你认为业界发展如何?

我们行业中的其他公司你了解吗?

我们公司与同类公司的最大区别你听说过吗?

4. 面试中的注意事项

(1)注意肢体语言。毕业生由于社会经验不足,面试时有可能出现紧张、腿抖、颤音等情况。请尽量避免,同时纠正不好的习惯性动作,比如不自主地搓手、抖腿或者咬手指,这些都会让你的求职成功率大打折扣。良好的肢体语言应注意以下几点:

① 眼神交流。面带微笑,面试过程中注意保持眼神交流,但也不要一直盯着对方双眼,回答问题时注视对方的面部三角区更为自然。

② 注意坐姿。面试的大多数时间求职者都是以坐姿呈现,有两种坐姿不可取,一是身体后仰紧贴椅背,二是过于前倾只坐椅边,前者过于散漫,后者则过于紧张,两者都不利于面试进行。建议挺直腰背,坐满椅子三分之二位置,保持不卑不亢轻松自然的姿势。

③ 握手要沉着有力。某些企业会把握手作为考察毕业生是否成熟自信的依据。注意,握手既不要用力过猛,也不要有气无力,而要让对方感受到你的热情和真诚。建议毕业生可以事先练习。

（2）注意礼节礼貌。提前到达面试现场，不要擅自进入面试房间。如没人通知，则应该耐心等候；如面试时间到了，进门之前请敲门，得到允许后方能入内。礼貌地与面试官打招呼或者表示感谢，不仅体现了求职者的礼貌举止，更可以加深他们对你的良好印象。

（3）把握提问时机。面试官在最后通常会给你一些时间来提问，千万不要说我没有问题，那无异于表明你没有思考，或者对公司没有兴趣。如果做了很好的相关研究，不妨就公司的发展战略问一个微观具体的问题。以下问题都是很好的样本：

贵公司对这个岗位的期望目标是什么？

贵公司是否有正式或非正式的教育培训机会？

在项目的执行上，是否有资深的员工带领新入职者？

当然也有人会利用此类问题争取面试成功，比如：

您认为我今天表现如何？录取的概率有多大？

请问面试程序的下一个环节是什么？大概何时能知道面试结果？

5. 面试禁忌

（1）不当反问。比如人事经理可能会问及薪水期望值："关于工资，你的期望值是多少？"有些求职者不知如何回答，甚至反问："你们打算出多少？"这样的话语非常不礼貌，容易引起面试官的反感。

（2）主动提问薪资。工资谈判不是面试中的重要部分，因为公司录取你的前提是双方对彼此都满意。在此之前，不宜过早提及薪水问题，否则留给面试官的印象是你更关注从公司获得什么，而不是做出什么。

如被问及不愉快的经历，不要说以前的老板、老师、同事、同学的坏话，也不要将问题归咎于别人，对事不对人是回答此类问题的准则。

（3）滔滔不绝却言之无物。虽说面试是推销自己的过程，但是切勿喋喋不休没完没了。回答时候抓住重点以事实说话，避免慷慨陈词激情澎湃，可是挤下语言的水分后却发现言之无物。

四、面试结束后的准备

（1）感谢便条。离开面试房间后，根据面试过程所获取的信息书写感谢便条，请注意明确感谢对象，可以按照面试官的自我介绍确定。注意字迹工整，语法正确。写完后将感谢便条交给前台，烦请她予以转交。

（2）感谢信。面试当晚或第二天是书写感谢信的最佳时间，这样做旨在加深面试官的印象，体现良好的职业素养，增加求职成功的可能性。感谢信的开头应该提及自己的姓名及简单情况以及面试的时间，并真诚地对面试官表示感谢。

（3）面试记录。尽量在当天记录下面试中申请的职位以及你提出的问题（求职的高峰期间可能经历多次面试，记错单位和职位是件非常尴尬的事情），当然还有自己在面试中的表现，哪些还不错，哪些需要进一步改进，这些信息能够帮助自己提升在未来面试中的表现。

（4）薪资准备。如果你在面试后收到二面通知或者录取通知，那么提前对行业内此岗位的平均薪资水平进行研究，以便跟公司商讨薪资时有所准备。

（5）面试反思。如果面试结果是"否"，不要气馁，每一段经历都是学习的过程，回想面试中可能导致失利的原因，争取在下一次有所改进。

最后，想提醒毕业生的是，求职不过是一场对话，而对话就是双方的事情。用人单位的决定很重要，你的决定同样重要。对于用人单位而言，面试是收集求职者信息的过程，他们要搞清楚为什么是你。包括我们喜欢你吗？你有我们需要的技能或知识吗？你能融入团队吗？你的职业道德如何？等等。而同样这也是毕业生收集信息的过程，你应该深入地弄清楚为什么是这家公司。包括我喜欢他们吗？我想在这里工作吗？这样的工作符合我的期待吗？所以，不要忘记求职者占一半的主导对话，不要放弃角色和权利。

第四节　心理调节

大学毕业生就业压力逐年加大，在求职过程中容易产生较大的心理压力和较多的认识误区。同时社会各类人才的需求情况也不断出现新变化，用人单位对毕业生提出了更高要求。这些都加剧了大学毕业生的就业压力。高校、家庭和社会都应该多多关心大学毕业生，帮助他们调整心理状态，适应社会环境。

一、求职过程中的心理问题

面对求职过程，每个大学毕业生的心理状态都会不一样，他们因为就业压力产生的心理问题主要有：

1. 自卑或自负心理

自负心理在如今的大学毕业生身上表现得尤为突出。部分毕业生就业期望过高，总觉得自己满腹经纶、才高八斗，工作单位提供的岗位无法满足自己的发展需求。从而盲目攀比，虚荣心不断增长，不能摆正自己的位置，导致对自己的劣势和缺点估计不足，丧失了许多就业机会。与自负相对的，是自卑心理。自卑是大学生常见的一种消极的自我评价或自我意识。一些大学生在求职过程中缺乏自信心，过低地评价自己从而产生自卑心理。当求职过程中遇到挫折后，丧失了竞争勇气，于是临阵退缩。这一点在家庭经济困难的大学生和农村大学生中表现得尤为突出。

2. 焦虑或抑郁心理

大学毕业生在求职过程中，当意识到客观实际与自己的主观期望有较大偏差时，往往会产生一种焦虑浮躁的心理。表现为心慌、失眠、坐立不安等症状。多次受挫后对找工作产生畏惧心理，既希望谋求理想的职业，又担心被用人单位拒之门外，过分担心找不到工作。当机会来临时，无法完全发挥自己的真实水平导致失去就业机会，严重的还会产生抑郁情绪。

3. 从众或攀比心理

所谓从众心理，主要是指个人受外界人群行为的影响，而在自己的知觉、判断、认识上表现出符合公众舆论或多数人期望的行为方式。从众心理在就业方面表现为毕业生一味追求热门职业和工作单位，甚至不惜放弃自己所学专业，从而把自己限制在狭窄的求职道路上，错失了许多就业机会。也有一些大学生，没有对自身潜能、兴趣、专业和职业发展因素等进行分析，一味地和自己的同学、亲友进行比较,看着表面上和自己差不多的人都找到了满意的工作,自己却没有找到,觉得有些没面子,为了一时平衡,提高了自己的择业标准,最后极有可能达不到要求,反而变得十分被动。

4. 依赖或逃避心理

在就业过程中,有的毕业生对自身缺乏理性的认识,就业信心不足,犹豫观望,就业依赖父母,依赖社会关系,依赖学校和老师。高校每年招聘季到来时,有些毕业生缺乏就业意识,对学校组织的专场招聘置之不理,等待辅导员老师将就业信息发到自己的手机上;在每年的大型双选会上,学生家长、朋友代替自己与用人单位洽谈的场面屡见不鲜。这些高校毕业生缺乏自我选择决断能力,不能积极主动地竞争或推销自己,从而丧失了许多宝贵的就业机会。还有一些在求职过程中遇到一些挫折,但是没有养成克服困难的习惯,遇到事情退缩回避,产生逃避和抵触情绪,不愿意去竞争,不愿意找工作。

二、求职过程中的心理调节

针对大学生在就业过程中出现的各类心理问题,每个大学生必须采取行之有效的心理调节方法,处理好求职过程中的心理问题,实现顺利就业。

1. 用发展变化的观点看待求职择业

用发展的眼光看问题是指在求职择业时,既要考虑到个人的发展,又要考虑到社会的发展;既要考虑到眼前的发展,又要考虑到长远的发展。要用发展变化的观点来指导自己的求职择业,避免第一次就业就能找到理想职业的一次性成功、一步到位的想法。要结合自己的实际情况,选择有发展前途的职业和单位,应该发挥年轻人固有的朝气和锐气,敢想、敢说、敢干,靠真才实学,敢于竞争,从实际出发,充分考虑到自己的专业、性格、气质等,扬长避短,发挥特长,在竞争中求生存、在竞争中求发展。

2. 正确评估自己,适度调整就业期望

大学生往往对自己的预期过高,超越了现实的就业条件,容易产生挫败感。因此即将毕业的大学生要全面评价自己,分析自己的优势,正视自己的差距,认真总结经验教训,立足当前就业形势,合理调整就业预期,提出具体的行动方案。大学生的就业预期应当立足现实的社会需要,抵制功利主义影响,服务社会,奉献社会,使个人的就业观念和社会现实相一致。

3. 正确认识择业挫折,保持良好心态

大学生在求职择业过程中遇到一些挫折,这是在所难免的,需要对就业挫折保持正确的看法和态度。有的大学生害怕陌生的就业环境和工作压力,害怕失败,对就业挫折不理解,有的大学生在挫折面前以偏概全,过于片面化,这些都是不合理的做法。大学生就业受挫之后,要正视自己的能力与素质,保持乐观向上的心态,保持冷静、理智,树立自信心,努力寻求解决问题的办法和途径,采取积极的行动,在能够充分发挥自己优势的领域去求职择业。

4. 积极主动地面对求职择业

大学生在求职择业过程中不能消极等待,要积极主动,寻求参与。这要求大学生既要主动了解自己,又要主动了解社会,特别是了解用人单位。要主动参与信息搜索,岗位竞争,实现就业的全部过程。在就业过程中,要抓住时机,合理安排时间,遵照国家现行的就业政策与规定,制定合理的求职计划,尽快落实就业去向。

5. 消除自卑,增进自信

当代大学生是一个矛盾综合体,顺利时容易自高自大,受挫时一筹莫展,为此需要适当接受挫折教育,增强自信心。要有勇气去迎接挑战,参与竞争,相信自己具备能求得合适职业的能力。有自信而不要盲目自信造成自负自傲,自信需要资本和基础,这个基础就是大学期间养成的真才实学,这就意味着大学期间不能盲目放松,要切实提升学业水平和技术能力,全面提升自己的综合素质。

📥 本章小结

求职与择业是大学生必须跨过的一道门槛。本章从求职信息与择业程序、简历撰写、面试技巧和心理调节四个方面讲述了大学生求职择业的技巧与方法,希望能够帮助大学生树立科学的就业观念,提升就业能力,把握就业机会,成功就业。

⚙ 复习思考题

- ■········ 1. 使用"经历梳理卡片法"把大学期间校内校外的经历一一书写下来,按照梳理提问的问题尽量描述细致,看看如何应用在简历制作中。
- ■········ 2. 为自己设计一份个人广告,假设你和人事经理单独在一部电梯中,从一楼到七楼的上升过程中,你会怎么介绍自己?
- ■········ 3. 准备三个最能说明个人职业特质的案例故事,将它讲述给自己的朋友或同学,听取他们的反馈。
- ■········ 4. 回忆一下面试失败的经历,讲述一下你是如何调节和克服的。

◆ **即测即评**

第十一章　大学生就业权益与法律保障

本章提要

　　"择业难、就业难"是当今许多大学生不得不面对的现实问题。在就业过程中，大学生学会保护自己的合法权益很重要，然而大学生就业权益受到侵害的案例在现实中并不少见。通过本章的学习，大学毕业生们能够了解求职就业中的个人权益，了解劳动合同与就业协议书的内容、作用以及两者的联系和区别，了解签署时的注意事项，在就业过程中提升法律意识，增强守法、维权的意识和能力，开开心心毕业，顺顺利利就业，自信从容地开启人生新的篇章。

案例导入

　　小李,男,北京某高校 2023 届本科毕业生。2022 年 10 月,小李开始找工作,他在学校组织的校园招聘会中投递了不少简历,在经过几家公司的面试之后,11 月,他又报名了北京市公务员考试。在准备公务员考试的过程中,他收到了一家自己比较满意的银行的录用通知,于是小李为了工作有"保底",便与该银行签订了《普通高等学校毕业生、毕业研究生就业协议书》(以下简称《就业协议书》)。2023 年 5 月,小李在公务员初试和复试过程中表现出色,最终被某单位录用,于是小李决定与银行商议解除协议,该银行要求小李按照《就业协议书》的约定交纳违约金 5 000 元。小李觉得没有必要交纳,你觉得呢?

第一节　大学生就业权益

　　大学毕业生的就业权益主要体现在毕业生与用人单位见面进行双向选择、签订就业协议等环节中。

一、就业权益的主要内容

　　作为一名当代大学生,在求职择业过程中当自己的合法权益受到侵害时,应如何维护自身权益? 要维护自身权益,首先应了解与劳动就业相关的法律法规,清楚求职者享有何种就业权利以及应履行哪些就业义务。只有明确这些,才能在求职中享受权利和履行义务,并在合法权益受到损害时,通过法律途径寻求赔偿。从多年来的实际情况看,即将步入社会的大学毕业生,往往会将注意力集中在简历制作、招聘信息收集、准备面试与笔试等方面,而忽视了对与就业有关的法律、法规及制度的学习和了解,再加上社会经验不足、自我保护意识较差、就业竞争激烈、就业市场不够规范等多种原因,致使一部分毕业生在求职择业的道路上遭遇了各种各样的"陷阱"。因此,毕业生在就业过程中,一定要积极主动了解和掌握国家有关就业方面的法律、法规以及政策、制度,时刻保持清醒头脑,学会运用法律武器维护自己的合法权益不受侵害。

　　我国宪法规定,中华人民共和国公民有劳动的权利和义务。《劳动法》更进一步地明确了公民劳动权利的范围,即劳动者享有平等就业和选择职业的权利、取得劳动报酬的权利、休息休假的权利、获得劳动安全卫生保护的权利、接受职业技能培训的权利、享受社会保险和福利的权利、提请劳动争议处理的权利以及法律规定的其他劳动权利。大学生在求职择业过程中,既享有作为普通劳动者的各项劳动权利,也拥有国家、社会与学校赋予大学生特有的就业权利,具体有以下几个方面:

1. 接受就业指导权

　　大学生有从学校,政府相关部门及公共就业服务机构获得就业指导的权利。就业指导,指为求职者选择职业、准备就业以及职业发展提供知识、经验和技术的指导。根据教育部文件要求,高校应设置专门的就业指导机构,对大学生进行就业指导。目前学校主要通过课程教学、专题讲座、团体辅导、个案咨询等形式为大学生提供全程化的就业指导,指导内容涵盖了宣传国家就业政策和指导方针、引导学生端正求职观念合理定位、帮助学生掌握具体求职技巧等方面。通过就业指导来引领学生在了解社会就业形式的基础上合理定位自己的职业去向,顺利进行求职择业,从而实现大学生就业率的增长和就业质量的提升。

2. 获取就业信息权

就业信息的获取与处理,对大学生求职成功具有重要作用。就业信息是否公开、全面、及时,直接影响到大学生求职的效果。所有就业信息对大学生都应该公开透明,任何单位和个人不得擅自隐瞒、截留用人信息。对大学生而言,就业信息权包括三层含义:(1)信息公开,即国家、政府、学校以及用人单位有责任将用人信息向社会公众公开,大学生可以通过网络、媒体、校方信息栏等渠道获取所需信息;(2)信息全面,即大学生有权获得准确、全面的就业信息,从而对用人单位、岗位情况有系统的了解,以便做出适合个人发展的选择;(3)信息及时,就业信息具有很强的时效性,过时的信息只是一纸空文。对于大学生而言,及时的就业信息很可能就是一次工作机会。

3. 自主择业权

大学生享有在国家就业方针、政策引导下自主选择职业的权利。我国现行的"劳动者自主择业、市场调节就业、政府促进就业"的就业方针,标志着我国大学生就业制度从计划经济的统包统配转向市场经济的双向选择,并最后形成以市场需求为导向的自主择业、自谋职业、自主创业。自此,只要符合国家就业方针、政策,大学生可以根据自己的兴趣、喜好和能力,自主选择未来所从事的行业、职业、工作地点、单位类型等,不受任何组织或个人的干涉。此外《劳动法》也以法律条文的形式明确劳动者享有选择职业的权利。

4. 被学校推荐权

高校的就业指导机构除了对在校学生进行就业指导以外,其职责还包括积极与用人单位保持联络关系,向他们推荐优秀毕业生。这种推荐有口头推荐和书面推荐,不管何种形式,都在较大程度上影响用人单位对毕业生的取舍。毕业生享有被学校如实、公平和择优选择的权利,即高校在向用人单位推荐毕业生时,应实事求是,根据毕业生本人在校的实际表现,在公正、公开的基础上,如实介绍,择优推荐。

5. 平等就业权

平等就业权,指大学生平等地获得就业机会和就业待遇的权利,即平等地参与求职竞争,不会因为民族、种族、性别、年龄、文化、宗教信仰、经济状况等受到限制,用人单位对于具有相同条件的大学生,不得提供不同的就业待遇。平等就业权是社会平等在就业方面的体现,是大学生最重要的就业权利之一。我国《劳动法》赋予劳动者享有平等就业的权利,《就业促进法》也规定,劳动者就业,不因民族、种族、性别、宗教信仰等不同而受到歧视。然而,目前侵害大学生平等就业权的现象并不少见,一些用人单位基于降低劳动力成本的考虑或用人偏见,以性别、健康、身高等因素为由,拒绝录用或限制录用某些大学生。

6. 就业知情权

就业知情权,指求职者有权知悉、获取自己将要从事或者正在从事的工作岗位、工作环境等方面信息。在供大于求的劳动力市场中,初次就业的大学生在劳动关系中处于弱势地位,招聘单位的情况、信息对求职大学生的透明度不高,双方提供的信息不对称。为保障求职者的就业知情权,填补以往法律规定的空白,《劳动合同法》规定"用人单位招用劳动者时,应当如实告知劳动者工作内容、工作条件、工作地点、职业危害、安全生产状况、劳动报酬,以及劳动者要求了解的其他情况"。这是劳动者的一种民事权利。在求职择业时,大学毕业生有权向用人单位了解自己将来的工作内容、劳动报酬、是否予以录用等情况。

7. 违约求偿权

用人单位、毕业生、学校的三方协议一经签订后,任何一方不得擅自毁约和违约,如果用人单位无故解除协议,或不按照协议内容履行,毕业生有权要求用人单位承担违约责任,包括支付违约金。在现实就业过程中,毕业生出于谋求更好的就业机会等原因,向用人单位主动提出解除协议的情况较多,毕业生大多也都承担了自己的违约责任。但用人单位一方出于单位改制、经营情况不好等原因,也有主动向毕业生提出解除协议的情况,甚至个别单位在招聘时提供了虚假信息,在毕业生到单位就业后不能履行对毕业生的承诺,对于这些情况毕业生有权向用人单位提出赔偿要求。

二、求职就业中的个人权益

毕业生求职就业过程中个人权益的自我保护一般体现在以下几个方面:

1. 了解有关政策和法律规定

毕业生应了解目前国家关于毕业生就业的有关方针、政策和规范,以及它们之间的关系,明确毕业生在就业过程中的权利和义务。如果在就业过程中用人单位的单方面规定与国家政策、法律、法规相抵触,侵犯了自己的权益,大学生应勇于并善于依法维护自己的合法权益。

2. 预防侵害自身合法权益行为的发生

毕业生在求职就业过程中要有风险意识,认识到社会的复杂性,学会自我保护的技巧和知识,对于有些用人单位招聘人员时使用夸大待遇条件等欺骗手段的做法,要有提防戒备心理,预防侵害自身合法权益行为的发生。

3. 用法律手段维护自身合法权益

由于高校毕业生就业市场尚不成熟,受到社会风气和人们旧观念、旧思想的影响,在就业过程中不可避免地会出现一些不公平现象,侵害了毕业生的正当权益。随着我国劳动保护法律法规建设的不断完善,已经形成了一套比较完整的劳动纠纷解决机制。在自身权益受到侵害时,毕业生有权向用人单位上级主管部门申诉,也可以提交给当地的劳动争议仲裁机构进行调解和仲裁,或直接向人民法院提起诉讼。

第二节　大学生就业法律保障

《劳动合同法》《就业促进法》等劳动保护法律法规,对毕业生就业有着十分重要的意义。结合相关法律法规,对劳动合同的签订以及高校毕业生就业协议书的签订进行详尽的分析,是十分必要的。

一、劳动新法与大学生就业

我国的劳动保护法律自 2007 年以来得到了跨越式的发展，一批劳动新法和地方性劳动法规在 2007 年颁布，并在 2008 年得以实施。其中最有影响力的劳动保护法律是《中华人民共和国劳动合同法》（简称《劳动合同法》）、《中华人民共和国就业促进法》（简称《就业促进法》）以及《中华人民共和国劳动争议调解仲裁法》（简称《劳动争议调解仲裁法》）。

《劳动合同法》将许多新型的劳动关系纳入调整范围，填补了我国劳动法律制度的许多空白。自 2008 年 1 月 1 日起实施的《就业促进法》明确规定促进就业属于政府责任，因此被称为"民生之法、和谐之法"。《劳动争议调解仲裁法》作为一部程序法，对《劳动合同法》以及相关劳动立法的实施产生重大影响。

以上三部法律都对大学生就业产生了积极的影响，大学生应该对以上三部法律在内容上有较为深入的把握。

二、劳动合同与《就业协议书》

大学生临近毕业时总要遇到与用人单位签订劳动合同的问题，同时，学校也往往要求学生签订就业协议。那么劳动合同和就业协议是什么？有什么作用？它们之间有什么关系？

1. 劳动合同

我们经过努力落实了工作或与用人单位确定了工作意向，并不意味着完成就业。对于初涉职场的大学生来说，就业之前还有一个关键环节，就是与用人单位签订劳动合同，它是劳动者合法权益得到有力保障的重要举措之一。

（1）劳动合同概述。《劳动法》第十六条规定："劳动合同是劳动者与用人单位确立劳动关系、明确双方权利和义务的协议。"劳动合同按照标准可划分为不同的种类。劳动合同以合同的目的为标准，划分为聘用合同、录用合同、借调合同、停薪留职合同；按《劳动合同法》相关规定，按照有效期限不同，划分为固定期限的合同、无固定期限的合同和以完成一定的工作为期限的劳动合同；按照劳动者人数不同，划分为个人劳动合同和集体劳动合同。

（2）劳动合同的使用范围。大学生毕业后有着各种各样的求职愿望，有的希望进入公务员队伍，有的希望进入事业单位和社会团体，有的想进入企业或者自己创业。在这种情况下，大学毕业生在学习和掌握《劳动合同法》时，首先要了解《劳动合同法》的适用范围。

与 1995 年实施的《劳动法》相比，《劳动合同法》适当扩大了使用范围。一是除了企业、个体经济组织以外，将民办非企业单位纳入《劳动合同法》的调整范围。所谓民办非企业单位，是指企业、事业单位、社会团体和其他社会力量以及公民个人利用非国有资产举办的，从事非营利性社会服务活动的社会组织，如民办学校、民办医院、民办图书馆、民办博物馆、民办科技馆等。二是对事业单位与实行聘用制的人员是否适用做了灵活规定，即法律、行政法规或者国务院另有规定的，依照其规定；未做规定的，依照《劳动合同法》的规定执行。三是规定与国家机关、事业单位、社会团体建立劳动关系的劳动者，也就是除公务员和参照公务员法管理的人员，以及事业单位中实行聘用制的工作人员外，依照《劳动合同法》执行。四是对劳务派遣用工作了专门的规定。因此，如果大学毕业生选择了《劳动合同法》适用范围内的组织（用人单位）就业，就会受到《劳动合同法》的规范和保护。

（3）劳动合同的订立、履行、变更、解除和终止。

① 劳动合同的订立。鉴于用人单位不与劳动者签订书面劳动合同的情况较为普遍，劳动者的权益极易受到侵害，《劳动合同法》更加强调，"建立劳动关系，应当订立书面劳动合同"。大学毕业生求职就业要特别注意这一环节。与《劳动法》相比，《劳动合同法》强调了用人单位在订立书面劳动合同方面的义务，并将这些义务具体化。

第一，劳动合同应当在建立劳动关系的一个月内订立；第二，用人单位自用工之日起超过一个月不满一年未与劳动者订立书面劳动合同的，应当向劳动者每月支付两倍的工资；第三，用人单位自用工之日起满一年不与劳动者订立书面劳动合同的，视为用人单位与劳动者已订立无固定期限劳动合同；第四，用人单位未在用工的同时订立书面劳动合同，与劳动者约定的劳动报酬不明确的，新招用的劳动者的劳动报酬按照集体合同规定的标准执行，没有集体合同或者集体合同未固定的，实行同工同酬；第五，劳动合同由用人单位与劳动者协商一致，并经用人单位与劳动者在劳动合同文本上签字或者盖章生效。

劳动合同文本由用人单位和劳动者各执一份。如果用人单位提供的劳动合同文本未载明必备条款，或者用人单位未将劳动合同和文本交付劳动者的，由劳动行政部门责令改正；给劳动者造成损害的，应当承担赔偿责任。

② 劳动合同的订立原则。《劳动合同法》第三条规定："订立劳动合同，应当遵循合法、公平、平等自愿、协商一致、诚实信用的原则。"根据这一规定，订立劳动合同必须遵循下列原则。

A．合法性原则。劳动合同的订立必须遵循国家的宪法和法律法规，不得违反法律、行政法规的规定。

劳动合同作为合同的一种。首先应该是签约双方真实意思表示一致的协议。例如，求职者李某使用假文凭求职，致使用人单位对事实做出错误的理解，录用了他，公司的录用行为不是一种真实意思的表示；李某为了追求自己的利益，违背诚实信用的原则，侵犯了公司的合法权益，其行为构成诈骗。李某采取欺诈手段与公司订立的劳动合同属于无效合同。

B．平等自愿、协商一致的原则。平等是指订立劳动合同过程中，双方当事人的法律地位平等。毕业生和用人单位在自愿的基础上订立劳动合同，任何一方不得将自己的意愿强加于对方，也不允许第三者非法干预。

③ 劳动合同的必备条款。根据《劳动合同法》的规定，劳动合同由必备条款和补充条款构成。下面介绍劳动合同的必备条款。

A．合同双方的基本情况。一些用人单位故意隐瞒真实的工作信息，或者将工作条件和劳动报酬说得天花乱坠，实际工作完全不是那么一回事，往往使毕业生大失所望，给其职业生涯带来负面影响；而毕业生对其相关个人信息的隐瞒，乃至故意篡改、修改自己的基本情况，也将对用人单位造成损失。鉴于现实生活中的这种情况，《劳动合同法》规定在订立劳动合同时，双方应当如实告知对方相关基本信息，在落实到书面劳动合同时，用人单位的名称、住所或法定代表人或者主要负责人，劳动者的姓名、住址和居民身份证或者有效身份证件号码等基本信息都要具备。

B．劳动合同的期限。劳动合同按有效期不同可分为有固定期限的、无固定期限的或以完成一定工作为期限的劳动合同。如果是有固定期限的劳动合同,则应约定期限。应届毕业生所遇到的劳动合同绝大多数是有固定期限的劳动合同,所以大家一定要注意劳动合同中对期限的约定以及关于期限的违约责任的约定。

C. 工作内容和工作地点。工作内容是指用人单位安排劳动者从事什么工作,是在劳动合同中确定的劳动者应当履行的劳动义务的主要内容,包括劳动者从事劳动的岗位、工作性质、工作范围以及劳动生产任务所要达到的效果、质量指标等。工作地点则是劳动者具体参加劳动的地点。

D. 劳动保护和劳动条件。劳动保护和劳动条件是指劳动合同中约定的用人单位对劳动者所从事的劳动必须提供的生产、工作条件和劳动安全卫生保护措施。即用人单位保证劳动者完成劳动任务和劳动过程中安全保护的基本要求,包括劳动场所和设备、劳动安全卫生设施、劳动防护用品等。用人单位不仅必须为劳动者提供必需的劳动条件和劳动保护,而且必须提供符合国家规定的劳动安全卫生条件和劳动保护。

E. 劳动报酬。劳动报酬是指用人单位根据劳动者劳动岗位、技能及工作数量、质量,以货币形式支付给劳动者的工资,包括工资的数额、支付日期、支付地点以及其他社会保险(养老、失业、医疗、工伤、生育等)待遇。劳动报酬的内容和标准不得低于国家法律、行政法规的规定,也不得低于集体合同的规定。

除此之外,《劳动合同法》还规定了工作时间和休息休假、社会保险、法律法规规定应当纳入劳动合同的其他事项等。除前款规定的必备条款外用人单位与劳动者可以约定试用期、培训、保守秘密、补充保险和福利待遇等其他事项。

④ 劳动合同的履行。劳动合同的履行是指劳动合同的双方当事人按照合同约定,履行各自所承担的义务的行为。依法订立的劳动合同具有法律约束力,当事人必须履行合同约定的义务,任何个人或第三方不得非法干涉劳动合同的履行。履行劳动合同一般遵循以下原则:亲自履行原则、全面履行原则、协作履行原则。

⑤ 劳动合同的变更。劳动合同的变更是指双方当事人对尚未履行或尚未完全履行的劳动合同,按照法律规定的条件和程序,对原劳动合同进行修改或增删的法律行为。劳动合同变更应遵循平等自愿、协商一致的原则,不得违反法律、行政法规的规定。任何一方不得擅自变更劳动合同,否则要承担相应的法律责任。

劳动合同的变更一般是协议变更,双方当事人就变更的内容及条件进行协商,达成一致意见,签订书面协议。我国《劳动法》规定,提出变更劳动合同的一方,给对方造成经济损失的,应当承担赔偿责任。

⑥ 劳动合同的解除。劳动合同的解除是指劳动合同当事人在劳动合同期限届满之前依法提前终止劳动合同关系的法律行为。劳动合同的解除可分为协商解除、用人单位单方面解除、劳动者单方面解除以及自行解除等。在《劳动合同法》中,劳动者解除劳动合同的权利得到更大限度的保障。按照法律规定,劳动者解除劳动合同一般只需要提前三十天通知单位即可,而用人单位解除劳动合同则受到了更严格的限制。

⑦ 劳动合同的终止。劳动合同的终止是指符合法律规定或当事人约定的情形时,劳动合同的效力即行终止。

（4）劳动合同签订过程中的其他注意事项。签订劳动合同是毕业生就业后面临的第一个考验。除了上述内容之外，对没有什么社会经历的毕业生来说，签订劳动合同过程中有可能发生"就业陷阱"，为避免遭受不必要的挫折和损失，毕业生在签订劳动合同过程中应注意以下事项。

① 个人隐私保护。为了保护劳动者的隐私权，《劳动合同法》第八条明确规定："用人单位招用劳动者时，……用人单位有权了解劳动者与劳动合同直接相关的基本情况，劳动者应当如实说明。"换句话说，不属于"与劳动合同直接相关的基本情况"，用人单位都无权过问，劳动者也有权拒绝作答。

② 求职财务担保。《劳动合同法》第九条规定："用人单位招用劳动者，不得扣押劳动者的居民身份证和其他证件，不得要求劳动者提供担保或者以其他名义向劳动者收取财物。"该法加大了对扣押劳动者的居民身份证和收取押金等行为的处罚力度。

《劳动合同法》第八十四条规定，扣押劳动者居民身份证等证件的，由劳动行政部门责令限期退换劳动者本人，并依照有关法律规定给予处罚，用人单位以担保或者其他名义向劳动者收取财物的，由劳动行政部门责令限期退还劳动者本人，并以每人五百元以上两千元以下的标准处以罚款；给劳动者造成损害的，应当承担赔偿责任。

③ 试用期权限。试用期是一个敏感的阶段，应聘的毕业生虽已踏进用人单位，但在成为正式员工前总惴惴不安，生怕失去眼前的工作，所以对用人单位总是百依百顺，答应一切要求。一些用人单位也摸透了毕业生的这种心理，借机牟取非法利益。用人单位的不当做法主要有以下几种。

一是试用期不签订劳动合同。试用期原本是用人单位与劳动者为相互了解对方而约定的考查期，然而却成了很多用人单位降低人工成本、使用廉价劳动力的一个堂而皇之的借口。部分用人单位在试用期不与毕业生签订劳动合同，在试用期满后以各种理由辞退应聘者，导致应聘的毕业生白白付出大量时间和精力，也错过最佳就业期，造成很大损失。

针对此现象，《劳动合同法》规定：建立劳动关系，应当订立书面劳动合同。……劳动合同期限三个月以上不满一年的，试用期不得超过一个月，劳动合同期限一年以上不满三年的，试用期不得超过两个月；三年以上固定期限和无固定期限的劳动合同，试用期不得超过六个月。同一用人单位与同一劳动者只能约定一次试用期。这些规定，将会有效地约束用人单位滥用试用期的行为。

二是试用期内随意解除劳动合同。劳动者勤勤恳恳地在用人单位工作三个月，眼看试用期将满，没有收到转正通知，却得到因不符合录用条件而被辞退的消息。这种情况在毕业生就业时也十分多见，也是用人单位不合法的用工方式。

根据《劳动合同法》规定，劳动者在试用期间被证明不符合录用条件的，用人单位可以解除劳动合同，但这并不意味着用人单位可以在试用期内随意辞退劳动者。用人单位可以解除劳动合同的条件是必须举证劳动者在试用期间不符合录用条件，如果用人单位没有证据证明劳动者在试用期间不符合录用条件，就不能解除劳动合同，否则，需承担因违法解除劳动合同所带来的一切法律后果。

三是"试用期"等于"白用期"。以前很多毕业生对劳动法律法规不了解，以为试用期就应该拿低工资或者没有劳动报酬,这是一种误解。基于劳动关系的劳动应当得到相应的劳动报酬,《劳动合同法》第二十条对此明确规定:劳动者在试用期的工资不得低于用人单位所在地的最低工资标准。这意味着,用人单位不能将应届毕业生当做廉价劳动力,而毕业生也可以依法维护自己在试用期应得的劳动报酬。而且《劳动合同法》规定,用人单位应当为试用期的劳动者缴纳社会保险,劳动者在试用期有权享受相应社会保险待遇。

④ 违约金约定。用人单位利用其优势地位,常常预先在劳动合同中设定高额违约金,限制劳动者职业的自由流动,也侵害了劳动者的择业自主权,并由此引发大量劳动争议。《劳动合同法》对违约金条款给予了严格的限制,明确规定只有两类劳动者可以在劳动合同中约定违约金。

一是用人单位为劳动者提供专项培训费用,对其进行专业技术培训的,可以与该劳动者订立协议,约定违约服务费。如果劳动者违约服务期约定的,应当按照约定向用人单位支付违约金,但违约金的数额不得超过用人单位提供的培训费。

二是对负有保守商业秘密和知识产权义务的高级管理人员、高级技术人员和其他负有保密义务的人员,用人单位可以与之约定竞业限制,如果劳动者违反竞业限制的约定,应当按照约定支付违约金。

除这两类劳动者外,用人单位不得与劳动者约定由劳动者承担违约金。这也是《劳动合同法》明文规定的。

2.《就业协议书》

《普通高等学校毕业生、毕业研究生就业协议书》(以下简称《就业协议书》)是明确毕业生、用人单位和学校三方在毕业生就业中权利和义务的书面表现形式。《就业协议书》一般由教育部或各省、自治区、直辖市就业主管部门统一制表,由学校发放,毕业生签字,用人单位和学校盖章。《就业协议书》在毕业生顺利就业环节中占据重要的地位,应引起每个毕业生足够的重视。

(1)《就业协议书》的主要内容。

① 毕业生基本情况。毕业生应在协议书中向用人单位如实注明自己的情况,如姓名、政治面貌、专业等,表明自己的就业意见。

② 用人单位情况。用人单位要如实介绍单位情况,如单位名称、性质、地址、联系人等。用人单位应明确对毕业生的要求及使用意图。

③ 学校意见。学校要如实向用人单位介绍毕业生的情况,做好推荐工作。

④ 对履约的要求。各方严格履行协议,任何一方若违反协议,要承担违约责任。

⑤ 其他补充协议。其他补充协议是毕业生容易忽略的地方。其实,就业协议的条款往往是一些原则性规定,对于毕业生和用人单位之间的具体劳动关系是难以完全加以规范的。毕业生最好在与用人单位充分沟通的前提下,对就业协议的一些关键性细节在补充协议里加以标注,这样做是对自己和单位负责的表现。

(2)签订《就业协议书》的法律责任。按照规定,每位毕业生只能与一家用人单位签订就业协议。《就业协议书》明确规定了学校、用人单位及毕业生三方的权利、义务与责任,一经签订即视为生效,不能随意更改。

毕业生在签订《就业协议书》及其补充条款时一般应着重注意以下方面。

① 查明用人单位的主体资格是否合法。毕业生签约前，一定要先审核用人单位的主体资格。不管用人单位是国家机关、事业单位还是企业，都应有用人自主权；如果其本身不具有用人自主权，则就业协议必须经其具有用人自主权的上级主管部门批准同意。

② 协议条款是否明确合法。协议内容是整个协议书的关键部分，毕业生一定要认真检查。首先要检查协议内容是否合法，是否符合国家相关法律和政策；其次要检查双方权利和义务是否合理；最后要检查除协议本身外是否有附件，即补充协议，如有，还应检查其内容。按照《劳动法》《劳动合同法》及相关法律的规定，协议内容至少应具备以下条款：服务期限、工作岗位、工资报酬、福利待遇、协议变更和终止条款、违约责任等。

③ 签订就业协议的程序是否完备。签订就业协议的程序涉及三个方面。首先，毕业生要签名并写清签字时间；其次，用人单位及其上级主管部门必须加盖单位公章并注明时间，不能用个人签字代替单位公章；最后，毕业生和用人单位签字后须及时将一份协议书给学校毕业生就业主管部门以继续履行相关手续。

④ 违约责任的界定是否明确。追究违约责任是保证协议履行的有效手段。鉴于实践中毕业生及用人单位违约率有所增加的情况，协议书中违约条款的规定就显得更为重要。在协议内容中，应详细表述当事人双方的违约情形及违约后应负的责任，同时还应写明当事人违约后通过何种方式、途径来承担责任。这样才有利于当事人双方履行协议，有利于防止纠纷的发生，也有利于纠纷的解决。

三、《就业协议书》的签订和解除

《就业协议书》在大学毕业生就业工作中具有十分重要的作用。它的签订和解除也有着比较严格的程序。

1.《就业协议书》的签订程序

毕业生持学校下发的推荐表，参与双向选择活动。单位确定后，毕业生凭单位接收函或接收通知换取《普通高等学校毕业生、毕业研究生就业协议书》，协议一律以原件为准，复印件无效。

 延伸阅读

《普通高等学校毕业生、毕业研究生就业协议书》填写说明和样表

《就业协议书》填写说明：

甲方（用人单位）

1.【用人单位名称】填写具体就业单位的全称。

2.【联系人】最好填写该单位的负责人或具体经办人姓名。

3.【电话】填写联系人的电话。

4.【单位机构码】填写单位组织机构代码证上的代码。

5.【地址】填写该单位具体地址，避免填写办事机构地址。

6.【邮政编码】填写与具体地址项符合的邮政编码。

7.【单位性质】在与该单位性质相同的框内打钩。

8.【行业】在与该单位符合的行业框内打钩。

9.【入户地址】单位有人事权且毕业生本人愿意转入户口的,填写该单位户口的具体地址;如果接收单位没有人事权,毕业生通过人事代理办理入户手续的,由代理人员填写;毕业生不办理户口的,不用填写。

10.【接收档案单位名称】填写接收档案单位的全称,如果档案是由该单位的上级主管部门接收的,一定要填写主管单位全称,并应该与主管单位所盖公章相同。

11.【接收单位详细地址】地址一定要写全,避免有效文件传递时不能到达。

乙方(毕业生)

1.【姓名】填写本人学籍注册的姓名。

2.【政治面貌】在相应的框内打对勾。

3.【毕业时间】如果你是按时毕业的,则填写该年7月。

4.【毕业学校】填写毕业学校。

5.【学历】在相应的框内打钩。

6.【专业及班级】填写专业而不是专业方向。

7.【生源地】填写你父母现在户口所在地,如有疑问请咨询就业指导中心老师。

8.【身份证号码】每格一个数字,清晰填写。

9.【电话号码】可以不填写。

10.【家庭地址】填父母现居住的地址。

11.【手机】填写你自己能保持畅通的手机号码。

协议部分注意事项:

1. 原则上每一个空格都应该填写,如果在其他文件中有约定,可以不填写空格处。

2. 由于法律没有规定违约金的最高上限,毕业生应该在签订协议之前加以斟酌后再签订。

3. 该协议书在甲乙双方签字盖章后生效。如果你已经签字,但尚未交给就业单位,本人决定不前往该单位就业,应到学校就业指导服务中心重新领取协议书。

签字盖章部分注意事项:

1. 一般情况下,学校会要求毕业生先由单位填写好协议书内容并加盖公章后,由毕业生带回学校,学校就业指导服务中心根据该单位的性质,评定是否有人事接收权和单位相关信息是否准确及有无不合理条款。如果学校就业服务指导中心发现有不合理条款会提醒毕业生注意,然后毕业生再签字和加盖学校公章。

2. 协议签订完毕,学校留下第三联作为就业方案上报的依据。毕业生保留第二联,单位保留第一联。

2.《就业协议书》的解除

《就业协议书》的解除分为单方解除和双方解除。

(1)单方解除。单方解除包括单方擅自解除或单方依法和依协议解除。单方擅自解除协议属违约行为,解约方应对另两方承担违约责任。单方依法或依协议解除,是指一方解除就业协议有法律上或协议上的依据,如毕业生未取得毕业资格,用人单位有权解除就业协议;毕业生被录取为研究生后,依协议规定可解除就业协议;或毕业生未通过用人单位所在地组织的公务员考试,用人单位有权解除协议。此类单方解除就业协议情况,解除方无需对另两方承担法律责任。

(2)双方解除。双方解除是指毕业生、用人单位双方经过协商一致,取消原签订的协议,使协议不发生法律效力。此类解除原因是双方当事人真实意思表示一致的体现,双方皆不承担法律责任。

3.《就业协议书》的违约及违约责任

《就业协议书》一经毕业生、用人单位签署即具有法律效力,任何一方都不得擅自解除,否则违约方应向权利受损方进行赔偿,如支付协议条款所规定的违约金。从实际情况来看,就业协议违约多为毕业生违约。

毕业生违约,除本人应承担违约责任外,往往还会造成其他不良的后果,主要表现在以下方面。

(1)对用人单位而言,用人单位往往为录用一位毕业生付出大量的时间和经济成本。同时毕业生就业工作时间相对比较集中,一旦毕业生违约,势必使用人单位的这一录用岗位空缺,时间上不允许再聘用其他毕业生,从而给用人单位的工作造成被动局面。

(2)对学校而言,用人单位往往将毕业生违约行为认为是学校的行为,从而影响学校和用人单位的长期合作关系。从实际情况来看,一旦毕业生违约给用人单位造成损失,该用人单位在几年内都不愿到该毕业生所在学校来挑选毕业生,从而影响学校声誉。

(3)对其他毕业生而言,若被录用的毕业生违约,有些当初希望到该用人单位工作的其他毕业生由于录用时间等原因,也无法补缺,造成就业信息的浪费,耽误其他毕业生的就业机会。因此,毕业生在就业过程中应慎重选择,认真履约。

 本章小结

大学生求职与就业过程中,有可能会遇到就业不公平、就业创业政策和保障落实不到位、就业陷阱、就业争议等各种各样的问题,给毕业生就业带来诸多困扰甚至损失,加大了就业难度。让大学生了解就业政策,帮助大学生维护就业权益需要得到进一步重视。本章从维护大学生就业权益的角度出发,对法律、政策、保障措施、协议书、防范陷阱等方面进行了阐述,希望大学生能够切实维护自身权益。

复习思考题

1. 大学生的就业权益有哪些?

2. 劳动合同是什么,有什么作用?

3. 《就业协议书》是什么,有什么作用?

4. 劳动合同和《就业协议书》有什么样的关系?

5. 应届毕业生签署劳动合同和《就业协议书》的注意事项有哪些?

◆ **即测即评**

第十二章　大学生职业适应与职业发展

本章提要

　　人生中会经历多次社会角色的转变，从大学毕业走向社会就是一次十分重要的转变，这就要求大学生要打破固有的校园思维模式，以社会人的眼光看待崭新的岗位。但是，每个人的阅历和文化背景不同，初入职场的大学生也可能会陷入各种冲突之中。通过本章的学习，我们能够了解大学生与职业人的区别，实现从大学生到职业人转变过程中的自我调节、自我管理、自我完善，并学会进行职业生涯管理。

案例导入

> 　　小张是一位开朗活泼，充满活力的食品科学与工程专业毕业生，在校期间担任学生干部，工作能力突出，学习成绩优异，英语成绩也非常好。毕业时经过层层面试，过五关斩六将后进入一家世界500强企业工作。工作一年后他感觉非常焦虑不安，觉得500强工作不像他以前想象的一样。原来认为很风光的出国机会，现在觉得是一件苦差事，经常倒时差使自己开始神经衰弱，一年到头经常出差使自己身边除了同事连个朋友都没有。在工作中还经常被领导安排去做一些乱七八糟的事情。最可恶的是有一次自己出了一点小错误，经理在很多人面前不留一点情面当众批评了自己。以上种种不如意使他对这份工作心灰意冷，想跳槽。但问到他想跳到哪里去的时候，他也没有明确的目标。
>
> 　　点评：大学生活与职场有着明显的差别，很多大学生毕业后还没有拿掉自己学生的角色，投入到职业人的角色中去，必然会产生各种各样的问题。上面的小张只是这个过程中出现问题的冰山一角。大学生毕业后面临的第一个问题就是适应职场，适应工作节奏，在这个过程中需要保持良好的心态，对工作岗位有充分的认识，积极向职场人士学习，才能平稳度过这一时期。达到职业适应，才能实现从学生到职业人的过渡。

第一节　职业适应，实现从学生到职业人的过渡

一、大学生与职业人的区别

1. 环境区别

美国佛罗里达大学管理学教授丹尼尔·费德曼曾从大学生文化与职场文化、老师与老板的态度和行为、学校和职场中学习过程的本质三个方面阐述了大学与职场的不同，如表 12-1 所示。

表 12-1　大学与职场之间的环境差异

大学文化	职场文化
1.　弹性的时间安排	1.　相对固定的时间安排
2.　可以逃课	2.　不能缺勤
3.　得到的反馈既规律又具体	3.　得到的反馈既无规律又少
4.　充足的假期和节假日	4.　没有寒暑假，节假日也少
5.　问题有正确的答案	5.　很少有问题的正确答案
6.　教学大纲提供明确的任务	6.　任务模糊、不清楚
7.　分数上的个人竞争	7.　根据团队表现进行评估

续表

大学文化	职场文化
8. 学习循环周期较短：每学期 17 周	8. 工作循环周期较长：数月或数年
9. 奖励以客观标准和优点为基础	9. 奖励以主观标准和个人判断为基础
你的老师	你的老板
1. 鼓励讨论	1. 通常对讨论不感兴趣
2. 规定完成任务的交付时间	2. 分派紧急工作，交付时间较短
3. 期待公平	3. 有时独断，并不公平
4. 以知识为导向	4. 以利润为导向
学校学习	职场学习
1. 抽象性、理论性原则	1. 具体的问题解决和决策制定
2. 正规的、结构性的学习	2. 以工作中临时性时间和具体、真实生活为基础
3. 个人化的学习	3. 社会化学习、共享型学习

职场环境从一定程度上来说是大学环境的进阶阶段，在各方面都表现得比大学环境复杂、变化速度更快，具体来看主要有以下主要的变化：

（1）职场环境中的节奏变快。在大学期间大学生主要任务是学习，一般来说每个学期的学分在 16~25 个，课程安排相对宽松。平常大学生的生活空间主要是宿舍—教室—食堂—图书馆等校内活动区域，相对比较集中。但工作后的职场环境，往往要面对更加严格的考勤管理，更长的上班路程，再加上没有像宿舍同学间的相互帮忙，在快节奏的工作到来时常使一些大学生感到不适应。

（2）职场中的工作学习压力变大。大学生经过十六年的校园学习生活，已经渐渐习惯了校园工作、学习的节奏。当多样化的职场体验到来时，自己在工作经验上的缺失，常常使毕业生在开始工作时很难快速上手，会出现手忙脚乱的尴尬。另外，由于当下大学教育在知识传授方面比较重视，但在实践动手能力培养方面还存在很大的欠缺。所以大学生在面对复杂工作学习时常会出现力不从心的情况。大学学习中对于具体问题解决的培养还存在不足，在职场环境中基本每项工作都是对具体问题的解决，这对大学生来说无疑也是很大的压力。

（3）职场中的人际关系更加复杂。大学生在学校中的关系主要为师生关系、同学关系，相对简单，而且同学关系与战友关系被认为是人生中最牢固、最可被信任的关系。校园人际关系中很少有利益关系，同学和老师之间的感情都比较真挚，保持的时间也比较长。大学中同学们之间也会产生一些矛盾，但当毕业后回头看，这些都算不了什么。当大学生走入职场后会发现职场中的人际关系会突然比大学中复杂许多，大学生也逐渐会明白要想成就一番事业，仅靠知识、能力显然是不够的，良好的人际关系及人脉资源将在大学生成功道路上起越来越重要的作用。职场中的人际关系往往夹杂着复杂的利益关系，还有暗地里的竞争关系，面对这些改变常常会有大学生说职场人心难测，没有安全感，这些都是职场比校园复杂之处。

（4）职业规划更加复杂细致。大学生在校时的规划不外乎如何学好专业知识，找到一份好的工作。但当这个规划实现,已经找到一份工作后,面临的将是如何在现有岗位上发展的问题。还有部分同学在职场碰壁后会怀疑自己原来的计划是不是出了问题,自己要不要选择这条路,要不要选择这个职业。一些同学因为心理不强大还会出现破罐子破摔的想法,这时候大学生身边没有同学,没有老师,家长要么离自己很远,要么对自己的职业道路不了解。大学生需要独立面对一系列的问题,这对大学生来说是很大的挑战。

2. 角色区别

角色一词起源于戏剧,指演员在剧中扮演的具体人物。1936年,美国人类学家拉尔夫·林顿在《人的研究》中首次提出了社会角色概念。所谓社会角色是指人们所处的特定的社会地位和身份所决定的一整套行为的一种期望,它反映了每个人在社会中的地位和在人际关系中的位置,也是社会赋予一个社会人的权利与义务。在人的生涯发展中,会经历多种角色变换,从大学毕业走向社会是一次重要的角色变换,需要大学生有清醒的认识,明白大学生与职业人之间的角色不同,以及在大学的不同阶段角色的不同。

(1)学生角色。这一阶段主要从大学生入学开始到大三结束,这一阶段大学生的主要任务是努力学习专业相关知识,培养专业相关的能力。这是大学生接受知识传授、培养综合能力的关键阶段,为下一阶段打基础的时间段。此阶段的特点是大学生经济上主要依靠家庭的资助,知识学习是关键任务,有模糊的职业规划。

(2)过渡阶段角色。这一阶段主要从大三结束开始到正式毕业。这一时间段大学生职业规划目标已经基本确定,并开始准备撰写简历、了解用人单位情况,并与用人单位进行实质性的接触,主动搜集获取就业相关信息。如果已经有了实习岗位,开始学习了解企业文化、组织形式,这时候他逐渐实质性接触、领悟到职业人与大学生之间的异同,并为成为一个真正的职业人开始做一些准备。

(3)职业人角色。这一阶段大学生开始系统掌握个人的职位、职责以及与职业相关的职业道德、职业规范。开始利用自己的知识与能力通过具体的工作实现企业的工作目标,融入团队工作,找准个人的工作定位。这时候他已经成为一个经济独立的个体,并且能够依据职业特点与职业规则开展工作。

职业人角色与学生角色之间的主要区别在于:学生角色经济依赖家庭;通过接受教育,提高个人知识与能力;受学校统一的规章制度约束;个人学习仅对个人成绩有影响。职业人角色经济独立;通过参与职业活动,完成职业任务为企业获得利润;受企业规范与职业道德规范约束;个人工作影响到企业或团体利益。

3. 思维区别

大学生在学习生活中会形成一些从学生角度出发形成的惯性思维方式,这些思维方式如果直接转移到工作中去,会产生许多问题,接下来通过一些比较来看一下有哪些学生阶段的惯性思维不能带到职场中去。

(1)"试题—答案"思维。大学生是伴着一次次的考试成长起来的:大有高考、中有四六级考试、小有期中期末考试。这一次次的考试过程中大学生形成了凡是试题就会有准确答案的思维模式。这种模式推及工作中便形成了每一次工作、任务都会有完成的标准答案。然而在实际的工作中不是这样子的,往往完成一项工作在一定范围内并没有准确的答案,而是有多种不同的完成方案。比如在完成一个市场推广任务的时候并没有一个最正确的方案，常常是在小组范围内提出多种不同的方案，然后团队在多种提案中选择最优的方案去执行，在不同的时间及背景条件下每次的方案也不尽相同。因此大学生在工作中寻找的是最优方案而不是正确答案。

（2）"老师万能"思维。大学生在学习过程中，老师通常都是权威，很多在学习上遇到的问题，只要问到老师，老师就会给一个满意的、正确的答案。这种思维推及工作中，如果在工作中遇到难题，对自己的领导也提出对老师一样的要求，希望领导能给自己正确的答案，而领导只要求完成工作，导致大学生出现一些抵触的情绪。其实在工作中领导与个人是一个团队，有些时候领导并不是每一个领域的全能人才，当出现了领导也不知道的答案时，就要求个人有更强的解决问题的能力，通过自己的努力来完成每一项任务。

（3）"学习需要老师督促"思维。大学教育过程中，基本是在老师设定的教学目标、教学进度下完成某学科知识的学习。老师会根据学生专业、学习能力等因素安排学习任务与计划，并主动去督促学生完成任务。推及职场中便有了工作等待领导安排，进度等待领导督促的思维习惯。但在职场中学习与进步都是需要个人负责的。刚开始入职时可能还会有师傅带，领导督促，但如果以为这些是应当的就大错特错了，职场中大家之间没有督促和指导的义务，在遇到问题时第一反应是如何解决，什么时候解决，"等、靠、要"的思想对于职场人来说是致命的。

（4）"成绩需要老师打"思维。学生学习成效如何总是通过老师的打分来衡量的，推及职场自己的工作如何总是希望由领导来检验，其实在职场中，个人工作成绩如何一般都是从客户那里得来的，工作的成绩主要通过客户来确定。如果是销售工作，那客户认可度和销售量是指标；如果是做研发，那市场接受度和消费者是否肯买单是最重要的衡量指标。作为一个职业人要树立以客户为中心的工作理念。

（5）"个人与团体"思维。大学生在大学中的学习成绩主要是因为个人的努力，除了老师与其他人的关系不大。这种思维如果带到工作中，容易出现个人英雄主义严重，不注重团队合作。在工作中很多任务都是由团队合作完成的，如果只一个人埋头干，很难高效完成一项工作，所以在工作中一定要注意团结整个团队的力量，分工协作，这才是工作时应该有的态度，并不是一个人做好了，整个工作就做好了，要团队做好了，才是真正做好了。

（6）"只要学会，时间不是问题"思维。大学的主要任务之一就是学习知识，在学生学习过程中，要求掌握知识，但对学习时间没有严格的要求，学生只要能学会知识，时间久一点，多学一遍不是问题。但在工作中是有效率优先原则的，如果一项工作本来要求一天完成，磨磨蹭蹭两天才完成，虽然完成质量非常高，但有可能会耽误公司的进度，这也是不允许的。所以在工作中遇到问题不仅要漂亮地解决问题，还要快速及时地解决问题。工作的效率将成为衡量工作的重要指标之一，大学生要养成讲求效率的习惯。

（7）"错了再重来"思维。大学学习中，作业及考试都是为了更好地消化和巩固已经学习的课程，错了可以重新来过，老师也给了同学们很大的宽容度。但是在职场中，设计建筑，建造桥梁等工作不允许有一点错误，否则后果不堪设想。老板也不像大学老师那么能包容你的错误，如果犯了比较严重的错误，后果很有可能是丢掉工作。

二、角色转换中的常见问题

1. 角色转换的阻碍

（1）不良职场认知。大学中的教育基本都是正面的、积极向上的教育，对社会上的负面信息接触较少，大学生往往以理想的方式看待社会。基于不全面的社会认知，常常会形成两种极端的职场认知：一是对于社会和职场的认知过于理想化，或者说有些天真，对于职场的复杂性考虑不周全；另一种是对于社会与职场的一些负面报道过于敏感，对于现实世界与自己想象中的世界的差距内心难以接受，产生抵触工作、消极工作的心理。其实在现实社会中正面的东西与负面的东西都是同时存在，既不是理想的大同世界，也不是不堪一提的粗陋世界。这个世界有真善美的一面也有假恶丑的一面。大学生不能孤立地、片面地去看待这个形形色色的世界，应该用理性的、批判的、历史发展的眼光去了解、去接纳这个世界的不同层面。这些显然仅从书本上是不能得到的。

大学生对职业人的行为标准及道德规范了解不够，并不了解某项职业应该做什么，什么是明令禁止的。国外学者曾对刚工作的大学生做过一个调查：发现大学生毕业前的职业期望与现实存在冲突，学生可以预料到自己刚入职时的薪水，但没有预料到刚入职的半年自己要花多大的精力去学习和融入一份新工作。大学生没有预料到并不能从自己的上司那里得到更多的成长建议，得到更多的是责备与要求。

（2）学习、行为习惯与社会的不适应。经过十六年甚至更长时间的校园学习，大学生身上的学生角色浓厚。大学生在学习生活过程中形成了一系列学生特色的学习、行为习惯以及附着在这些习惯中的思维方式。以上这些使大学生步入职场后会发现以原来的学习、行为习惯已经不能从容应对职场中的新环境与新形势，在给大学生带来迷茫感的同时也使大学生对自我的认知出现偏差，自己原来引以为傲的一些理念与方法，突然不管用了，造成强烈的反差。

大学生正值青春年华，有精力，有拼劲，有着强烈的人际交往愿望，在学校时便形成了把兴趣与情感的合拍定在交往信任的首位。但职场有自己的规范与交往礼仪，与不同层级之间的沟通有着固定的方法。大学生如果不能很好地掌握这个度，还以大学时的经验我行我素，往往会惹来同事或领导的误解。

（3）个人能力与职场要求的脱节。在全球化背景下，社会各个方面高速发展，同时也带来了对新时代高校人才的新需求。大学生在校期间努力学习，积极实践，主动参与创新固然很好，但职场中对大学生的要求并不局限在这些层面。很多企业需要毕业生工作后能够马上融入企业的文化环境，对于一个新的领域能够快速学习，在适当时刻能够提出创新的意见与见解。这对大学生的学习能力及开拓创新能力提出了更高的要求，大学生在这个过程中也会渐渐发现自己的知识结构不合理，适应能力差，解决问题能力不强等情况。

（4）社会与大学生自身对个人认知的差异。大学生的职业能力决定了在职场上的不可替代性，大学生如果不思进取，不全面地了解自我，最终会被社会所淘汰。第三方机构做了社会评价与大学生个人对自我评价的一个调研，结果出乎很多人的意料。在工作精神维度上，不少企业认为大学生缺乏实干精神，做事不能脚踏实地，但大多数大学生认为自己已经非常努力工作了；在团队精神方面，许多企业认为大学生缺乏团队合作精神，个人主义比较严重，但大多数大学生认为自己拥有良好的团队观念，可以团结团队中的大多数人；在工资方面，企业认为大学生报价虚高，没有明确的个人定位，往往太理想化，但大学生却认为自己学了这么多年就应该值这么高的工资……另外企业对大学生创新能力、专业技能及责任心方面也有不乐观的评价。这些情况说明，大学生初入职场应该更全面地认知自己，找准个人发展的薄弱环节，推动个人职业发展。

2. 角色转换中的心理问题

（1）过于依恋学生角色。对于大多数大学生来说，作为学生角色的时间至少已经16年，这么长时间以来形成了比较固定的学习、生活、工作及思维模式，这种学生角色的感觉往往会不自觉地带入职场中来。甚至有些大学生还表现出了对学生角色的依恋，在工作中总把自己当学生，同事当同学，上司当老师，以对同学的要求要求同事，以对老师的要求要求上司，如果对方不能达到自己的内心要求，常会产生辞职、跳槽的冲动。这也是在职场中最为常见的问题之一。

（2）对于岗位的畏难心理。大学生刚刚步入职场，特别是对于一些缺乏实习实践的大学生，由于没有相关的工作体验，对于将要面对的未知工作，缺乏自信，不知从何下手。另外有些大学生对于工作面临的责任，非常恐惧，怕自己没有做好，带来的后果自己无法承受，不能全身心地投入工作中，从而产生畏难情绪。

（3）对自己评价过高。有些大学生，认为自己大学毕业，是天之骄子，往往会对自己产生过高的评价。在找工作中眼高手低，对于一般基层岗位不屑一顾，对于薪水平平的岗位从不问津。这个时候，大学生对个人的能力和价值的评价与社会严重脱节，就算是勉强进入一家公司工作，也会有不良的想法。比如，认为这些事情毫无技术含量，我一个本科生怎么能做这些事情呢，当然也会有对其他人缺乏尊重、工作不踏实的表现。这些大学生在工作中缺乏敬业精神，注重个人是否被别人肯定，对于基层工作不上心，工作上的提升当然也是很难的，往往干一段时间后总觉得自己不得志，从而郁郁寡欢。

（4）工作中不主动。在大学学习过程中，学生的首要任务就是学习成绩好。基于这个认知，只要成绩好就可以了，平常时候不认真学习，考试的时候抱佛脚，靠突击复习得到了高分，想着工作后也可以用这种方法，对工作存在应付的态度，不能从长远的角度考虑问题。工作中总是领导交代了才去做，领导督促了才快点做，不主动去思考，没有积极性，往往工作中瓶颈感比较强。

案例分析

买土豆的故事

张云和李刚是大学同学，毕业时同时受雇于一家农产品贸易公司，工资一样。但在一年后，张云青云直上，受到了老板的重用，但李刚却原地踏步。李刚想不通老板为什么会厚此薄彼。于是找到老板想理论一番。

老板对李刚说："李刚，你现在到集市上去一下，看看今天早上有卖土豆的吗?"一会李刚回来汇报："只有一个农民拉了一车土豆在卖。"

"有多少?"老板又问。

李刚没有问过,于是马上到市场上核实,然后回来告诉老板:"一共有40袋土豆。"

"价格呢?"

"您没有叫我打听价格啊?"李刚委屈地申明。

老板又叫了张云来,"张云,你现在到集市上去一下,看看今天早上有没有土豆卖。"

张云很快就从集市回来了,他一口气向老板汇报说:"今天集市上只有一个农民卖土豆,一共40袋,价格是两毛五一斤,我看了一下这些土豆的质量还不错,价格也便宜,于是我顺便带了一个回来让您看下。"

张云一边说一边从包里拿出了土豆:"我想这么便宜的土豆一定可以赚钱,根据我们以往的销量,40袋土豆在一个星期内就可以卖出去,而且咱们全部都买下的话还有优惠。所以,我把那个农民也带来了,他现在正在外面等你回话呢……"

李刚一脸通红……

三、职业适应

毕业生走向工作岗位,度过实习期,熟悉岗位各项工作职责,适应岗位工作的节奏,顺利完成岗位工作要求,这一系列的过程就叫做职业适应。职业适应从微观角度来说就是对一个岗位熟悉与接纳,主要是以岗位说明书为蓝图开展个人的工作,达到岗位的要求。从宏观上来说是一个学生社会化的必经阶段,这里包括通过工作进程不断调整自己的职业态度、观念、行为等因素,达到岗位所属职业内在规范要求的过程。接下来我们从以下几个方面来探讨一下大学生怎么做好职业适应。

1. 适应企业的文化氛围

从大学生走入企业大门的那一天起,已经默认选择承认了企业的文化。在企业中应当接受企业相关组织规定的约束与指导,得到企业文化的引导与塑造。每一个企业都有自己的文化。这种文化外在可以表现为企业的价值观,从细节上看就是企业行事的风格、习惯,处理事情的尺度与原则,突出表现在企业的人际关系与氛围。大学生只有在这种氛围下按照企业的总体价值观去行事,才能得到企业的认可,才可能在企业中有融洽的人际关系,才能被企业的成员认同。当然要达到个人行为与企业协调一致,与企业的文化相适应,需要个人根据企业的文化特点,对个人的思想行为进行调整,从而达到企业的要求,得到企业其他同事对个人的接纳与认可。

2. 养成良好的职业心理

大学生步入社会,取得第一份职业,真正实现经济上独立。这里面体现了大学生心理与思维的巨大转变,标志着大学生在社会角色上的转型。某知名企业家曾经说过:心态、生态、姿态,这三个态度有很大的区别,你心态好了,外部环境也非常之好,你出来的姿态也坏不到哪儿去;心态不好,你看到外面的环境,大到外面的空气,小到你身边的合作伙伴,你看到他们不爽,他们看到你也不爽,形成恶性循环,你的姿态一定是乱的。做企业也好,做人也好,环境好,心态好,永远是积极乐观的,你不仅乐观,不生气,还能帮助人家更加乐观。由此可见,在职场中保持一个良好的职业心理何其重要。

（1）摆正姿态，从零出发。在日本明治时代有一个禅师叫做南隐，有一天，一位学者特地来向他问禅，他以茶相待。他将茶水注入这位学者的杯子，直到杯满，接着又向里面注水。这位学者眼睁睁地望着杯中的茶水不断地向外溢出，再也不能保持淡定了。终于说道："已经漫出来了，不要再倒了。""就像这一只杯子，"南隐答道，"里面装满了你自己的看法和想法，你不把自己的杯子倒空，叫我如何对你说禅。"要时刻保持谦虚的心态，做到虚心、耐心、热心和诚心，"三人行，必有我师焉。"大学生刚刚走出校门，应保持一个良好的心态，以接纳的态度去迎接职场带来的新规则，新情况。

（2）直面压力，自我调节。大学生进入职场，遇到全新的环境、人和事，突如其来的新鲜事物给大学生带来巨大的冲击，当然也会带来意想不到的压力。应减少埋怨，主动应对，通过勤奋努力去直面遇到的压力，而不是逃避。对于大学生来说，意想不到的事随时都会发生，不能自如应对的新局面随时都有可能到来。大学生越不敢正视，压力反而越来越大，躲避并不能带来问题的自动解决。唯有主动应对，主动探索，在一次次挫折中成长，在一次次挫折中不断学习。所以对于大学生来说，应当保持对工作的热情与动力，当压力来临时想办法调动自己的积极情绪，寻找资源去面对，才能真正给自己解压。让积极的情绪围绕在自己周围，每天都给自己一点积极的鼓励，让自己在一次次小小的进步中成长，这是面对压力最好的办法。

（3）积极主动，面对问题。大学生在工作中越怕出错往往越容易出错，当这种心态出现的时候，工作必然非常紧张，接下来这种心态会影响个人的判断与思维。因此作为职场新人，要放平心态，要知道只有不做事的人才永远不会犯错。当你面对职场环境，任务不熟悉的时候难免会出现一些错误，这个时候我们需要一个积极的心态，去积极地面对新情况。在工作中及时总结哪些做得不好，哪些做得好，在这些总结过程中不断完善自己。如果在面对新问题时，习惯将问题推出去，那么再遇到类似问题时还是不会处理，久而久之，单位便不再会把关键的任务交给你。

（4）不找借口，勇于承担。大学生初入职场，出现问题，甚至出现失误在所难免，关键是当问题出现时我们以什么样的心态去面对。一些大学生习惯于在出现问题时第一时间，找到自己与此事无关的凭据，证明这件事情出错和我无关，是别人的问题。这时候可以换位思考一下，如果我们是一个企业的管理层，会不会把重要的任务交给这样的人？作为一个企业管理者，会将重要的任务交给那些不强调理由、借口，只是专心去寻找解决办法的人。所以当你所承担的事情出了问题，第一反就不应当是怎么将自己摘清，而是勇于承担自己应该负的那部分责任。在大学生对结果承担责任的过程中，也在不断寻找个人的不足，积累成长的经验，获得企业管理者和同事的认同。

3. 提高人际关系适应力

职场中大学生会遇到形形色色的人，有喜欢的也有不喜欢的。与喜欢的人交流是每个人的愿望，但与不喜欢的人交流也是职场中的必修课。这些关系处理不好，将会很大程度上影响大学生在职场上的发展。卡耐基曾说过：一个人的成功，15%源于他的专业，85%取决于他的人际关系。所以对于人际关系的处理也是大学生步入职场后的必修课程。

人际关系是大学生的职业资本。"尊重、信任、宽容"是大学生处理职场人际关系的基础。

当今社会高速发展，人民大众的价值出现了多元化的倾向，人与人之间的价值诉求也相应地多样化。在如此环境下，人际关系成了人们多元化价值趋向的一种外显形式，出现在人们学习、生活的各个环节、各个层面，人际关系的好坏也从一定程度上影响了个人的生涯发展与社会行为。所以对于人际和谐的需要成了现代社会人们共同的诉求。

首先，人际关系是现代人保持健康的需要，和谐的人际关系是个人保持心理健康的重要因素。健康心理的培养有赖于良好的人际关系。同样心理的健康使人的交际能力更强，更容易得到其他人的认可，也符合现代社会对职业人的要求。

其次，人际关系是培养个人能力的要求。个人的能力是在工作过程中，在与人的交往过程中逐渐培养积累起来的。当下社会中没有一种工作不靠团体的力量，个人在团体工作中才能更快地成长。比如能更快地学会知识，在团体中更快地掌握技能，更快地看到自己的不足，也在人际交往中树立自己的威信与地位。现代社会对个人能力的要求已经不局限在有突出的个人能力，超强的专业知识，还需要有强大的人格魅力，让团队的人在你身上能够感受到积极向上的力量，能推动团队向积极的方向发展。

最后，人际关系更是个人职业发展的需要。纵观当下离职人员群体，离职原因不外乎两个，一个是薪水问题，另一个便是人际关系问题。单位给个人发展提供了大的平台，但在这个平台上是否长久地发展下去，能否达到个人发展的顶峰，人际关系也起了很大的催化作用。既然人际关系在职场发展中有如此大的作用，大学生应该怎样才能掌握人际交往的技巧，让自己的职业生涯更加平顺？这里有四点技巧：

（1）尊重差异，平等交往。尊重差异是人际关系的首要原则，当下社会价值观多元化，你周围不免会有些与你生活经历不同、家庭环境不同、习惯差异明显的人。尊重差异是大家和平共处的前提，职场上只要不是原则性问题，很多同事之间的生活习惯、对待事情态度的差异都是在允许范围之内的。尊重差异就可以平等地对待不同的人与不同的事。平等交往是人与人之间建立信任的前提，同样也是避免矛盾的良药。如果在与人交往中有不对等的情况，就会为人与人之间的矛盾埋下问题的种子。

（2）真诚待人，相互信任。真诚是取得别人信任的基础，在人际交往中，想要保持人与人之间长期的和谐离不开真诚待人。真诚与信任如同孪生兄弟，两个总是同时出现的，信任危机总是与不真诚的表现有关，而待人不真诚，肯定使别人无法信任你。人与人之间只有建立了坦诚、信任的关系，才能从外界获得真实、有效的消息。我们都不喜欢与奸诈的人交往，没有信用的人越来越难以在社会中立足。比如当下诚信体系不断健全，任何时候在银行有失信行为，想再在银行取得贷款肯定是不行的。因此在职场中一定要坦诚待人，这样才能取得别人的信任，其他人才愿意与你交往。

（3）宽容友善，谦和接纳。职场中团队中的人难免会犯错误，难免有这样那样的缺点。对待团队中的人是宽容友善呢还是严肃苛刻呢？在人际交往中应该多一些从对方的角度去考虑问题，想一下如果在某些时候两个人的角色互换一下，我们会怎么去处理遇到的问题呢？无数次的实践证明，严于律己，宽以待人，往往是处理棘手问题时的一剂良药。一个人学会宽容接纳别人的错误与不足，也就学会了接纳不同的人、不同的事，才能团结更多的人，也更容易得到团队人员的接纳。

（4）互惠互利，团结共赢。人与人之间的交往可以满足对方的物质或精神的需求，交往是互通有无，共同进步。人总是在交往中关系得到维系与提高。试想如果两个人交往，一个人总是想在对方那里得一点小便宜，久而久之，两个人的关系就会出现问题。只有在两个人互利的条件下，交往关系才能长久，人际关系才能更加牢固。

第二节　职业发展，实现人生的可持续发展

一、全方位的自我评估

职业世界中的职业类型有多种，各种职业类型对于个人的要求也不尽相同，如果想在某种类型职业上取得长足的发展，首先要衡量个人是否适合在此职业发展。在了解职业要求的同时更应该加强个人对自身条件的评估。明确个人能力、素质中的优势与长处，了解短板与劣势，在工作中扬长避短才能实现个人职业生涯的持续发展。

优势是指能使一个组织或者个人获得战略上的优先，从而先一步进入有效的竞争位置，并使个人或组织容易实现既定目标的某种强大的内部因素或外部特征。相反，劣势是指给组织或者个人在竞争中带来不利，从而使其在竞争中处于不利的位置，阻碍其既定目标实现的消极的内部因素或外部特征。在职业发展中可以通过多种渠道发现自身的优势与劣势，可以是职业倾向或能力测验，或者是第三方的评价与反馈等，这些渠道在前面生涯认知中的自我认知有所介绍。当然除了这些显性的因素，还有一些潜在的能力需要我们去挖掘。特别是一些特殊的技能，只有当你处在一定的环境中，这种能力才有所展现，这也是自我评估的一个重要方面。比如，一个学习文科的同学，其实他的编程思维非常强，如果他一直处在一个文科的环境中，这些能力有可能终生被埋没，需要一个特定的环境因素去刺激一下，才有可能显现出来，这需要我们用心去探索。

二、做一个终身学习的人

人类今天已经进入了一个知识爆炸的时代，知识对于每个人的重要性越来越大，知识更新的速度显著加快，任何部门、岗位、工种都面临着知识体系的不断更新，技术的不断升级。职业人想要能够胜任本岗位的工作，仅靠吃老本肯定不行了，需要活到老、学到老。因此大学生在校学习期间必须树立终身学习的观念，把每一天都当做学习的起点，对于学习我们一直在路上。1994年，意大利罗马举行首次"终身学习会议"。会议提出终身学习将是21世纪人类生存所要掌握的必备技能，如果没有终身学习的能力，将很难在21世纪生存。在这次大会上确定了终身学习的定义："终身学习就是通过一个不断支持的过程来发挥人的潜能，它激励并使人们有权利去获得他们终身所需要的全部知识、价值、技能并在任何任务及情况下都有信心创造性和愉快地应用它们。"孔子曾说过："学而不已，阖棺乃止。"因此终身学习已经成为我们的一种生存方式，已经成为我们生活中的一部分。

1. 终身学习是人生发展的需要

社会发展的步伐越来越快，相应的社会的物质、精神领域也面临着巨大的变迁。有些时候

一些知识在昨天还被奉为经典,今天已经被社会淘汰。大学是人生中系统接受教育的最后一个阶段,为今后的工作建立了一个相对成熟的知识体系。但事实是,大学生在大学中所学的知识,只占他一生中所需要知识的10%不到,而且这个比例还在一直变小,其他大于90%的知识都是在其毕业后在工作岗位或生活中逐渐习得的。所以大学毕业并不是一个人学习的终结,而是一个人学习的开始。在大学中只是教你学会了如何去学习一门知识,从而使你在面对一门陌生的学问的时候,可以知道应该从哪里入手,从哪里寻找资源去学习新的学问。我们真正参加工作以后才发现,学校里学到的知识在岗位上很难用得上,而工作中需要的知识,很多在学校都没有教过。所以在一个部门里前三年的竞争不是看谁的知识更加扎实,而是考验一个人在一个新的环境里,怎样以最快速度地学习一门新的知识。大学虽然都有一定的专业系统知识学习,但除了医学这类非常专业的门类外,多数同学毕业后支撑工作的知识大部分都是到岗后习得的。大学生的知识体系需要在工作中不断完善,并找到自己的契合点,在实际工作中不断去丰富它。

2. 终身学习是时代发展的需要

时代的发展会不断催生出一些新的岗位、新的领域。这些领域有可能是以前的人们从来没有接触过的。一方面,如果我们要跟上时代的脚步,必须在工作中一边干一边学,并在学习中留心积累,在工作中不断地提出问题,并解决问题,不断完善个人的知识结构。另一方面,在当下社会中大学生很少在一个岗位从一而终了,在个人的职业生涯中可能会变换多种岗位,这对个人知识体系的储备也提出了更高的挑战。因此对于大学生来说,必须要适应这种变化,建立更加宽阔的理论功底,更广博的知识储备。将来的岗位对人才的要求必定是一专多能,专业精通,涉猎广泛。对于大学生来说要跟上时代的发展必定要树立终身学习的理念。

知识经济时代使终身学习在人们的生活、学习、工作中的作用越来越大。知识是第一生产力,它主宰着人们的生产、生活方式,影响着人们的思维方式。一张毕业文凭只能证明你在校期间的学习情况,但现在不是一张文凭打天下了。在职业的初期过后,企业更加看重的是个人的学习能力,因此大学生不仅要活到老,学到老,更要学到老才能活到老,如果没有终身学习的理念与能力,终将会被社会所淘汰。

3. 终身学习的现实表现

终身学习开始于生命之初,终止于生命的完结,存在于生命的每个阶段,包含了人生命过程中的各种学习活动。从纵向上来看,终身学习包括胎教、启蒙、小学、中学、大学、工作等不同的阶段与形式。从横向来看包括家庭、学校、社会等不同环境下的不同学习阶段。终身学习的理念是一种新的、可持续发展的学习理念,是科学的、发展的、全面的学习理念,使人们对学习有了新的认识与理解。终身学习是多样化的学习,因为每个人都有自己的个性特点,也有自己感兴趣或专长的领域。终身学习重视个人的自主选择,所以其内容可以涵盖多个方面。现在大学生可以有自己的辅修专业,可以有自己的兴趣社团,这些都有利于终身学习习惯的养成。另外终身学习的目标也是多样化的,体现在大学生身上就是大学生要学会与同学相处,学会自己处理个人财务,学会面对兴趣的选择,学会面对情感的纠结,学会怎么在大学生存,等等。

三、重视自我健康

大学时我们一般处在金子一般的年龄，身体状态也是人生中的巅峰时期。这个时候我们在学校教学计划的安排下，有着规律的生活节律，身体一般不会成为我们考虑的问题。但就业以后我们面对一个全新的节奏，而且随着年龄的增长，身体的各项机能也在走下坡路。在这种情形下，应该怎么调整自己的生活节律，才能更好地适应职场节奏呢？

1. 生命在于运动

工作中要注意劳逸结合，并合理安排自己的运动计划。运动是增强我们体质的最有效的方法，所以我们平常要注意培养自己体育运动方面的兴趣，在繁忙的工作之余可以给自己找一个合适的运动方式。比如：如果企业人数众多，周边体育设施齐全，可以选择篮球、足球等集体运动。如果人数较少，可以选择适合个人的游泳、健身、长跑等形式。当然这些方式必须要持之以恒才会有效果。

2. 合理平衡饮食

现代人并不缺少营养，所以在安排个人饮食时考虑更多的应该是合理与健康。大多数人都会有口味偏好，但长期偏食会给健康带来不利影响。在保证能量摄入足够的情况下，要保证谷物、蔬菜、水果以及高蛋白低脂肪食物的摄入。

3. 注意心理健康

在注意身体健康的同时心理上的健康也不容忽视。当下社会中，身体亚健康大家都熟悉，但心理亚健康却被很多人忽视。当在职场压力下出现了心理上的困惑时，可以寻求朋友给予疏导，如果问题不能解决，还可以寻找专业心理医生的帮助。心理问题是每个人都应当重视的健康问题，因为心理上健康愉快，才有可能在事业上成功。同时也要注意学习自我心理的调节，用积极健康的态度去面对处理事情。遇事不偏激、不激进，保持合理的紧张度，既可以让自己进步，也不至于对自己造成太大的压力。

四、学会自我管理

自我管理是现代社会对职业的基本要求，对于个人在生活学习中出现的问题，不能听之任之，需要有序的自我管理，使资源合理利用，使个人完善发展。自我管理主要包括以下几个方面：

1. 自我目标管理

俗语有言："没有做不到，只有想不到。"人生最大的遗憾不是没有实现自己的目标，而是人生根本就没有目标。目标是指引我们向前披荆斩棘的原始动力。想要有出色的人生，首先要有明确的人生目标。当下大学生中迷茫者大有人在，这些人没有学习动力，天天被课程牵着鼻子走，对大学学习没有认同感，逃课、通宵游戏成了家常便饭。而有目标的同学都觉得大学时光短暂，时间根本不够用，这种差别是明显的。因此对于大学生，首要的任务是对个人的目标管理，大到终身目标，小到周目标、月目标、学期目标，这些目标是为了让大学生有规划，有准备，不要当机会来临的时候，自己没有准备好。

2. 自我心态管理

在日常生活中,特别是在处理人与人之间关系的时候,最怕的就是情绪化,很多时候因为情绪化,说了不该说的话,做了不该做的事,事后又后悔。对于个人来说,要合理管理自己的情绪,在情绪来临的时候不做大的决定,在处理矛盾的时候多给自己一些思考的时间。另外对于个人来说要善于释放自己的压力,避免在工作学习中过度宣泄个人的情绪。在情绪到来时可以总结一下个人喜欢的释放方法,或者是运动或者是大睡一觉等,找到一个适合自己的方法,不让自己变成情绪的奴隶。

随着竞争压力的增大,每个人遇到的挫折也会越来越多,提高个人的耐挫力和适应力,变成了每位同学的必修课。初次遇到挫折不免会措手不及,这是正常的,其实挫折本身并不可怕,可怕的是对挫折的看法。有些人对挫折理解有偏差,比如把挫折当成是老天对自己的惩罚,当成自己倒霉等,这些都不是应有的应对态度。挫折其实是成功的温床,一次次挫折让你更加明白自己的问题所在,明白自己的短板。在挫折面前躲避并不能使它从此找不到你身上,要学会冷静地去面对,认真分析挫折的原因,知道在哪里能够寻找帮助。人往往就是在吃一堑长一智这样不断循环的过程中成长起来的。

3. 自我束缚管理

每当遇到困惑,止步不前时,正是我们可以面对固有思维破解瓶颈的时机。当我们觉得自己在某阶段一直停留,难以突破,很多时候都是因为给自己设定了一个心理的天花板。因此我们要经常转换自己看问题的角度,变换自己的角色,从多个维度去考虑问题,不断创新思维,才有可能摆脱对过去的依赖。让思维像那源头活水,给自己不断注入新的思想与方法,才能保持开拓创新,积极进取。自我的束缚对自己来讲比较隐蔽,不通过多次自省往往难以发现,当然如果有一个睿智的人在一旁指导,可以帮助个人发现自我的瓶颈,更快地步入正轨。

五、合理认知自己的职业生涯发展阶段

职业生涯贯穿我们一生。在这个过程中,每个阶段都有它的特点,每个阶段都有它的特定任务。一般看来,在大学刚毕业的时候,希望尽快地进入工作角色,到30岁左右开始关注追求自己的发展空间,40岁左右开始寻求突破,50岁左右追求工作稳定,60岁开始退出职业角色。正确地把握职业生涯的发展阶段,对照个人的追求,确定合适的工作目标才能保证职业生涯的健康发展。

1. 职业准备阶段

一般指从高中阶段开始到大学毕业阶段,这一阶段是在就业前的充电学习阶段,也是综合能力与素质形成的关键时期。部分同学开始有意识地去积累自己的职业资本,但也有很多同学在这个时候是盲目的被动学习,在重大决定时自己没有主意,通常由家长、师长为自己决定。这一阶段的关键词就是学习,学习知识,学习与人交往,储备能力。

2. 职业选择阶段

一般指刚刚工作到30岁之前这一段时间。这个阶段的主要任务是寻找自己的发展方向,找到自己职业与个人意愿的最佳契合点。通常在找工作过程中,并不能第一次就可以找到自己心仪的工作,往往要经过几次的波折与磨合,需要多进行一些职业方面的尝试,努力熟悉适

应工作环境与工作内容,方能判断哪些岗位能够发挥个人的特长,契合自己的知识背景。这个阶段的主要任务也是学习,让个人快速接受新的环境,接受新的岗位对个人的要求,接受新的岗位的工作节奏与工作规范。当然如果个人能力不能达标,还需要通过专题培训、学习来达到新的职业要求。

3. 职业稳定阶段

这一阶段一般从毕业后 3~5 年到 50 岁左右,基本占据了我们职业生涯的大部分时间。这一阶段是职业中的稳定期,但在稳定的同时也会遇到诸如发展瓶颈、中年危机等情况。这一阶段对于大部分人来说,应该相对聚焦于某一领域深入发展,力争在某个领域取得阶段性的成果。这一时间不但是职业发展的重要阶段,而且也是人生中压力最大的一个阶段,这个阶段一般会有小孩需要抚养,有老人需要照顾。所谓的稳定是相对的稳定,这个阶段不允许个人做太过冒险的事情,比如在这个时候接触一个全新的职业领域。因此,这个阶段的人倾向于在一个相对稳定的岗位上工作,除非遇到大的外力,否则很少再去调整个人的职业发展方向。

4. 职业退出阶段

这一阶段是从 50 岁到退休。这一阶段开始由中年步入老年,个人的生理机能开始衰退,心理的需求开始降低,一般来说这个阶段人的上升空间开始变小,开始谋划退休后的工作生活打算。当然也有一部分人,比如大学里的教授这个时间正是知识积累的巅峰时期,也是出成果的黄金时期,这个时候可能成长为某个领域的专家。但对于大多数人来说,这个阶段是退休前的过渡阶段。

5. 职业结束阶段

一般是在 60 或 65 岁以后,这个阶段一般已经退出了职业领域。

人在职业生涯过程中一般都会经历以上五个阶段,而且每个阶段对个人有不同的发展要求。对于大学生来说可以根据职业生涯的阶段,合理安排各阶段的任务,制定各阶段的工作目标,为自己的职业长期发展打下基础。

本章小结

大学生在从学生到职业人的转变过程中会遇到各种各样的问题,如职业发展中的适应问题和可持续发展问题,本章从职业人与大学生的区别入手探讨职业人的特点,并详细解读了大学生在角色转换中可能出现的若干问题,从而引导大学生良好地完成职场适应。从终身学习理念、健康管理角度、自我管理策略、职业发展阶段分别进行分析,指导大学生合理规划人生,可持续发展。

复习思考题

1. 大学生进入职场之后,应该如何建立良好的人际关系?

2. 大学生与职业人在角色上有哪些不同？大学生可做哪些准备使角色顺利转换？

3. 大学生初入职场影响职业适应的因素有哪些？

4. 为实现人生的可持续发展,大学生可以做哪些准备？

◆ **即测即评**

第三部分　创业启蒙

第十三章　大学生创新创业导论

本章提要

创新创业，无疑是当今的时代主题。创业不仅意味着可以过一把老板瘾，还能够施展才能，实现自身价值和人生理想，创造出更丰富的产品、服务，为我们自身和社会创造财富。当前是一个全民创业的时代，不管是主动创业、还是"被创业"，越来越多的人开办了自己的企业，飞速发展的经济和宽松的经济环境为创业者们提供了前所未有的机会。

通过本章的学习，可以了解创新创业的概念、内涵以及创新的方式，了解大学生创业的现状与问题，深入理解创业和创业精神在当今时代背景下的意义和价值，正确认识并理性对待创业。

案例导入

　　2002年,上海海洋大学在读研究生的王文龙在一次参观上海海洋水族馆的水母馆时,看见姿态优雅的水母在灯光的映衬下时而舒缓、时而飘逸,宛如仙境,当即被深深地吸引。他突发奇想:是否可以借助自己本科学到的水产养殖知识探索水母的繁育和养殖,使梦幻水母进入寻常百姓家呢? 带着问题,王文龙向学校老师寻求解答,从老师处得知国内水母的人工繁殖才刚刚起步,水母的养殖难度也非常高。王文龙决心尝试人工繁殖水母,使寻常百姓也能欣赏到水母梦幻般的姿态。

　　有了想法,立即行动。王文龙在老师介绍下,来到上海海洋国家大学科技园。园区老师在听取了其创业想法后,表示愿意帮助他完成创业的梦想,并将其项目纳入了创业孵化基地进行重点孵化和培养,园区总经理亲自担任其创业导师。在创业之初,公司没有办公地点及孵化场地,园区得知后将园区董事长的办公室提供给王文龙办公,同时园区还协调东海水产研究所提供40平方米的孵化实验室供王文龙使用。随着观赏水母市场的逐步推广,王文龙的水母项目也逐渐被人知晓。2009年,在园区的帮助下,联系了同样对水母有着浓厚兴趣的上海元福投资有限公司,该公司在得知王文龙的事迹之后,果断出资100万元创立了上海晶海实业有限公司,主要利用王文龙在校期间掌握的观赏水母孵化与养殖技术,开发出新颖的观赏水母产品。观赏水母投入市场后很快得到了热烈响应,2010年中央电视台CCTV2频道《教你如何理财》栏目组、CCTV7频道《聚焦三农》栏目组和《新闻晨报》等多家媒体先后对"观赏水母"及王文龙的创业项目做了专题报道,引起社会广泛关注。

　　上海晶海实业有限公司经过2年的发展,已从单一的"海月水母"发展至"澳洲斑点""太平洋海刺"等6个水母品种,其繁育技术达到国内先进水平。在为青岛、福州、广东等近十家大型海洋馆提供水母的同时,还承接了十余项大型水母观赏鱼缸工程。2011年,在创业导师的帮助下,该公司又开发了新产品"海瞳水母缸"及相应的养殖配套技术,并获得两项专利。该产品批量投放市场后获得了极大的追捧,2013年进入德国市场并获得首批订单。随着产品的日益成熟,企业管理水平的不断提高,公司业绩逐年提高,初步走上良性循环的轨道。

　　创业机会往往来源于生活。发现生活中的问题后,如果能找到用创新思维、创意方法和创新的技术解决问题的途径,就基本找到了有价值的创业机会。所以,对于创业者而言,不仅要有善于发现机会的敏锐眼光,还需要有抓住机会、实现创业梦想的方法与能力。

第一节　创新认知与创业概述

　　创新是一个民族进步的灵魂,是社会进步的引擎。纵观全球经济,一部经济史就是一部人类创新史,创新已成为支撑现代经济持续增长的中流砥柱。总览世界文明史,人类社会文明进步无不是由创新在驱动。在我国经济发展进入新常态,全球经济结构深度调整和经济越来越全球化的重要转型时期,能否把握住创新要领,引领创新方向,占领创新制高点,关乎国家未来发展之命运。

一、创新的内涵与创新的方式

1. 创新的内涵

创新特指经济学和管理学概念,是人类在意识的支配下进行的创造性活动,包含革新(前所未有)和引入(并非前所未有)两层意思。创造是提出新创意或做出新产品,而创新是在创造的基础上把创意或者新产品商业化。即创新就是产生或者引入新事物或新创意,并将其商业化的过程。

约夫·熊彼得(J. A. Schumpeter)在《经济发展理论》一书中首次指出,所谓创新包括技术创新、知识创新和管理创新三大类。技术创新的实质是在经济活动中,通过创造或者引入一种新经验、新技术,建立一种新的生产函数,以实现生产要素的重新组合,达到提高生产效率和经济效益这一目的的行为和过程。

技术创新的本质是把生产要素和生产条件重新组合引入经济发展进程,实现新技术与市场的巧妙结合。

知识创新以理论或物质成果的首创性为特点,追求新发现、新发明,探索新规律,提出新理论;以创造新工具、新方法为最终目标,而不以成果的应用、转化为经济效益为主要目的。它是技术创新的基础和源泉。

技术创新是知识创新的发展和延伸,二者结合是新思想、新理论、新工具、新方法转化为商品、实现其价值的全过程。

管理创新是指调整生产关系,改进制度安排,或引入一种新制度,以提高制度合理性,达到管理出效益这一目的的全过程。管理创新又称制度创新,是知识创新、技术创新的催化剂,在国家创新体系或者企业创新机制中是一个关键性环节。

现代管理大师彼得·德鲁克(Peter F. Drucker)指出,创新是赋予资源以新的创造财富能力的行为。任何使现有资源的财富创造潜力发生改变的行为,都可称为创新。

2. 创新的方式

创新按照其方式的不同主要可分为技术性和非技术性创新。技术性创新主要是指产品创新或者生产工艺的创新以及提升,非技术性创新包括技术性创新外的其余一切领域,主要表现在服务创新和商业模式创新。

(1)产品创新。产品创新是指通过改变产品功能,通常表现为提升或者复合产品的功能属性,使新产品能充分满足顾客的差异化需求。

典型的产品创新过程通常表现为:机会识别和筛选、产品设计、测试、工厂化生产、上市和再创造。五个阶段形成一个典型的漏斗,在机会识别阶段有大量的创意涌入,经过产品设计开发筛选出合适的项目,最终通过市场检验创新产品是否获得成功。

产品创新具有明显的市场效应。创新的产品以占领更多的市场份额,挖掘更多的潜在用户,即产生更大的经济效益为目的。

（2）工艺创新。工艺创新表现在工艺流程创新或者工艺效率提升，通常是指制造企业在产品生产技术领域的变革，目的是降低生产企业的生产成本或者提升盈利水平。

工艺创新大致分为五个阶段：以问题为导向构想、工艺初始设计、工艺测试、工艺定型设计和生产制造。

工艺创新具有明显的生产率效应，通过工艺革新或者提升能明显提升产品生产率。但相比产品创新能立即带来市场效应不一样，工艺创新只有在一定的生产条件和市场条件下，才能产生经济效益。同时，工艺创新不能被顾客马上察觉，但是当企业的工艺流程出现明显失误，导致产品出现问题，就会改变消费者的体验而引发相关危机。

（3）服务创新。服务是无形的，内在的，具有典型的异质性和不可分离性。服务创新是指一切与服务相关的创新行为和活动，包括服务本身和服务对象的创新。服务创新的主体不局限于服务型行业，也包括生产制造企业的产品售后服务。现在生产制造企业提倡的终身质保就是一种终身服务。而且产品服务是消费者体验的重要渠道，堪比产品质量。尤其是以服务为产品的企业，不断创新服务才能拥有更大的市场。

服务创新主要包括设计、分析、发展和全面推广四个阶段。设计阶段包括广泛的市场调研、资料收集和分析、新服务目标或战略的形成、方案筛选与初步形成、核心理念形成与修订；分析阶段主要包括市场可行性分析和初步推广；发展阶段主要包括服务测试与较大规模试点运行、顾客反馈和总结完善以及核心理念的形成和营销方式的确定；全面推广阶段主要落实创新服务的支持措施、员工的招聘和培训、多渠道营销和顾客跟踪服务等。

服务创新不仅在内容和形式上比产品和工艺创新更为丰富和多样化，而且由于服务创新的过程本身就体现了丰富多样的内部和外部环境的交互作用，使得服务创新比其他所有的创新更为复杂。

（4）商业模式创新。一般意义上的商业模式可分为三个层面：经济、运营与战略。在经济层面，商业模式被称为企业的盈利空间，其本质是为了追求更大的利润；在运营层面，商业模式被描述为企业的管理结构，重点解读企业通过何种内部流程来设计和创造价值；在战略层面，商业模式被描述为企业未来发展方向和前景展望，是对不同企业的定位或战略方向等的总体考察，涉及企业的企业文化、价值主张、组织行为、增长机会、竞争优势和可持续性等方面。

因此，商业模式的创新主要是指营造新的或者优于现有的商业模式，主要指为客户解决实际需求的方案，包括对价值的认识，对参与者角色的识别，对市场运作和市场关系的准确把握等。因此，任何商业模式的创新都是对现有业务链的价值进行改造或更替。

现有的商业模式创新可分为四类：一是挖掘型，即在不改变企业原有商业模式本质的前提下充分挖掘企业现有模式下的潜力；二是调整型，即通过改变企业产品、服务、品牌形象、成本结构和技术等来调整企业的竞争核心，以提升企业的竞争优势；三是扩展型，即把企业成功的商业模式引入新的领域，实现新的利润增长点；四是引入型，即为企业引进全新的商业模式。

二、创业要素与创业精神培育

1. 创业的概念与内涵

《现代汉语词典》对"创业"的解释是：创办事业。而"事业"是指人所从事的，具有一定目标、规模和系统并对社会发展有影响的经济活动。《辞海》对"创业"的解释是：创立基业。"基业"是指事业的基础。由此可见，创办事业是创业的本质。

创业有广义和狭义之分。狭义上讲的创业概念源于"entrepreneur"一词，因而对其理解通常带有经济学的视角。如精细管理工程创始人刘先明认为："创业是指某个人发现某种信息、资源、机会或掌握某种技术，利用或借用相应的平台或载体，将其发现的信息、资源、机会或掌握的技术，以一定的方式，转化、创造出更多的财富、价值，并实现某种追求或目标的过程。"郁义鸿、李志能在《创业学》一书中指出："创业是一个发现和捕捉机会并由此创造出新颖的产品或服务，实现其潜在价值的过程。"

可见，狭义的创业特指个人或团队自主创办企业，人们将其定义为：创业个人或创业团队不拘泥于当前资源约束，寻找和把握各种商业机会，投入已有的知识、技能和社会资本，调动并配置相关资源，创建新企业，为消费者提供产品或服务，具有创新或创造性的、以创造价值为目的的活动过程。

2. 创业精神的本质、来源与培育

（1）创业精神的本质。创业精神是创业者在创业过程中的重要行为特征的高度凝练，主要表现为勇于创新、敢当风险、团结合作、坚持不懈等。

创新是灵魂。创业的本质是创新，创业精神的核心首先是创新精神，不断创新，追求卓越。创业就意味着创新，创新首先要突破。这些创新或者突破发生在产品创新、工艺创新、服务创新或商业模式创新等方面。

冒险是前提。创业精神是一种善于捕捉和利用机会，敢于承担风险，为创造某种新价值而竭尽所有智慧和勇气的心理过程。可以说，没有一定的风险精神和敢于承担风险的魄力，就无法成为敢为天下先的创业者。

合作是主题。竞争是市场存在的规律，有竞争才有合作。合作是企业存于市场的竞争方式，是企业之间交流的方式，是创业者走向成功的必然道路。尤其在当今信息化高度发达的背景下，人们之间的沟通已无时空的界限，这为企业间的全方位沟通和极致化合作奠定了坚实的基础。

坚持是方向。创业的过程必然伴随各种艰辛和曲折，这就需要创业团队或个人必须有"咬定青山不放松"的精神，这样才能"拨云见日"。创业的实践证明，很多创业者成功还是失败往往就在于能否坚持到最后的那一刻，尤其是在创业初期，坚持到极限才能在残酷的市场竞争中获得生存的机会。

（2）创业精神的来源。创业精神来源于创业者本身和创业实践中多个方面，主要是在创业实践中逐步培育、发展和形成。创业精神的形成与发展受所在地创业文化、创业商业氛围、创业环境稳定性等方面影响。

就创业者个体而言，创业精神受到创业者个性特质、认知模式和学习经验等方面的影响。

（3）创业精神的培育。创业精神是推进社会经济转型的原动力，是个人实现人生价值的激励源，是全社会培养优秀企业家的风向标。培养全社会尤其是大学生的创业精神是创建创新型国家和实施人才强国战略的重要举措。

① 在全社会大力弘扬创业文化。建设创新型国家和实施人才强国战略,尤其要重视本土人才的培养,培养大学生的创业精神更是重中之重。因此要在全社会尤其是大学校园大力营造创新创业文化氛围,为创新创业型人才成长创造良好的社会环境。弘扬创业文化首先要破除中国文化里根深蒂固的官本位思想,打破学而优则仕的传统观念,通过宣传、教育等,引导大学生和全民勇敢走向市场,成为全民创业的先行者,使弘扬艰苦创业、自主创业和全民创业成为当代文化的思想特征。

② 构建和完善创业型经济体系。创业精神产生于一定的经济和社会体系中,创业精神的本质包括领导力、创造力、冒险精神等创业者的内功,也来源于成长环境的锻炼。外部环境主要依靠政府的引导和市场的培育,尤其是政府应当深化体制机制改革,加大开放力度,加快转变政府职能,鼓励和扶持创新,改善创业环境,努力营造公平公正的市场环境,以最大限度激发人们的创业热情。为此,必须消除创业制度障碍,降低创业门槛,建立绿色通道,扩大和规范市场准入,减少行政审批,规范行政执法,着实降低创业者创业成本。只有通过优化制度环境,从体制和机制层面到政策法规层面全面构建和完善创业型经济体系,才能充分激发民众的创业热情,才能让最稀缺的企业家资源得到良好的配置,最终才能真正让“市场的手”更好地引导企业和经济。

③ 全方位构建创业教育培训和服务体系。创新精神是推动创业的灵魂,是经济发展的根本,创业教育是培育创新精神和创业人才的主阵地。必须要在高等院校实施正规的创业教育,在大学生的创业人格、创新能力、创业实践等方面的培养中将创新落到实处,还要把创业教育融入人才发展体系,贯穿人才发展的全过程。同时,创新创业教育要从娃娃抓起,在中小学要重视开展创业意识和创新精神的教育。同时也要在全社会开展多层次的创业知识培训,促进全社会养成良好的创业意识和创业精神,形成全民支持创业、勇于创业的社会新风尚。最后,政府还要引导各类社会中介和组织,根据各地产业布局和资源的配置,为创业者提供优势互补的服务,并尽快成立专门的辅导员队伍,支持创业(孵化)基地建设,为中小企业提供创业培训、创业咨询、管理咨询、信息咨询、法律咨询、技术支持、市场开拓等全方位服务,努力形成功能完备的创业辅导服务网络,以提升创业者的创业能力和企业的成活率。

第二节   大学生创业的现状、问题与驱动因素

迄今为止,人们对创业要素的认知和分析中,最为典型和公认的创业要素模型是蒂蒙斯模型。该模型提炼出了创业的三大关键要素,即:创业机会、创业者及其创业团队、创业资源。一般认为,这三个核心要素是创业活动中不可或缺的。如果没有机会,创业活动就成了盲动,难以创造真正的价值。应该说机会是普遍存在的,关键要看创业者及其创业团队能否有效识别和开发机会,如果没有创业者及其创业团队的主观努力,创业活动是不可能发生的;创业者及其创业团队把握住合适的机会后,还需要有相应的资金和设备等资源。如果没有必要的资源,机会也就难以被开发和实现。

一、大学生创业现状

1. 创业热情不断高涨

大学生是社会上最富活力和创造力的群体之一,随着互联网技术不断发展,"双创"政策的不断引导,社会各界不断拓展大众创业、万众创新的空间,创新创业环境更加优化。越来越多的大学生开始把目光投到创业上,创业比常规就业方式有了更多的市场发展机会,越来越多的大学生认可这种就业方式,敢于尝试创业并主动去选择创业,投身到创新创业的大潮之中。中国人民大学发布的《中国大学生创业报告》(2022)显示,近九成的在校大学生曾考虑过创业,26%的学生有强烈的创业意向。麦可思研究院发布的《2022年中国大学生就业报告》数据显示,2022届高校毕业生的自主创业比例是3.0%,2022届高职高专毕业生自主创业的比例为3.9%,高于本科生(2.1%)。近年来,大学毕业生自主创业比例持续上升,自主创业成为毕业生就业的有效渠道。中国大学生将就业压力转化为创业动力,逐步汇聚起经济社会发展的新动能,有效支撑了经济转型升级。

2. 创业成功率增加

虽然大学生的创业热情很高,但由于受各方面条件限制和影响,创业成功率呈现出较低的状态。调查显示,中国大学生创业成功率平均为3%,与美国大学生20%的创业成功率相比,仍处于较低水平。麦可思研究院发布的《2022年中国高校生就业报告》数据显示,高校毕业生毕业3年后创业比例增长为5.7%,其中毕业时创业3年后还在创业的比例为42.2%,高校毕业生创业质量在提高。

3. 创业行业选择单一

尽管现在有很多鼓励大学生自主创业的优惠政策,有各种形式的创业大赛吸引大学生参与,大学生也渴望尝试创业,但在一定程度上,由于能力、心理、资金、风险、可行性等因素的限制,大学生毕业创业多会倾向于选择启动资金较少,可实施性较强,消费群体大,风险相对较低,较为稳定的行业,如教育培训、销售、餐饮、百货零售、咨询等服务行业。2016年清华大学发布的《全球创业观察报告》将青年创业者年龄界定在18~34岁之间。对于这个年龄层次的中国青年创业者来说,他们在中高技术上并没有优势,即使有少数人选择网络、高科技行业,相对而言,成功率也不高。从调查数据看,基于中高技术的青年创业者不到2%,远低于美国科技创业人才的比例。

二、大学生创业问题

1. 社会创业环境有待优化

(1)政策执行失位。大学生创业政策是大学生创业活动的指引。创业政策的实质就是通过优惠性政策、资金性政策以及服务性政策等多种政策,对创业市场的成本、风险和竞争壁垒施加影响,建立健全大学生就业创业服务体系,为大学生创业提供良好的市场环境和创业风气,从而增加初创企业的成长和发展的机会和空间。目前来看,国家虽然制定和出台了不少有利于大学生自主创业的方针政策,但由于地方政府和有关部门、高校在政策制定过程中自身职能定位模糊,并且管理大学生创业的职能部门分散,鼓励大学生创业政策资源分散,再加上宣传方式的局限,大学生对国家在创业方面的鼓励政策了解度不够高。如何将这些规定落到实处,提高政策的执行力度和执行效度,切实对大学生创业起到帮扶作用,是应该思考的问题。

（2）资金渠道匮乏。足够的创业资金,能够给创业者带来强有力的经济支持,促使创业者将美好的创业想法和具有前景的创业项目变为现实。但目前创业资金问题是贯穿大学生创业始终的关键问题。大学生刚刚毕业没有经济来源,大部分的大学生创业第一笔资金支持来自父母。这种单一创业经费来源造成大学生在创业初期就存在很大的风险。中央财政用于支持中小企业发展的资金与大学生创业实际需求的资金相去甚远,在专项资金缺乏的情况下,对于大学生创业的社会扶持机制尚未完全建立,大学生在申请小额贷款的过程中困难重重,条件审核很严格,手续很烦琐,等待时间长却最终贷款额度小。天使、风险投资等创业投资、创业平台虽然呈现爆炸式增长,但由于对大学生初创企业的信心不足,使得其对大学生的创业投资更加慎重。大学生缺少足够的获取资金的途径,融资渠道不畅通,大学生创业"融资难、融资贵"的问题不断凸显。不少大学生不能科学合理地支配和使用创业资金,大学生创业往往初创资金使用完,再加上创业初期难免会遇到困难和波折,资金链断裂或稍有不慎就会导致企业无力维持现有的成本和运营条件,造成创业失败,甚至影响整个家庭。

2. 学校创业教育缺乏系统性

（1）师资力量薄弱。创业教育具有综合性、超前性、实践性等多种特点,因此需要授课教师具有较高的理论素养,对市场的超前预判能力,具体的创新创业研发、管理和实践经验。但是目前高校尚未形成一支专门、专业、专注的大学生创业教育教学师资队伍,创业教育教学团队基本由学生工作部门中部分高校辅导员及就业工作部门相关教师组成,这些教师缺乏授课和创业实践经验,开展创新创业教育的意识和能力欠缺。虽然也有一部分的兼职教师是创业成功人士、行业专家和企业孵化器管理者,但这部分教师流动性强。高校创业教育教学团队缺乏懂技术、懂法律、懂风险防控的专家型师资,而且未明确建立创业教育教师的专业考核评价标准。这就造成高校创业教育教学团队呈现师资力量不足、专业化水平不高的情况,这与学生的期待与需求形成了明显的反差,最终导致课程无法有针对性地满足创业学生的实际需要,使学生对创业课程缺乏兴趣,创业教育效果不太明显。

（2）课程缺乏体系。在我国多数高校现有的教育体系中,没有将创新创业教育作为整个大学基础教育体系中重要部分之一,也没有开展系统性的创业教育课程,课程设置仅仅是"职业发展与规划""就业指导"系列,此类课程多采用选修方式,侧重于将其作为基础教育的补充,创业课程之间结合度联系性不高,未能形成一个完整的体系。对于有创业意向的学生,在课堂之外获取创业知识,培养创业能力的方式只有参加讲座、培训班、比赛等。

国务院在2015年下发的《关于深化高等学校创新创业教育改革的实施意见》中指出:各高校要根据人才培养定位和创新创业教育目标要求,促进专业教育与创新创业教育有机融合,调整专业课程设置,挖掘和充实各类专业课程的创新创业教育资源,在传授专业知识过程中加强创新创业教育。但从目前情况来看,高校的创新创业课程与专业课程融合度不足,融入度也有待加强。接受创新创业教育过程中,由于受到课程开设情况和课程的覆盖范围的限制,加之对于创业课程的开展宣传力度不够,导致学生对课程了解和认知度低,并且缺乏鼓励激励机制,造成学生参与创业课程学习热情不高。同时学校在大学生创业教育中只注重理论教育,学生对创新创业教育的体验性不强,学生虽然学习了创业基础、创业管理等理论知识,但对创业实际操作中遇到的困难却很难解决,导致学生对创新创业课程的整体质量评价不高。总而言之,大学生创新创业教育的覆盖面虽然越来越广,形式也越来越多样化,但整体与学生期待和需要的创新创业教育匹配度不高,不能很好地满足学生创业的需要,其育人效果也亟待加强。

（3）平台搭建欠缺。高校创业实践平台是初次创业的大学生获得创新创业教育的重要渠道,创业实践平台可以让大学生将创业想法变成实实在在的实践过程。但是目前在校大学生获取创新创业知识的主要渠道仍是创新创业理论教育,创业实践平台规模较小。造成此现象的重要原因是实践平台导向性欠缺。当前有不少高校开始为促进和鼓励大学生自主创业而设立了大学生创新创业实践平台和创新创业孵化器等创业实践平台,但大部分的创业实践平台并没有真正发挥其功能,没有根据学校自身的实际发展情况确立清晰的发展目标,无法和校外的各种社会资源实现对接,盲目进行建设和开发,缺少经验丰富和专业的管理人员,从而成为应对上级和建设学校形象工程的工具。部分大学生因没有机会入驻创业实践平台而放弃创业想法,部分创业实践平台只是提供了场所,缺乏对学生自主创业实质性的帮助和指导,学生对于公司项目运营完全要靠自身摸索,很少能得到来自第一线创业者的创新创业的经验,导致创业激情不高,很多有创意的创业理念只停留在设计层面,缺乏良好的培育土壤,最终无法转化为创业成果。

3. 创业者自身能力与素质不足

（1）创业能力不足。扎实的专业基础知识和灵活运用专业知识的能力是创业者应该具备的能力。目前大学生缺少对创业相关理论知识的学习和了解,对自己的专业基础知识缺少自我学习的能力。如今科学技术的发展日新月异,新知识和新技术层出不穷,如果不能培养学习能力和更新能力,最终就会导致自身缺乏优秀的创业能力、独到的创业眼光和创新思维能力,适应不了时代发展的要求。这也是大部分大学生会偏向于选择风险低、含金量低、易启动的创业项目和行业的原因。同时,由于刚毕业的大学生长期在学校学习,对社会了解甚少,对各行业领域的认识不够,难以准确把握商业发展趋势,容易迷失创业的方向,误判创业信息,盲目选择热门领域进行创业。在校期间学习大量的理论知识和拥有各类职业技能证书,但实际工作与其学习的理论是有着较大区别的,缺少实际的工作经验,工作中不懂社会规则,能力难以在实践中发挥。这些都使得我国目前大学生创业变得更加困难重重。

（2）创业素质不足。大学生在创业过程中会遇到很多风险和挑战,要承受很大压力,这就要求创业大学生要具备很强的心理素质。大学生的创新精神源于其创新意识。所谓创新意识,就是一种不安于现状的精益求精的意识,是一种对于任何未知的问题、未知的领域强烈的尝试冲动,它是创新的重要心理素质之一。但在经济环境和家庭观念的影响下,很多大学生都认为创业的风险过大,更愿意找到一份有丰厚的福利待遇,又没有太大的生活压力的稳定工作。大学生虽然胸有大志,但普遍缺乏到社会上独自创业的动机。缺少创新意识造成缺少创业的激情与热情。创业的道路绝不是平坦的,有的甚至还会遭受严重挫折,这就要求创业者具有顽强的创新意志和创新毅力。当今的大学生在学习生涯中很少遇到真正的困境,学习上有老师的指引与帮助,生活中有父母的帮助和扶持,经历的挫折也较少,抗压能力、心理调节能力都较弱。遇到问题时,容易手忙脚乱;遇到挫折时,容易一蹶不振。在就业困难的情况下,一些大学生很难找到一份理想的工作,在这种情况下,被动选择创业的大学生在创业过程中,稍有不顺就会影响到创业信念,就会打退堂鼓,导致创业失败。也有一部分大学生在毕业后,自认为很有才华,想要凭着自身才智创业,对自主创业预期过高,在创业过程中,如果遇到挫折和困难,他们也很在意外界的议论与评价,同时容易受到外人左右,在情绪上产生波动,这样他们的创业信念也会不坚定,创业也难以成功。

三、产生创业动机的驱动因素

多数大学生为了满足自身的某种需要,被激发去寻找创业机会、实践创业行为,这种动机因素称为创业动机。推动大学生选择自主创业的原因主要有以下六点:

1. 政策

为支持和鼓励大学生创业,国家和各级政府出台了许多优惠政策,形成系统的支撑体系,这有利于整体创业环境的发展。在"大众创业,万众创新"的号召下,国务院推出了支持"双创"的一系列优惠政策。2013 年以来,国务院印发《关于大力推进大众创业万众创新若干政策措施的意见》《关于加快构建大众创业万众创新支撑平台的指导意见》2 个创业指导性政策文件,同时有 15 项政策直接涉及大学生创新创业问题(8 个国发文件,7 个国办发文件),各部委也相继出台配套细化政策。2015 年 5 月,国务院办公厅出台了《关于深化高等学校创新创业教育改革的实施意见》,全面部署深化高校创新创业教育改革工作。教育部门为了更好地帮助大学毕业生创业,出台一系列的政策,包括创业大学生可享受各地各高校实施的系列"卓越计划"、科教结合协同育人行动计划等,同时开设跨学科专业的交叉课程、创新创业教育实验班等,以及探索建立跨院系、跨学科、跨专业交叉培养创新创业人才的新机制等。科技部印发《专业化众创空间建设工作指引》,龙头骨干企业、高校院所等建立的专业化众创空间加快发展。银行等机构也制定和出台对大学生自主创业的各项资金支持,包括税收优惠、创业担保贷款和贴息、免收有关行政事业性收费、免费创业服务等,创新创业政策支撑体系的基础框架已基本形成,并进一步推动创业潮的快速发展。

2. 市场

经济的发展促使产业不断转型,传统的劳动密集型产业规模在不断缩小,而对劳动力有一定技能要求的产业逐渐发展起来。社会的进一步发展需要大学生的参与和支持,大学生有了更多的机会,选择自主创业是经济发展规律的必然结果。随着高校应届毕业生人数的不断增加,大学生的竞争压力和就业压力也日益严峻起来,一方面就业岗位有限,门槛不断提高,除学历外,专业、外语、综合素质等都成了企业在用人选人的时候要考虑的。另一方面用人单位提供的工作环境、薪金待遇、培训晋级等方面与大学生需求存在差距,现实摆在面前,好的工作找不到,而凑合的工作又无法实现自己的理想抱负,创业就成为许多大学生的一条出路。

3. 学校

大学生在学校学习期间,会听取老师、同学的意见,确定自己是否具有创业能力,是否应该创业。大学生在校期间接受的教育能够最直接地影响到学生,学校应该积极树立大学生创新意识,培养大学生知识创新、技术创新、管理创新的能力,时时注重培养大学生的探索精神,要更加注重从创新能力和提高素质方面来衡量教育教学质量。高校在校大学生创业者处于创业生存阶段,他们渴望创业项目能够生存成长,希望能够得到好的创业政策支撑,高校应大力推进创业教学资源、创业实践资源、创业文化资源和创业政策资源方面的协同,形成一个连贯系统的扶持体系。这些都促进了大学生选择创业的道路。

4. 技术

随着互联网和信息技术的不断发展,大学生创业的范围也变得更加广阔,而社会中有能力和有意愿为大学生提供信息技术支持和服务的专业团队越来越多,这些都能有效地帮助在校大学生进行"互联网+"式的创业,而政府、高校也在积极和这些组织进行接触和沟通,彼此达成合作意向,为其提供必要的资金、人员、技术等支持,为缺乏创业经验的在校大学生提供一条互联网创业的道路,更好地帮助其节省网站制作与维护管理、相应软件开发的时间与精力成本,从而使大学生能够全身心地投入创业当中。

5. 家庭

虽然我国家庭的主流思想仍是希望子女能够从事一份安定的工作,而不是进行创业,主要原因在于父母担心创业风险大且不稳定,子女会吃苦受累。但是随着创新创业理念的不断深入,家长正在逐步转变其就业观,鼓励孩子选择自己喜欢的道路。对于有一定经济基础的大学生,家长能够在财力、物力以及资源上予以支持,充分利用家庭背景及人际关系,甚至有可能协助、引导子女创业。而对于家庭经济欠佳的学生,学校的国家助学金、奖学金和贷款只能解决暂时的困难,有创业意识的大学生,更具有通过创业改变家庭经济面貌的强大动力。大学生创业初期也应向亲戚朋友咨询,听取多方面的建议和观点,亲戚朋友对创业的态度、对创业的认知及对创业的支持度直接影响到大学生的创业意志和激情。

6. 自我

互联网时代信息的流通使沟通不再成为障碍,大学生正处于朝气蓬勃、激情四射的青年阶段,作为思维活跃的年轻群体,接触到的最前沿信息也就更多。很多大学生乐于接受新鲜事物和新的科研成果,敢于接受挑战,内心比较喜欢自主创业,而不是朝九晚五的工作,认为创业能够有机会实现更高的目标和人生价值,这是大学生创业的内在驱动力。还有的学生受到榜样的力量的影响,从而选择了创业之路,希望可以成为像榜样一样的成功人士。

📝 本章小结

本章内容以创新认知和创业概念为起点,讲述了创新的内涵和创新的方式,在当前背景下重新认识了创业精神的本质和特征,讲述了创业精神培育的方法,在分析大学生创业现状的基础上,明确了大学生创业的基本问题,并分析了产生创业动机的驱动因素,以期让大学生能正确认识并理性对待创新创业。

复习思考题

- 1. 创业精神的本质与特征是什么?
- 2. 创业精神的培育方法是什么?
- 3. 试着了解身边的大学生创业现状。
- 4. 大学生创业过程中会出现哪些问题?
- 5. 产生创业动机的驱动因素是什么?

◆ **即测即评**

第十四章　大学生创业过程

本章提要

创业过程是由创业者从产生创业想法到创建新企业或开创新事业并获取回报,涉及识别机会、组建团队、寻求融资等一系列活动的流程。可大致划分为机会识别、资源整合、创办新企业、新企业生存和成长四个主要阶段。

通过本章的学习,可以了解大学生创业需要做的准备:创业机会识别、创业项目的调研评估、整合资源、组建团队与制订计划等,掌握企业的起名与选址技巧,了解初创企业的基本管理知识,学会通过团队管理和资源整合优化创业过程。

案例导入

　　阿梅曾经就读于一家美术学院，学习广告设计。毕业后，阿梅应聘到一家广告公司，从事广告设计工作。由于阿梅在广告设计方面的能力出色，她得到了上司以及客户的认可。渐渐地，客户当中开始有一些人找上门来，指名要阿梅做自己公司的广告设计。于是，阿梅建立了一个很稳定的客户群。开始的一段时间，阿梅很是满足自己的现状。可是渐渐地感觉到吃不消了，因为作为公司的一分子，阿梅不仅要完成公司的日常业务，还要额外接一些客户的订单。有一天，阿梅意外地在网上看到了个人工作室的经营介绍，她灵机一动，毅然决定辞职，也办起了一家个人工作室。阿梅利用网络为平台，依靠她在广告公司积累的客户资源，凭借自己在广告设计方面的能力，很快打开了市场。现在阿梅有了自己的个人工作室，不仅不用每天忍受办公室的束缚，而且自己创业也让她有了更大的动力。

　　网络改变了人们的就业方式。在网络普及以前，做一个自由职业者自己在家里工作似乎是一件很遥远的事情。但是随着网络成为一种普及的工具，在家工作、为自己工作的soho（small office home office）生活状态就成为很多创业者的选择。个人工作室就是随着soho族的产生而产生的。这一类创业者创业的出发点大多是想创业或是想拥有自由的工作时间与创意空间。他们依靠发达的外包网络创业。主要涉及的行业有平面及三维设计、计算机软件设计、文案及媒体企划等。

　　下面提供一份个人工作室创业计划书内容范本供参考。

　　个人工作室的宗旨和目标：写下个人工作室成立的目的——想创业或想有自由的工作时间与创意空间，以及未来发展的目标——成为专业工作室，或成长为一家公司。

　　市场概况与机会：审慎评估市场环境，分析市场中还有哪些发展空间，自己究竟有几成的把握。

　　竞争优势分析：写下自己与竞争对手的产品与服务，分析自己的优缺点，并找出自己的独特性与差异性。

　　人力资源规划：确定工作室是个人独立经营，还是需要找人合伙。另外，是否已有合作密切的伙伴或上下游协作厂商，如果还没有，该如何找到他们组成一支虚拟团队。

　　核心能力：分析这个行业的核心技术以及进入障碍的高低，找出自己尚欠缺的技术能力，设法加以弥补。

　　财务规划及资金运用：预估工作室所需设备及购置成本，另外还要编列半年的周转金，确认自己的创业资金是否足够，或还缺多少，如何补足资金缺口？

　　相比创办一个企业，个人工作室对硬件设备和人员管理的要求较低。由于进入的门槛低，这种创业模式被很多创业者看好。要注意的是，由于个人工作室是以网络这个虚幻的世界为依托，所以实际能力和信誉就显得格外重要。能力的锻炼可以像阿梅一样，先在企业中磨炼。这样也可以积累一个宽广的人际脉络，培养稳定的客源。而信誉的建立是在专业基础之上，不仅要把客户的案子做好，还要遵守基本的职业道德。

第一节 大学生创业准备

创业既需要创业主体自身具有一定的创业能力,同时也需要与能力相适应的良好外部环境,即创业条件。孙子兵法说过,知己知彼,百战不殆。一个成功的创业者,首先要学会对自己进行客观的估计,对自己的能力和潜质有一个科学的定位,还需要对外部客观条件进行准确分析和判断,并具有善于发现和捕捉机遇的能力,从而实现自身的人生目标。

一、创业机会识别与项目甄选

1. 寻找创业机会,关注未被满足的需求

挖掘未被满足的客户需求,并整合利用工具专注于解决这个需求,不与竞争对手在红海里血腥拼搏,独自悠然地进入一个没有竞争的蓝海,解决通常的发展瓶颈,创造自身发展机会。

(1)潜在的、未被竞争对手满足的需求。机会,就是未被满足的需求。如施乐公司的顾客主要是大型企业与专业影印公司,由于看不到个人客户对于影印便利的需求,所以失去开发桌上复印机的先机。虽然佳能在资源上无法与施乐竞争,但它采取了差异化策略,对复印机市场进行区隔分析,挖掘出尚未被满足的特殊顾客群,最后形成开发简便型桌上复印机的创新构想。一般而言,在客户关注的效用之上,还有很多待开发和满足的需求。对于企业来说,这既是挑战,更是机会。如果企业只是将目光集中在顾客当前的需求上,为极力满足这些需求下功夫,这势必导致在同一个层次上更为激烈的竞争。将满足顾客需求作为企业经营目标的定位只是一种权宜之计,企业只有通过创新来开发客户需求才是超越竞争的根本手段,正是在不断创造客户的过程中,企业获得了规模的扩大、效率的提高、资源整合能力的提升以及对社会越来越重要的影响。

(2)变化中的、未被竞争对手关注的需求。杰克·韦尔奇指出:生产最新的高效能机车,这是你们肩负的使命。这些都是制造的观念。然而,等到以客户的眼光审视自己的业务时,通用电气公司发现铁路所需要的已经不再是更大、马力更足的机车,而是希望用最小的成本运载最多的货物。

现在,他们真正需要的是能够经常处于工作状态的机车。也就是说,他们需要的是安排机车的方法更合理,出现故障的时候能够更快捷地修理,等等。

如果能够解决上述问题,那么就可以大大提升铁路的表现,这些就是客户真正向往的东西。对于通用电气公司的机车生产部门来说,从投入到成果、从产品到解决方案的观念转变,就像打开电灯开关一样简单。一旦灯亮了,通用电气公司马上就提出了一整套服务,比如计算机辅助调度系统就能够帮助铁路公司更加有效地管理,利用安装在机车上的设备,铁路公司和通用电气公司都可以随时随地掌握机车所在的位置。

现在,如果机车出现故障,铁路公司无须打电话求助,通用电气公司的维修人员就可以直接赶往出事地点,排除故障。由于制造产品已经变得日益稀松平常,对于客户来说也不再那么珍贵,因此,通用电气公司并不是唯一一家发现可以从产品的相关服务中获得比产品本身更多财富的公司。

（3）客户自己也未必意识到的,可挖掘、创造的需求。现在的很多企业,不知道客户真正的需求是什么,只是满足了客户表面的需求,而深层次的需求并没有被挖掘和满足。

客户的真实需求往往不是一件具体的产品,而是产品背后能够实现的功能;消费者真正的需求是解决问题,而不是获得解决问题的工具和手段。企业要牢牢地树立起这样的观念,这样就可以跳开卖产品的表面,去捕捉表面背后隐藏着的需求。

客户需求是在竞争对手没有满足的需求缝隙中创造出来的。有些甚至是客户自己也未必意识到的,可挖掘、创造的需求。

彼得·德鲁克说过,顾客购买和认定的价值并不是产品本身,而是效用,也就是产品和服务为他带来了什么。安蒂·格鲁夫说过,客户不一定知道他们的真正需求,我们得影响他们、教育他们、创造需求!

2. 选择自己的兴趣点为出发点

选择创业的时候,尽量选择自己熟悉的,而且自己感兴趣、擅长的,能够长久做的行业,不要中途频繁换行业,那样浪费时间太多,而且浪费成本更多,还消耗心力、脑力、体力。

在当前时代背景下,要想创业成功,最好还是选择自己感兴趣的行业,而且是自己有优势的行业。因为只有自己感兴趣,才能够愉快地坚持下去;而自己有特长,有优势的,才能够领先于别人一些。

3. 如何甄选出自己的创业机会

在生活中处处有商机,假如拥有了一个创业想法,但是这个想法并不明确也不成熟,怎样才能把想法变成行动,最后成为自己的事业,提高创业成功率呢?

途径一:利用大学课堂、图书馆。创业者通过课堂学习和图书馆阅览拥有过硬的专业知识,让自己的想法循序渐进,并且能够和某个现有的计划或行动结合起来。分解自己的想法,把自己的想法分成很多小的部分,这样就可以分阶段执行。风险越小的想法越有可能得到实现。

途径二:与商界人士广泛交流。找有创业经验的亲朋好友,获取最直接的创业技巧与经验,甚至可以利用与专业人士交流的机会获得更多的来自市场的创业知识,将你的想法融入别人的想法之中。

途径三:创业实践。真正的创业实践开始于创业意识萌发之时。大学生的创业实践是学习创业知识的最好途径。利用假期兼职实习、观察记录,寻求适合自己的创业机会。

二、创业项目的调研与评估

创业的过程中首先要确定创业的方向,这需要做行业的整体研究与评估,然后再去组建靠谱、合适的团队。俗话说:要打有准备之战,你想到的别人很有可能已经在做了。所以一个项目的形成需要大量的市场调研,并对项目进行全方位的风险评估。

1. 创业与创意

创意并不代表创业,但是既然创业就是不走寻常路,那么创意和创意性思考就成了创业的思维基础。

何谓创意? 创意本身其实是个非常难以理解的概念,因为对不同的事物,不同的人产生不同反应,便有不同程度的认知。有人认为创意是任何新的主意,但也有人认为要发明出一些新的产品才可以称得上创意。很多人认为创意是所谓的第六感或是天助之想,是属于感觉的,并且是让人无法把握的。

其实,我们的逻辑性在创意中扮演了更重要的角色。心血来潮,固然是创意,而为了实现一个具体目标,有系统地构思,则是更为广义的创意。创意中有些部分的确是依赖与生俱来的天分,不过天才毕竟是少数人,并且,很多创意的发生必须依赖各种各样的触媒,才能使创意源源不断,例如整个社会文化环境的刺激、阅读吸收新知识、对周边事物的观察等。

2. 风险评估

创业中要面对很多风险,所以风险评估就成了一项重要的创业准备。我们建议进行以下风险的评估。

(1)机会成本评估。简单地讲,机会成本就是当你做了一件事情而放弃另一件事情时,你损失的最大利益。比如,你有一笔钱,如果你用它来投资房地产,你可以赚取 3 000 元,而你用它来买了股票,结果只赚取了 1 000 元,那么你所损失的最大利益就是 3 000 元,即机会成本是 3 000 元。

创业是要付出代价的,所以风险评估首先就要进行机会成本评估。当你已经有了一份职业,想要进行创业时,要正确评估你选择创业后在职业中所失去的,比如薪水、福利等。如果你手中有两个好的创业机会,也要进行机会成本评估。

(2)市场风险评估。市场是一个动态的市场,它处于不断的变化当中。比如:三个月前还在盈利的企业,很可能现在已经濒临破产。创业中的市场风险要综合考虑以下多个方面:市场价格的波动;市场需求量和供给量之间的关系;产品的市场定位;利率、汇率、股票等对市场的影响。

(3)资源风险评估。资源风险就是创业过程中所需要的生产资料的来源风险。比如:你要创办一家计算机销售公司,就要考虑计算机及其零部件的进货渠道;你要创办一家餐饮店,就要考虑原材料和固定资产的来源。

这里我们还想向你建议的一点是:创业是一个"由小到大"的过程,在创业初期,最好不要追求奢华。

(4)资金风险评估。资金风险是创业过程中要评估的重要风险。在创业过程中,流动资金的周转是财务管理的一个很重要的方面。如果创业初期就在固定资产和原材料上投入过多,会造成创业过程中资金周转不灵。而没有了资金,公司就很难运转下去。

(5)环境风险评估。环境主要指的是创业所处的社会环境、政策、法律,以及人们的意识和文化。这些因素也会对创业产生较大的影响。

三、寻找创业资源与团队组建

常言道:"巧妇难为无米之炊。"同样,没有资源,创业者也只能望(商)机兴叹。

创业资源是新创企业在创造价值的过程中需要的特定资产,包括有形资产与无形资产,主要表现为创业人才、创业资本、创业机会、创业技术和创业管理等方面。对创业企业来说,创业者是其独特的资源,也是无法用钱买到的资源。

1. 创业资源获取的途径

获取创业资源的途径分为市场途径和非市场途径两大类。当创业所需要的资源有活跃的市场，或者有类似的可比资源进行交易时，可以采用市场交易的途径；其他情况下则可以采用非市场交易的途径。

（1）通过市场途径获取资源。通过市场途径获取资源的方式包括购买、联盟和并购等。

购买是指利用财务资源通过市场购入的方式获取外部资源。主要包括购买厂房、装置、设备等物质资源，购买专利和技术，聘请有经验的员工等。需要注意的是，诸如知识尤其是隐性知识等资源虽然可能会附着在非知识资源之上，通过购买物质资源（如机器设备等）得到，但很难通过市场直接购买，因此，需要新创企业通过非市场途径去开发或积累。对创业者来说，购买资源可能是其最常用的资源获取方式，大部分资源，尤其是物质资源、技术资源、人力资源等都可以通过从市场上购买的方式得到。

联盟是指通过联合其他组织，对一些难以或无法自己开发的资源实行共同开发。这种方式不仅可汲取显性知识资源，还可汲取隐性知识资源。但联盟的前提是联盟双方的资源和能力互补且有共同的利益，而且能够对资源的价值及其使用达成共识。通过联盟的方式共同研究开发获取技术资源也是创业者经常采用的方式，尤其是对于高科技企业来说，通过和高等院校和研究机构的联盟，可以在不增加设备投入的同时，及时得到企业发展所需要的技术资源，使企业保持可持续发展的后劲。

并购是通过股权收购或资产收购，将企业外部资源内部化的一种交易方式，资源并购的前提是并购双方的资源尤其是知识等资源具有比较高的关联度。并购是一种资本经营方式，通过并购可以帮助创业者缩短进入一个新领域的时间，从而及时把握商机，实现创业目标。

（2）通过非市场途径获取资源。非市场途径获取资源的方式主要有资源吸引和资源积累等。

资源吸引指发挥无形资源的杠杆作用，利用新创企业的商业计划、通过对创业前景的描述、利用创业团队的声誉来获得或吸引物质资源（厂房、设备）、技术资源（专利、技术）、资金和人力资源（有经验的员工）。创业者在接触风险投资或者技术拥有者的过程中，可以通过对创业前景的描述或团队良好声誉的展示，获得资源拥有者的信任和青睐，从而吸引其主动将拥有的资源投入创业企业之中。

资源积累指利用现有资源在企业内部通过培育，形成所需的资源。主要包括自建企业的厂房、装置、设备，在企业内部开发新技术，通过培训来增加员工的技能和知识，通过企业自我积累获取资金等。创业者很多时候会采用资源积累的方式来筹集企业所需的人力资源或技术资源。通过资源积累的方式获取人力资源可以作为一种激励方式，激发创业团队或企业员工的工作积极性，提高工作效率；通过资源积累的方式获取技术资源，则可以在获得核心技术优势的同时，保护好商业机密。

通过市场途径还是非市场途径取得资源，主要依赖资源在市场的可用性和成本等因素。若证明快速进入市场能够带来成本优势，则外部购买可能就是获取资源的最佳方式。

获取资源贯穿创业的全过程，在创业的初始阶段，它具有更加重要的作用。对于多数新创企业来说,由于初始资源禀赋的不完整性,创业者需要取得资源供应商的信任来获取资源。但无论如何,采用多种途径同时获取不同资源总是正确的选择。欧洲工商管理学院策略学教授洛朗斯·凯普伦(Laurence Capron)和北卡罗来纳州杜克大学教授威尔·米切尔(Will Mitchell)2010年经过对162家电信公司长达10年的研究得出结论,与采用单一途径的企业相比,通过多种方式获取资源的企业更有优势:它们在未来5年内继续经营的概率比那些主要依赖联盟的企业高46%,比专注于并购的企业高26%,比坚持内部研发的企业高12%。

2. 创业团队的组建

创业团队的组建,没有统一的程式化流程。创业者走到一起,多是机缘巧合,兴趣相同、技术相同甚至是有相同的想法的人都可以合伙创业。创业要找最合适的人,不要找最好的人。一支豪华的创业团队,所创企业并不一定就是最好的企业。

创建团队,就是一个寻找人才的过程。而新企业由于自身的竞争实力难以与成功的大企业相比,而对所需的人才又要求较高,这就造成了创业团队的组建困境。创业者如何解决这个问题,是考验其领导才能的关键。创业者在招聘时,并不是高薪就能吸引人才,新创企业的企业愿景、蓬勃的活力和优秀的企业文化才是吸引人才加入的因素。对于想加入创业团队的人员来说,创业者的个人魅力、公司的发展潜力、长远回报、个人价值等因素对他们的吸引远比单纯的薪资要大得多。

创业团队的组建是一个相当复杂的过程,不同类型的创业项目所需的团队不一样,创建步骤也不完全相同。概括来讲,大致的组建程序如下:

(1)分析需求。总目标确定之后,为了推动团队最终实现创业目标,再将总目标加以分解,设定若干可行的、阶段性的子目标。

(2)制订计划。一份完整的创业计划,必然包含创业核心团队的计划和人力资源计划。通过创业计划可以进一步明确创业团队的具体需求,比如人员的构成、素质和能力要求、数量要求等。创业团队的组建需要契合创业计划的要求,以匹配创业项目的运作。

(3)招募整合。招募合适的人员是创业团队组建中最关键的一步。关于创业团队成员的招募,主要应考虑两个方面:

① 互补性。一般而言,创业团队至少需要管理、技术和营销三个方面的人才,只有这三个方面的人才形成良好的沟通协作关系后,创业团队才可能实现稳定高效。

② 规模适度。适度的团队规模是保证团队高效运转的重要条件,团队成员太少则无法实现团队的功能和优势,而过多又可能会产生交流的障碍,团队很可能会分裂成许多较小的团体,进而大大削弱团队的凝聚力。一般认为,创业团队的规模控制在2~12人之间最佳。

(4)责权利分配。创业团队的职权划分就是根据执行创业计划的需要,具体确定每个团队成员所要担负的职责以及所享有的相应权限。

(5)制度构建。创业团队制度体系体现了创业团队对成员的控制和激励能力,主要包括团队的各种约束制度和激励制度。

(6)调整融合。随着团队的运作,团队组建时在人员匹配、制度设计、职权划分等方面的不合理之处会逐渐暴露出来,这时就需要对团队进行调整融合,这是一个动态持续的过程。

四、创业计划书与路演展示

1. 创业计划书的基本格式

创业计划书通常包括封面、保密要求、目录、摘要、正文（综述）、附录几部分。

（1）封面（标题页）。标题页可以放一张企业的项目或产品彩图，但须留出足够的版面排列以下内容：创业计划书编号、公司名称、项目名称、项目单位、地址、电话、传真、电子邮件、联系人、公司主页和日期等。

（2）保密要求。保密要求可放在标题页，也可放在次页，主要是要求投资方项目经理妥善保管创业计划书，未经融资企业同意，不得向第三方公开创业计划书涉及的商业秘密。

（3）目录。目录标明各部分内容及页码，要注意确认目录页码同内容的一致性。

（4）摘要。摘要是对整个创业计划书的概括，目的在于用最简练的语言将计划书的核心、要点、特色展现出来，吸引阅读者仔细读完全部文本，一般要求在两页纸内完成。摘要应从正文中摘录出投资者最关心的问题，包括对公司内部的基本情况，公司的能力以及局限性，公司的竞争对手，营销和财务战略，公司的管理队伍等情况的简明而生动的概括。如果公司是一本书，它就像是这本书的封面，做得好就可以把投资者吸引住。

（5）正文。正文是创业计划书的主体部分，要分别从公司基本情况、经营管理团队、产品及服务、技术研究与开发、行业及市场预测、营销策略、产品制造、经营管理、融资计划、财务预测、风险控制等方面对投资者关心的问题进行介绍，要求既有丰富的数据资料，使人信服，又要突出重点，实事求是。

（6）附录。附录是对正文中涉及的相关数据、资料的补充，作为备查。

2. 创业计划书的写作

创业计划书的写作要点如下：

（1）摘要。摘要是为了吸引战略合伙人与风险投资人的注意而将创业计划书的核心提炼出来，它是整个创业计划书的精华，涵盖计划书的要点。一般要在后面所有内容编制完毕后，再把主要结论性内容摘录于此，以求一目了然，在短时间内给读者留下深刻的印象。

摘要如同推销产品的广告，编制人要反复推敲，力求精益求精，形式完美，语句清晰流畅且富有感染力，以引起投资人阅读创业计划书全文的兴趣。特别要详细说明企业自身的不同之处以及企业获取成功的市场因素。

（2）企业介绍。这一部分是向战略合伙人或者风险投资人介绍融资企业或项目的基本情况。具体而言，如果企业处于种子期或创建期，现在也只有一个美妙的商业创意，那么，应重点介绍创业者的成长经历、求学过程，并突出其性格、兴趣爱好与特长、创业者的追求、独立创业的原因以及创意如何产生。

如果企业处于成长期，应简明扼要介绍公司过去的发展历史、现在的状况以及未来的规划。具体而言，包括：公司概述、公司名称、地址、联系方法；公司的业务状况；公司的发展经历；对公司未来发展的详尽规划；本公司与众不同的竞争优势；公司的法律地位；公司的公共关系；公司的知识产权；公司的财务管理；公司的纳税情况；公司的涉诉情况；等等。在描述公司发展历史时，正反的经验都要写，特别是对以往的失误，不要回避。对失误客观的描述、中肯的分析反而能够赢得投资者的信任。

（3）管理团队介绍。管理团队是投资者非常看重的,这部分主要是向投资者展现企业管理团队的结构、管理水平和能力、职业道德与素质,使投资者了解管理团队的能力,增强投资信心。

这部分主要介绍管理团队、技术团队、营销团队的工作简历、取得的业绩,尤其是与目前从事工作有关的经历。另外,可以着重介绍企业目前的管理模式,如果无特色,也可以不介绍,或者归入劣势部分。

在编写过程中,首先,必须对公司管理的主要情况作一个全面介绍,包括公司的主要股东及他们的股权结构、董事和其他一些高级职员、关键的雇员以及公司管理人员的职权分配和薪金情况,必要时,还要详细介绍他们的经历和个人背景。企业的管理人员应该是互补型的,而且要具有团队精神。一个企业必须要具备负责产品设计与开发、市场营销、生产作业管理、企业理财等方面的专门人才。

此外,在这部分创业计划书中,还应对公司组织结构作简要介绍,包括:公司的组织结构图;各部门的功能与责任;各部门的负责人及主要成员;公司的薪酬体系等。

这部分应让投资者认识到,创业者具有与众不同的凝聚力和团结精神,管理团队人才济济且结构合理,在产品设计与开发、财务管理、市场营销等各方面均具有独当一面的能力,足以保证公司以后成长发展的需要。

（4）技术产品（服务）介绍。在进行投资项目评估时,投资人最关心的问题之一就是企业的产品、技术或服务能否以及在多大程度上解决现实生活中的问题,或者企业的产品（服务）能否帮助顾客节约开支,增加收入,这是市场销售业绩的基础。

技术产品（服务）介绍一般包括以下内容:产品的名称、特性及性能用途;产品处于生命周期的哪一阶段,市场竞争力如何;产品的研究和开发过程;产品的技术改进、更新换代或新产品研发计划及相应的成本;产品的市场前景预测;产品的品牌和专利。

在这一部分,要对产品（服务）做出详细的说明,说明要准确,也要通俗易懂,让不是专业人员的投资者也能明白。一般地,产品介绍都要附上产品原型、照片或其他介绍。

此外,对于一些以技术研发为重点的高新技术企业来说,还要对相关技术及其企业研发情况进行分析,包括企业技术来源、技术原理、技术先进性、技术可靠性;公司的技术研发力量和未来的技术发展趋势,公司研究开发新产品的成本预算及时间进度,技术的专利申请、权属及保护情况、技术发展后劲和技术储备等,以使投资者对公司技术研发队伍的实力、公司未来竞争发展对技术研发的需要有所了解。

产品（服务）介绍的内容比较具体,因而写起来相对容易。虽然夸赞自己的产品是推销所必需的,但应该注意,企业家和投资者所建立的是一种长期合作的伙伴关系。空口许诺,只能得意于一时。如果企业不能兑现承诺,不能偿还债务,企业的信誉必然要受到极大的损害,这是真正的企业家所不屑的。

（5）行业、市场分析预测。行业与市场分析主要对企业所在行业基本情况、企业的产品或服务的现有市场情况、未来市场前景进行分析,使投资者对产品或服务的市场销售状况有所了解。这是投资者关注的重点问题之一。

行业与市场分析主要介绍行业发展趋势、行业发展中存在的问题、国家有关政策、市场容量、市场竞争情况、行业主要盈利模式等。

（6）市场营销策略。企业的盈利和发展最终都要拿到市场上来检验，营销成败直接决定了企业的命运。

在介绍市场营销策略时，创业者要讨论不同营销渠道的利弊，要明确哪些企业主管专门负责销售、主要使用哪些促销工具，以及促销目标的实现途径和具体经费支出等。

一般来说，企业可选择的市场营销策略有以下几种：

① 集中性营销策略，即企业只为单一的、特别的细分市场提供一种类型的产品（如制造汽车配件）。这种方法尤其适用于那些财力有限的小公司，或者是在为某种特殊类型的顾客提供服务方面确有一技之长的组织。

② 差异性营销策略，即为不同的市场设计和提供不同类型的产品。这种战略大多为那些实力雄厚的大公司所采用。

③ 无差异性营销策略，即只向市场提供单一品种的产品，希望它能引起整体市场上全部顾客的兴趣。当人们的需求比较简单，或者并不被人们认为很重要时，该策略较为适用。

（7）生产计划。生产计划旨在使投资者了解产品的生产经营状况。这一部分应尽可能把新产品的生产制造及经营过程展示给投资者。主要内容包括：

① 公司现有的生产技术能力，企业生产制造所需的厂房、设备情况。

② 质量控制和改进能力。

③ 新产品的生产经营计划，改进或将要购置的生产设备及其成本。

④ 现有的生产工艺流程，生产周期标准的制定及生产作业计划的编制。

⑤ 物资需求计划及其保证措施，供货者的前置期和资源的需求量。

⑥ 劳动力和雇员的有关情况。

为了增加企业的评估价值，应尽量使生产计划更加详细、可靠。

（8）财务分析与预测。这部分包括公司过去若干年的财务状况分析，今后三年的发展预测，以及详细的投资计划。旨在使投资者据此判断企业未来经营的财务状况，进而判断其投资能否获得理想的回报，它是决定投资决策的关键因素之一。

财务预测的依据、前提假设是投资者判断企业财务预测准确性和财务管理水平的标尺，也是投资者关注的焦点。其主要依据和前提假设是企业的经营计划、市场分析。由于财务分析与预测在公司经营管理中的重要地位，企业需要花费较多的精力来做具体分析，必要时最好与专家顾问进行商讨。

对于中小企业来说，财务预测既要为投资者描绘出美好的合作前景，同时又要使得这种前景建立于坚实的基础之上，否则会令投资者怀疑企业管理者的诚信或财务分析、预测及管理能力。

（9）融资计划。融资计划主要是根据企业的经营计划提出企业资金需求数量，融资的方式、工具，投资者的权益、财务收益及其资金安全保证，投资退出方式等，它是资金供求双方共同合作前景的计划分析。

融资计划的主要内容包括：

① 融资数额是多少？已经获得了哪些投资？希望向战略合伙人或风险投资人融资多少？计划采取哪种融资工具，是以贷款、出售债券，还是以出售普通股、优先股的形式筹集？

② 公司未来的资本结构如何安排？公司的全部债务情况如何？

③ 公司融资所提供的抵押、担保文件，包括以什么物品进行抵押或者质押，什么人或者机构提供担保？

④ 投资收益和未来再投资的安排如何？

⑤ 如果以股权形式投资，双方对公司股权、控制权、所有权比例如何安排？

⑥ 投资者介入公司后，公司的经营管理体制如何设定？

⑦ 投资资金如何运作？投资的预期回报如何？投资者如何监督、控制企业运作？

⑧ 对于吸引风险投资的，风险投资的退出途径和方式是什么，是企业回购、股份转让还是企业上市？

以上是融资计划的主要内容，企业既要对融资需求、用途提出令人信服的理由，又要有令人心动的投资回报和投资条件，同时也要注意维护企业自身的利益。其基础是企业的财务分析与预测。

由于与资金供给方合作的模式可能有多种，因此还需设计几种备选方案，给出不同盈利模式下的资金需要量及资金投向。

（10）风险分析。这部分内容主要是向投资者分析企业可能面临的各种风险隐患，风险的大小以及融资者将采取何种措施来降低或防范风险、增加收益等。主要包括：

① 企业自身各方面的限制，如资源限制、管理经验的限制和生产条件的限制等。

② 创业者自身的不足，包括技术上的、经验上的或者管理能力上的欠缺等。

③ 市场的不确定性。

④ 技术产品开发的不确定性。

⑤ 财务收益的不确定性。

⑥ 针对企业存在的每一种风险，企业进行风险控制与防范的对策或措施。

对于企业可能面临的各种风险，融资者最好采取客观、实事求是的态度，不能因为其产生的可能性小而忽略不计，也不能为了增大获得投资的机会而故意缩小、隐瞒风险因素，而应该对企业所面临的各种风险都认真加以分析，并针对每一种可能发生的风险做出相应的防范措施，这样才能取得投资者的信任，也有利于引入投资后双方的合作。

（11）附件和备查资料。附件主要是对创业计划书中涉及的一些问题的细节和相关的证书、图表进行描述或证明，如企业的营业执照、公司章程、验资审计报告、税务登记证、高新技术企业（项目）证书、专利证书、鉴定报告、市场调查数据、主要供货商及经销商名单、主要客户名单、场地租用证明、公司及其产品的介绍和宣传等资料、工艺流程图、各种财务报表及财务预估表、专业术语说明等。它与创业计划书主体部分一起装订成册。备查资料只需列出清单，待资金供给方有投资意向时查询。

3. 创业计划书的展示

（1）明确创业计划书的展示对象。

① 企业内部（员工或股东）。表述清晰的书面创业计划，有助于澄清创业目标，协调团队

的各项工作,增强团队凝聚力和行动力,激发团队一致行动向目标前进。

对于企业职能部门经理而言,通过分析包括各环节和未来战略目标的创业计划,能确保自己所做的工作与企业整体计划方向一致。

需要注意的是:创业计划必须严格保密,严防落入竞争者手中。为了保密,有些企业会限制创业计划的复本数量,对特定对象准备特定复本,并要求:不用时将计划放在文件柜或办公室锁好以确保安全。另外,在创业计划封面印刷"机密文件,未经许可,严禁复印"等字样。

② 投资者和其他外部利益相关者。投资者、潜在商业伙伴、潜在客户、前来应聘的关键员工等外部利益相关者是创业计划书的第二类读者。

要吸引这些人,创业计划不要过分乐观,过分乐观会破坏创业计划的可信度。

创业计划必须明确显示商业创意可行,并与那些风险更小的投资选择相比,商业创意能给潜在投资者带来更高的资金回报。

创业计划必须论证其商业创意的可行性,并开发出一套行之有效的商业模式,同时深入认识所处的竞争环境。注意要展示事实,即用事实说话。

（2）向投资者陈述创业计划。

① 陈述准备。与投资者会面之前,创业者一定要准备好幻灯片,而且内容要以预定的陈述时间为限。

陈述的首要原则是严格遵守会议时间地点安排,做好充分准备。如果需要视听设备,应事先准备好。注意:不要花费太多时间纠缠于产品或服务的技术,要多花点时间陈述企业自身情况;千万不要忘记重要材料（如申请专利的具体时间等）,若创业者回答不上来或者模棱两可的话将给投资者留下很差的印象。

注意事项:A. 要确保陈述流畅通顺;B. 幻灯片要简洁鲜明;C. 陈述内容应通俗易懂（忌专业术语）;D. 陈述企业自身状况而非技术或产品;E. 避免遗忘一些重要的资料。

② 陈述的关键点以及陈述技巧。陈述仅需要使用 10~15 张幻灯片,不追求全面,要抓重点,尤其是投资者可能感兴趣的部分。

公司:用 1 张幻灯片迅速说明企业概况和目标市场。

机会（尚待解决的问题和未满足需求）:这是陈述的核心内容,最好占 2~3 张幻灯片。

解决方式:企业将如何解决问题或如何满足需求,该项内容需要 1~2 张幻灯片。

管理团队:用 1~2 张幻灯片简要介绍每个管理者的资格和优势。

产业、目标市场:用 1~2 张幻灯片介绍企业即将进入的产业及目标市场状况。

竞争者:用 1~2 张幻灯片简要介绍直接和间接竞争者,并详细介绍企业如何与目标市场中的现有企业竞争。

知识产权:用 1 张幻灯片介绍企业已有的或待批准的知识产权。

财务:简要说明即可。强调企业何时盈利,为此要多少资本,以及何时实现现金流持平,最好用 2~3 张幻灯片。

需求、回购和退出战略:用 1 张幻灯片说明企业需要的资金数目及设想的退出战略。

4. 现场答辩与反馈

创业者要敏锐预见投资者可能会提出什么问题,并提前做好准备。投资者可能会用很挑剔的眼光看创业计划书,但其实,投资者仅仅是在做分内的事情,提出的问题可能会有很大帮助,会给创业者很大启发。

回答问题阶段非常重要,此时投资者往往考察创业者是否挖掘到问题的本质,以及对新创企业了解多少。

现场回答投资者问题要注意:

（1）对投资者问题的要点有准确理解,回答具有针对性而不是泛泛而谈。

（2）能在投资者提问结束后迅速作出回答,回答内容连贯、条理清楚。

（3）回答问题准确可信:回答问题建立在准确的事实和可信的逻辑推理上。

（4）特定方面的充分阐述:对投资者特别指出的方面能做出充分的说明和解释。

（5）整体答辩的逻辑性要求:陈述和回答的内容有整体一致性。

（6）团队成员在回答时有较好的配合,能协调合作,彼此互补,对相关领域的问题能阐述清楚。

第二节　大学生创业实施

当创业者有了创意项目和创业环境,并同时具备了人、物、财、场地等各方面的准备,通过创业规划和融资后就进入了企业的创办阶段。在这个阶段需要明确企业的组织形式,了解新企业注册的程序;了解和遵守有关法律法规,以确保自身和他人的利益没有受到非法侵害;新企业选址需要综合考虑政治、经济、技术、社会和自然等影响因素,其中经济因素和技术因素对选址决策起基础作用;企业注册成立后,除遵纪守法外,还需要主动承担社会责任,才能获得社会认同。

一、企业起名与选址

1. 为企业起名时需要考虑的 10 个问题

如何挑选一个朗朗上口,同时又恰到好处地与自己业务类型相配的公司名称,是一个挑战。

以下是在权衡各式各样的名称时需要考虑的 10 个问题:

（1）公司有哪些方面是希望以这个名称来完善的。一个好名称能将自己的公司与竞争对手区别开来,同时强化自身的品牌形象,这是一家命名公司的创始人史蒂夫·曼宁的观点。他明确建议,在为公司命名之前,先明确自己的品牌定位——就好像苹果公司这个命名,足以把自己同那些企业式的名称,比如 IBM 和 NEC,区别开来。苹果公司寻求的好名称是要能够支持品牌定位策略,能让人感觉到平实、温暖、有人情味、有亲切感又与众不同。

（2）这个名称是否会太有局限性。不要太过自我束缚,要避免选择那种会限制公司扩大产品线或者扩展新方向的名称。以 Angel soft.com 为例,这个公司成立于 2004 年,最初目标是帮助起步公司和天使投资人之间建立联系。数年之前,这个公司意识到它同样需要吸引风险资本和其他类型的投资者。所以它付出了昂贵的代价将品牌重塑为 Gust.com,这个名称没有之前的名称那么具体化,同时也塑造了一个不错的“风中帆船”的形象。

（3）这个名称的意义是否涉及公司的业务内涵。对于大部分的企业来说,选择的名称最好能够提供有关自身的产品和服务的信息。这并不意味着它不能同时具备朗朗上口的优点。举个例子:百度——这对于网络搜索业务来说是个好名称,因为它能吸引人们的注意力,同时也明确地联系上了这个公司的服务范围。不寻常的词汇,比如 Yahoo 和 Fog dog,有时候也能出效果,不过古怪的名称是有风险的。

（4）这个名称是否容易记住。名称越短越好。建议把名称限制在两个音节之内,同时避免使用连字符或者其他的特殊字符。尽量不要选缩略词,因为大部分人不知道其含义。在选择一个公司或者一个产品的命名的时候,平实和直截了当更能树立起自己的风格,以更低成本塑造品牌。

（5）这个名称是否容易拼写。有些公司会刻意选择那些消费者没那么容易写对的名称。这是一个有风险的策略。名称的拼法和读法应该完全一致,这一点非常重要。否则,当念出自己公司名称或者自己公司的电子邮件地址或者网站地址的时候,永远需要向别人大声拼读出来。

（6）公司的潜在客户第一次看到公司的名称是在什么情形下。"易于拼写原则"也有例外情况,特别是在大多数人会在印刷品或者在线广告上第一次看见你的名称的情况下。以 Zulily 为例,这是个为妈妈、宝宝和孩子提供日常交易品的网上公司。如果你只是听到这个名称,你可能猜不出要怎么拼写它。但是,这家公司来势汹汹的在线广告活动注定了大部分人第一次看到它的时候就已经是拼出来的形态了。而回报就是,这个名称不同凡俗的读音和拼写方式塑造出了一个非常鲜明的品牌形象。

（7）这个名称是否好听或好读。名称的发音对于传达出一种活力和兴奋的感觉是很重要的,同时也必须确保潜在的客户能够很容易地念出自己公司的名称。人们能够拼写、拼读和记住的名称,就是他们熟悉的名称。比如 Apple,Oracle 等名称。

（8）公司的名称是否只对自己有意义。一个隐藏意义或者仅有私人意义的名称,无法在顾客心中树立起任何对于自己品牌的印象。比如火舌公关公司,创始人霍利甚至使用了消防队长的头衔,把其办公室叫做消防队,也开始提供被命名为诸如"炼狱""控制火势""火柴盒"之类的公关软件包,其整个品牌就是围绕着这个名称本身,把相关意象无休止地扩展开来。

（9）此名称是否在视觉上有吸引力。大部分人可能都希望自己公司的名称看起来像一个标志、广告,或者广告牌。例如,Volvo——完全没有低行字母,Xerox——以相同字母开头和结尾,具有对称美。

（10）公司命名前是否进行了适当的商标检索。如果已经有人声明了对此名称的所有权,那么这个名称再好也毫无价值。可以做一个粗略的网络检索,看看这个名称是否已经被使用了。接着,聘请一名商标代理律师来做一次更彻底的筛查,如果这个名称未被别人命名,就可以去专利和商标局进行注册。

2. 企业选址策略

对于那些刚刚开始创业的人来说,soho(small office & home office,指小工作室或家庭办公室)办公也许是一个好的开始,但当你已经需要成立一个公司,开始走上真正的创业之路的时候,有一个真正属于自己的正规的办公场所显得十分重要。

创业企业都需要有经营场所,企业的选址与未来的经营发展有着很大的关系。对于创业者来说,将创业的地点选在哪个城市、哪个区域是一件先决性的事情。尤其是以门店为主的商业或服务型企业,店面的选择往往是成功的关键。好的选址等于成功了一半。

大多数创业者都会选择在熟悉的地方(家乡或者学习的城市等)创业。在选定目标城市后,还需要进一步选择具体的经营地点。不同类型的创业企业,在选址上优先考虑的因素是不同的。

(1)生产性质的创业企业选址。这类创业企业在选址时要考虑具备生产条件:交通方便,便于原料运进和产品运出;生产用电要满足,生产用水要保证;生产所使用的原料基地要尽量离企业不远;所使用的劳动力资源要尽量就地解决;考虑当地税收是否有优惠政策等。如果是一些可能对环境造成影响的生产项目,还须考虑环保因素。

(2)商业性质的创业企业选址。这类创业企业在选址时应考虑创业地的实际情况、客流量、店铺租金等。如在城市,若干个商业圈往往带动圈内商业的规模效应,选择在商业圈内会较易经营。但与繁华商圈寸土寸金的消费能力相应,店铺租金或转让费也是寸土寸金,往往会让创业者捉襟见肘,想要得一立足之地非常困难。因而可以在商业圈内利用联合经营、委托代销等方式,或者在商业圈边缘选址,转向"次商圈",将因此而节约下来的资金用于货品升级、提升服务等。在选址时要有"借光"的意识,比如在体育馆、展览馆、电影院旁边选址等。如果选择商圈之外的经营场所,则要注意做出特色,形成自己独特的风格,以达到"酒香不怕巷子深"的效果。

(3)服务性质的创业企业选址。这类创业企业在选址时要根据具体的经营对象灵活选址,但对客流量要求较高。"天下熙熙,皆为利来;天下攘攘,皆为利往",客流一定意义上就等于财流。在车水马龙、人流量大的地段经营,成功的概率往往比在人迹罕至的地段要高得多。但也应结合企业的目标消费群体特点,如针对居民的应设在居民社区附近,针对学生的则应设在学校附近。如果以订单为主,低成本、高效能的办公楼成为首选。

目前,创业的年轻人多以从事服务性和知识性产品的创业者为主,集中在网络技术、电子科技、媒体制作和广告等产业。这些性质的公司可以选在行业聚集区或较成熟的商务区以及新兴的创意产业园区。

在选择经营场地时,各行业的考虑重点各不相同,其中有两项因素是不容忽略的,即租金给付的能力和租约的条件。经营场地租金是最固定的营运成本之一,即使休息不营业,也得支出租金。有些货品流通迅速、空间要求不大的行业,如精品店、高级时装店、餐厅等,负担得起高房租,就设于高租金区;而家具店、旧货店等,因为需要较大的空间,最好设在低租金区。

二、企业注册流程

1. 工商登记

(1)公司核名是注册公司的第一步,由工商管理局进行综合审查并给予注册核准,发放具有市工商管理局名称登记专用章的"企业名称预先核准通知书"。

(2)工商注册登记表。到工商管理局领取公司注册的各项登记表。

（3）出资人验资。投资者根据各自的出资比例,提供注册资金证明,并通过审计部门出具验资报告。

（4）申领营业执照。工商局对企业提交的材料进行核查,通过后可领取营业执照。申领提交材料包含:公司核名通知、公司章程、法人及全体股东的身份证明和房产证复印件等。

（5）公司公章备案。凭营业执照到公安局指定地点刻章。公司用章包括:公章、财务章、法人章等。

2. 申办企业组织机构代码

凭营业执照由企业提出申请,通过审核后到当地质量检验检疫局领取。

3. 税务登记

领取营业执照30天内向国家税务机关申请税务登记。

4. 银行开户

新创办企业需设立基本账户,企业可根据自身具体情况选择开户银行。

三、初创企业的组织管理

1. 功能部门管理

功能部门管理就是通过建立一定的功能部门,形成特定的企业组织结构,对各功能部门规定职务或职位,明确责权关系,以使企业各部门成员互相协作配合、共同劳动,有效实现企业目标的过程。功能部门管理,又称岗位管理,是企业最常见的基本管理模式。

功能部门管理的工作内容,概括地讲,包括四个方面:第一,确定实现企业目标所需要的活动,并按专业化分工的原则进行分类,按类别设立相应的工作岗位;第二,根据企业的特点、外部环境和目标需要划分功能部门,设计组织机构及其结构;第三,规定企业组织机构中的各种职务或职位,明确各自的责任,并授予相应的权力;第四,制定规章制度,建立和健全企业组织机构中各方面的相互关系。

功能部门管理应该明确企业中有什么工作,谁去做什么,工作者承担什么责任,具有什么权力,与组织结构中上下左右的关系如何。只有这样,才能避免由于职责不清造成的执行中的障碍,才能使组织协调地运行,保证组织目标的实现。每一个公司的部门分配应该是不一样的,它与这个公司的业务范围、发展阶段有关系,既要稳定又要灵活。

2. 项目制管理

功能部门管理是按工作职能(平行结构)组织起来的管理模式,而项目管理则与之相对,是以任务(垂直结构)组织起来的管理模式。项目管理是第二次世界大战后期发展起来的管理技术之一,是以项目为对象的系统管理方法,通过一个临时性的专门的柔性组织,对项目进行高效率的计划、组织、指导和控制,以实现项目全过程的动态管理和项目目标的综合垂直协调与优化。项目管理是以项目经理负责制为基础的目标管理。

项目管理的主要任务一般包括项目计划、项目组织、质量管理、费用控制、进度控制五项。日常的项目管理活动通常是围绕这五项基本任务展开的。项目管理自诞生以来发展很快,当前已发展为三维管理:时间维,即把整个项目的生命周期划分为若干个阶段,从而进行阶段管理;知识维,即针对项目生命周期的各不同阶段,采用不同的管理技术方法;保障维,即对项目人、财、物、技术、信息等的后勤保障管理。

项目制运作一般适用于特定行业的企业创立初期采用,此类企业业务的灵活性、不确定性很强,专业程度一般比较高,如技术类、咨询类公司,摄影或设计工作室等。但在其发展到规模较大,对经营管理的日常性、规范性要求较高的阶段之后,一般还是应建立一定的功能部门,使得管理规范化。但在承接具体的业务时,仍可根据实际情况采用项目制运作。

四、初创企业的人力资源管理

对创业者而言,如何组成、发展、凝聚团队,做好员工的选、用、育、管、留,已成为一项必要的创业管理能力。创业者要掌握好企业的初创期、发展期和成熟期用人的不同标准和方法。初创期要的是"跨马能够闯天下"的人才,而发展到一定的程度后就需要"提笔能够定太平"的人物。企业在发展过程中,只有在保持基本稳定的同时,不断地"吐故纳新",才能保持旺盛的生命力。

1. 人力资源规划

人力资源规划是指通过对人力资源需求和供给的预测,制订人力资源补充计划、晋升计划、人员配置与挑战计划、培训开发计划以及薪酬计划等。创业初期的人力资源规划,需要抓住几个核心要点:企业业务定位、企业规模、企业发展计划、人力资源运行模式。

(1)创业初期的人力资源规划,应该主要从业务开展的层面(包含技术、生产、营销等几个主要方面)以及企业整体运营来进行思考,同时结合企业的长远发展进行规划。

(2)从人力资源规划的角度而言,企业要建立一个比较完善的薪酬分配制度,即利益分配机制,这是最基本的游戏规则,先有规则再请人。要设什么部门,设什么岗位,这个岗位的职责是什么,请来的人需要完成哪些基本目标或任务等这些问题明确了,再谈分配制度就顺理成章了。

(3)人力资源规划方面需要考虑的一个重要因素是企业的业务规模的定位问题。提前预估企业生产能力和销售前景是比较关键的。如果预估失准,要么会造成人力资源的浪费,要么会造成人员的紧缺。

(4)关于企业的战略定位,从整体而言,企业人力资源的规划也肯定受其影响。可能受制于多方面的因素,很多新创办的企业开始往往没有战略规划;如果有战略,人力资源规划肯定是企业整体战略的一部分。

2. 人力资源管理制度

一个新公司,制度并非大而全就好,而是一些关键的制度不能少。初创企业的人力资源制度,主要有4个方面:基本的薪酬分配制度;考勤制度;人员招聘制度;奖惩制度。其他如培训制度、考核制度等实用就可以了。人力资源制度一定要结合企业的实际情况来制定,尤其是薪酬制度,要花点时间和精力,要确实能起到激励员工的作用。

3. 企业的薪酬管理

明确工作岗位所需的技能和学历以及工作的难易程度等,从而判断每个工作岗位的相对价值,以此作为薪酬管理的依据,制定公平合理的薪酬制度。

企业的薪酬管理一直困扰着很多企业领导,如果没有一套适合本企业的薪酬管理制度,企业领导人或者人事负责人往往会遇到很多棘手问题。初创企业必须学会建立一套科学实用的薪酬管理体系。

五、初创企业的财务管理

1. 规范记账方法

记账方法是指根据记账凭证,运用一定的记账符号和记账规则将经济业务登记在账户上的技术方法。

出纳人员为了对会计要素进行核算,反映和监督企业的经济活动,在按一定原则设置了会计科目,并按会计科目开设了账户之后,就需要采用一定的记账方法将会计要素的增减变动登记在账户中。

按照登记经济业务方式的不同,记账方法可分为单式记账法和复式记账法。复式记账法又因其构成要素的不同而分为借贷记账法、增减记账法和收付记账法。借贷记账法是目前世界上通用的记账方法。收付记账法和借贷记账法都是由单式记账法逐步发展、演变为复式记账法的。

我国现行税收会计采用借贷记账法。这是以税务机关为会计实体,以税收资金活动为记账主体,采用"借""贷"为记账符号,运用复式记账原理,来反映税收资金运动变化情况的一种记账方法。其会计科目划分为资金来源和资金占用两大类。它的所有账户分为"借方"和"贷方",左"借"右"贷","借方"记录资金占用的增加和资金来源的减少,"贷方"记录资金占用的减少和资金来源的增加。

税收会计的记账规则是:对每项税收业务,都必须按照相等的金额同时记入一个账户的借方和另一个账户的贷方,或一个账户的借方(或贷方)和几个账户的贷方(或借方),即"有借必有贷,借贷必相等"。

2. 成本控制

成本控制是一个复杂的系统学科,对于众多小本创业者来说,有成本控制的想法是很重要的。与此同时,成本控制中的几个原则也应引起重视:

(1)经济原则。因推行成本控制而发生的成本不应超过因缺少控制而丧失的收益。有些企业为了赶时髦,不计成本,搞了一些华而不实的烦琐手续,效益不大,甚至得不偿失。经济原则很大程度上决定了在重要领域中选择何种关键因素加以控制。经济原则要求能降低成本,纠正偏差,具有实用性。

(2)因时制宜原则。对大型企业和小型企业,老企业和新企业,发展快和相对稳定的企业,这个行业和那个行业的企业,以及同一企业的不同发展阶段,管理重点、组织结构、管理风格、成本控制方法和奖励形式都应当有区别。例如,新企业的重点是销售和制造,而不是成本;正常经营后管理重点是经营效率,要开始控制费用并建立成本标准;扩大规模后管理重点转为扩充市场,要建立收入中心和正式的业绩报告系统;规模庞大的老企业,管理重点是组织的巩固,需要周密的计划和建立投资中心。适用于所有企业的成本控制模式是不存在的。

(3)全员参与原则。对领导层的要求:①重视并全力支持;②具有完成成本目标的决心和信心;③具有实事求是的精神,不可好高骛远,更不宜急功近利、操之过急,唯有脚踏实地,按部就班,才能逐渐取得成效;④以身作则,严格控制自身的责任成本。

对员工的要求:①具有控制愿望和成本意识,养成节约习惯;②合作;③正确理解和使用成本信息,据以改进工作,降低成本。

3. 现金管理

如下 7 个步骤可改善现金流,确保初创企业的现金流健康、顺畅。

(1)为客户开发产品或项目时,向他们收取预付金,让他们为该项目提供资金。

(2)设置一个交货后全部收回账款的期限,比如要求在交货后 30 天内或 60 天内付款。尽可能快地收回资金。

(3)和供应商谈判,争取获得 30 天或更长的付款期限。先从顾客那里收到钱,再付款给供应商。

(4)预先设置一个收款的程序。如果顾客延期付款,就要不断催款。

(5)银行的贷款利率通常要比供应商收取的滞纳金要少。在紧急情况下,不妨向银行贷款,还清供应商的钱,这也能在短期内弥补现金流的不足。

(6)收账代理机构可以帮忙,不必等 30 天或 60 天,立即就可以拿到现金。但是使用代收服务需要费用,在使用代收服务前,要先想想哪种方式更划算。

(7)个人需要花的钱,尽量不要从公司支取。从公司拿走钱,也就减少了现金流的总量,而它本来可以用来促进公司的发展。

六、初创企业的营销管理

1. 销售渠道与方式选择

销售渠道是企业把产品向消费者转移的过程中所经过的路径。这个路径包括企业自己设立的销售机构、代理商、经销商、零售店等。对企业来说,销售渠道起到物流、资金流、信息流、商流的作用,完成厂家很难完成的任务。不同的行业、不同的产品、企业不同的规模和发展阶段,销售渠道的形态各不相同。合理选择销售渠道的实质,是合理选择中间商,它对企业生产经营活动和发展市场经济具有十分重要的意义。

合理的销售渠道有利于企业降低营销费用,扩大销量,提高供给能力和经济效益,可以帮助企业掌握市场供求信息,扩大服务项目,提高市场占有率,还可以有效地平衡供求关系,简化流通渠道,方便顾客购买。

直播带货、网络销售、电话订购和电视购物频道等模式日益成熟,给渠道带来新的变革,消费者的行为习惯也随之发生改变。若创业企业能抓住新的机遇,及时调整营销渠道、战略方向,与时俱进、不断创新,必然取得创业成功。

2. 新创企业的定价策略

新产品的定价是营销策略中一个十分重要的问题。它关系到新产品能否顺利进入市场,能否站稳脚跟,能否获得较大的经济效益。新产品的定价策略主要有三种:

(1)取脂定价策略。取脂定价策略,又称撇油定价策略,是指企业在产品寿命周期的投入期或成长期,利用消费者的求新、求奇心理,抓住激烈竞争尚未出现的有利时机,有目的地将价格定得很高,以便在短期内获取尽可能多的利润,尽快地收回投资的一种定价策略。其名称来自从鲜奶中撇取乳脂,含有提取精华之意。

（2）渗透定价策略。渗透定价策略,又称薄利多销策略,是指企业在产品上市初期,利用消费者求廉的消费心理,有意将价格定得很低,使新产品以物美价廉的形象吸引顾客,占领市场,以谋取远期的稳定利润。

（3）满意价格策略。满意价格策略,又称平价销售策略,是介于取脂定价和渗透定价之间的一种定价策略。由于取脂定价策略定价过高,对消费者不利,既容易引起竞争,又可能遇到消费者拒绝,具有一定风险;渗透定价策略定价过低,对消费者有利,对企业最初收入不利,资金的回收期也较长,若企业实力不强,将很难承受。而满意价格策略采取适中价格,基本上能够做到供求双方都比较满意。

3. 初创企业的品牌策略

初创企业的品牌设计要求:

第一,简洁醒目,易读易懂,使人在短时间内产生印象,易于理解记忆并产生联想。

第二,构思巧妙,暗示属性。品牌应是企业形象的典型概括,反映企业个性和风格,使顾客产生信任。

第三,富有内涵,情意浓重。品牌可引起顾客强烈兴趣,诱发美好联想,产生购买动机。

第四,避免雷同,超越时空。在我国品牌雷同的现象非常严重。据统计,我国以"熊猫"为品牌名称的有311家,"海燕"和"天鹅"两个品牌分别有193家和175家同时使用。

超越空间的限制是指品牌要超越地理文化边界的限制。由于世界各国的历史文化传统、语言文字、风俗习惯、价值观念和审美情趣不同,对于一个品牌的认知、联想必然会有很大差异。

4. 初创企业的商品包装策略

（1）包装要求。在初创企业市场营销中,为适应竞争的需要,包装要考虑不同对象的要求。

① 消费者的要求。由于社会文化环境不同,不同的国家和地区的消费者对产品的包装要求不同。因此,包装的颜色、图案、形状、大小、语言等要考虑不同国家、地区、民族等消费者的习惯和要求。

② 运输商的要求。运输商考虑的是商品能否以最小的成本安全到达目的地。所以要求包装必须便于装卸、结实、安全,不至于在到达目的地前损坏。

③ 分销商的要求。分销商不仅要求外包装便于装卸、结实、防盗,而且内包装的设计要合理、美观,能有效利用货架,容易拿放,同时能吸引顾客。

④ 政府要求。随着人们绿色环保意识的加强,要求企业包装材料的选择要符合政府的环保标准,节约资源,减少污染,禁止使用有害包装材料,实施绿色包装战略。同时要求标签符合政府的有关法律和规定。

（2）包装策略。包装策略指企业生产的各种产品,在包装上采用相同的图案、相近的颜色,体现出共同的特点,也叫产品线包装。它可以节约设计和印刷成本;易于树立企业形象,提高企业声誉及新产品推销。但某一产品质量下降会影响到类似包装的其他产品的销路。

① 等级包装策略。一是不同质量等级的产品分别使用不同包装,表里一致;二是同一商品采用不同等级包装,以适应不同购买力水平或不同顾客的购买心理。

② 异类包装策略。指企业各种产品都有自己独特的包装,设计上采用不同风格、不同色调、不同材料。它使企业不致因某一种商品营销失败而影响其他商品的市场声誉,但增加了包装设计费用,新产品进入市场时需更多的销售推广费用。

③ 配套包装策略。指企业将几种相关的商品组合配套包装在同一包装物内。它方便消费者购买、携带与使用,有利于带动多种产品销售及新产品进入市场。

④ 再使用包装策略。指包装物内商品用完之后,包装物本身还可用作其他用途。它通过给消费者额外的利益而扩大销售,同时包装物再使用可起到延伸宣传的作用。但这种刺激只能收到短期效果。

⑤ 附赠品包装策略。指在包装物内附有赠品以诱发消费者重复购买。

⑥ 更新包装策略。指企业的包装策略随市场需求的变化而改变的做法。它可以改变商品在消费者心目中的地位,进而收到迅速恢复企业声誉之效。

5. 初创企业的客户管理

客户是创业企业生存与发展的根本,客户管理不仅是初创企业获得稳定销售收入的保障,而且也是初创企业提高竞争力的有效手段。初创企业开展客户管理的过程中,需要注意以下原则:

第一,动态管理。客户关系建立后,置之不顾,就会失去它的意义。因为客户的情况是在不断地发生变化的,所以客户的资料也要不断地加以调整,剔除过时的或已经变化了的资料,及时补充新的资料,对客户的变化要进行跟踪,使客户管理保持动态性。

第二,突出重点。客户资料很多,我们要透过这些资料找出重点客户。重点客户不仅要包括现有客户,而且还应包括未来客户或潜在客户。这样可为企业选择新客户、开拓新市场提供资料,为企业进一步发展创造良机。

第三,灵活运用。客户资料的收集管理,目的是在销售过程中加以运用。所以,在建立客户资料卡或客户管理卡后,不能束之高阁,应以灵活的方式及时全面地提供给推销人员及其他有关人员,使他们能进行更详细的分析,使死资料变成活资料,提高客户管理的效率。

第四,专人负责。由于许多客户资料是不宜流出企业的,只能供内部使用。所以,客户管理应确定具体的规定和办法,应由专人负责管理,严格管理客户情报资料的利用和借阅。

第三节　优化创业过程

一、创业团队管理

大学生创业团队是基于朋友、同学关系组建而成,在学历、经历、专业、年龄上趋于统一,团队往往不能同时包括技术人才、市场人才和管理人才。同时大学生创业团队往往缺少核心人物,导致团队缺乏核心凝聚力、稳定性和协作能力。另外,由于缺乏对社会实际情况的调查、研究,缺乏社会阅历,团队往往缺乏可控社会资源以及潜在可用资源。

大学生创业团队的管理要注意以下几个方面。

1. 塑造共同目标和信念

大学生创业团队内部必须要有共同努力的目标和方向,同时应有为共同目标而努力的具体行动纲领和准则,这就涉及大学生在创业团队组建之前,对团队理念、成员能力、工作经验等各方面的要求。

创业过程中充满风险和艰辛,创业团队必须有共同的理想和信念,才能在遇到困难时,齐心协力、共渡难关。这就需要团队的组织者或团队中起协调作用的成员尽量去统一团队成员的目标,在倾听、理解的基础上予以引导、激励、调节。因此,能否统一团队目标,直接决定了大学生创业团队的成败。

2. 加强团队完整性和凝聚力

强调大学生创业团队的完整性是非常必要的,但一定要根据创业团队所处的阶段、行业、项目等实际情况辩证地处理。初创阶段,团队往往以技术人员为主;发展扩张期,技术和市场开拓人才并重;创业后期,管理人才的权重必须加强。

考虑团队完整性之后,必须强调团队的核心凝聚力。对于初创团队而言,团队的核心非常重要,其核心领导人的凝聚力对其核心竞争能力的影响非常大。对于初创团队而言,速度比完美更重要,效率比民主更重要,因此凝聚力在团队的成败中占很大比重。

3. 确定合理角色与分工

一个好的创业团队,应该是一个优势互补的团队,研发、技术、市场、融资等各方面组成的一流的合作伙伴是创业成功的法宝。要建立优势互补的创业团队,主内与主外的不同人才、耐心的总管和具有战略眼光的领袖、技术与市场等各方面的人才固然不可偏废,但团队人才的搭配更应注意个人性格与看问题角度的不同。一般而言,如果一个团队里总能有提出建设性建议和一个不断发现问题的批判性成员,这对创业的成功是大有裨益的。对于团队核心技术人员,要舍得投资延聘。团队的核心人员还要注意,一定要选择对团队有热情的人加入,并且要使所有人在团队初创期就要有每天长时间工作的准备。任何人,不管他的专业水平多么高,如果对创业的信心不足,将无法适应创业的需求。

4. 强化团队沟通与学习

要保持团队的创造力,团队就要不断学习。创业团队形成一定规模后,必须扩大队伍,此时会出现原有团队成员退出和新成员加入等各种新情况,在这种情况下保持团队的创造力,学习就非常重要。要让新成员了解团队理念,拥有统一信念,进一步推出新产品,这些都要在不断学习中完成。

二、创业资源整合

为了确保公司持续发展,创业者在每个阶段都要问自己,怎样才能用有限的资源获得更多的价值创造?

1. "创造"全新的资源

很多创业者都是拼凑高手,通过加入一些新元素,与已有的元素重新组合,形成在资源利用方面的创新行为,进而可能带来意想不到的惊喜。创业者通常利用身边能够找到的一切资源进行创业活动,有些资源对他人来说也许是无用的、废弃的,但创业者可以通过自己的独有经验和技巧,加以整合创造。例如,很多高新技术企业的创业者并不是专业科班出身,可能是出于兴趣或其他原因,对某个领域的技术略知一二,却凭借这个略知的"一二"敏锐地发现了机会,并迅速实现了相关资源的整合。

整合已有的资源,快速应对新情况,是创业的利器之一。拼凑者善于用发现的眼光,洞悉身边各种资源的属性,将它们创造性地整合起来。这种整合很多时候甚至不是事前仔细计划好的,而往往是具体情况具体分析、"摸着石头过河"的产物。而这也正体现了创业的不确定性特性,并考验创业者的资源整合能力。

2."节约"已有的资源

创业者分多个阶段投入资源并在每个阶段投入最有限的资源,这种做法被称为"步步为营"。步步为营的策略首先表现为节俭,设法降低资源的使用量,降低管理成本。但过分强调降低成本,会影响产品和服务质量,甚至会制约企业发展。比如,为了求生存和发展,有的创业者不注重环境保护,或者盗用别人的知识产权,甚至以次充好。这样的创业活动尽管短期可能赚取利润,但长期而言,发展潜力有限。所以,需要"有原则地保持节俭"。

步步为营策略还表现为自力更生,减少对外部资源的依赖,目的是降低经营风险,加强对所创事业的控制。很多时候,步步为营不仅是一种做事最经济的方法,也是创业者在资源受限的情况下寻找实现企业理想和目标的途径,更是在有限资源的约束下获取满意收益的方法。习惯于步步为营的创业者会形成一种审慎控制和管理的价值理念,这对创业型企业的成长与向稳健成熟发展期的过渡尤其重要。

3."撬动"更多的资源

杠杆资源效应就是以尽可能少的付出获取尽可能多的收获。美国投资银行家罗伯特·库恩说过:一个创业者要具有发现价值和创造价值的能力,要具有在沙子里找到钻石的功夫,能识别一种没有被完全利用的资源。杠杆资源效应体现在以下方面:更加长期地使用资源;更充分地利用别人没有意识到的资源,利用他人或者别的企业的资源来完成自己创业的目的;用一种资源补另一种资源,产生更高的复合价值;利用一种资源获得其他资源。

对创业者来说,容易产生杠杆效应的资源,主要包括人力资本和社会资本等非物质资源。创业者的人力资本由一般人力资本与特殊人力资本构成,一般人力资本包括受教育背景、以往的工作经验及个性品质特征等。特殊人力资本包括产业人力资本(与特定产业相关的知识、技能和经验)与创业人力资本(如先前的创业经验或创业背景)。调查显示,特殊人力资本会直接作用于资源获取,有产业相关经验和创业经验的创业者能够更快地整合资源,更快地实施市场交易行为。而一般人力资本使创业者具有知识、技能、资格认证、名誉等资源,也提供了同窗、校友、老师以及其他连带的社会资本。

相比之下,社会资本有别于物质资本、人力资本,是社会成员从各种不同的社会结构中获得的利益,是一种根植于社会关系网络的优势。在个体分析层面,社会资本是嵌入、来自并浮现在个体关系网络之中的真实或潜在资源的总和,它有助于个体开展目的性行动,并为个体带来行为优势。社会交往频繁的创业者所获取的相关商业信息更加丰富,从而有助于提升创业者对特定商业活动的深入认识和理解,使创业者更容易识别出常规商业活动中难以被其他人发现的顾客需求,进而更容易获得财务和物质资源,这正是其杠杆作用所在。

4.“置换”利益相关者的资源

资源通常与利益相关,创业者之所以能够从家庭成员那里获得支持,就是因为家庭成员之间不仅是利益相关者,更是利益整体。既然资源与利益相关,创业者在整合资源时,就一定要设计好有助于资源整合的利益机制,借助利益机制把潜在的和非直接的资源提供者整合起来,借力发展。因此,整合资源需要关注有利益关系的组织或个人,要尽可能多地找到利益相关者。同时,分析清楚这些组织或个体和自己以及自己想做的事情之间的利益关系的强弱,利益关系越强、越直接,整合到资源的可能性就越大,这是资源整合的基本前提。

利益相关者之间的利益关系有时是直接的,有时是间接的,有时是显性的,有时是隐性的,有时甚至还需要在没有的情况下创造出来。另外,有利益关系也并不意味着能够实现资源整合,还需要找到或发展共同的利益,或者说利益共同点。为此,识别到利益相关者后,逐一认真分析每一个利益相关者所关注的利益非常重要,多数情况下,将相对弱的利益关系变强,更有利于资源整合。

然而,有了共同的利益或利益共同点,并不意味着就可以顺利实现资源整合。资源整合是多方面的合作,切实的合作需要由各方面利益真正能够实现的预期加以保证,这就要求寻找和设计出多方共赢的机制。对于在长期合作中获益、彼此建立起信任关系的合作,双赢和共赢的机制已经形成,进一步的合作并不很难。但对于首次合作,建立共赢机制尤其需要智慧,要让对方看到潜在的收益,为了获取收益而愿意投入资源。因此,创业者在设计共赢机制时,既要帮助对方扩大收益,也要帮助对方降低风险,降低风险本身也是扩大收益。在此基础上,还需要考虑如何建立稳定的信任关系,并加以维护管理。

5.“挖掘”身边的资源

高校大学生创业存在甚至是严重存在信息不对称的问题。有不少身边的创业资源,还没有被大学生知晓、了解,更谈不上加以运用了。目前高校系统聚集了大量的可以帮助大学生创业的资源。有创业意愿的大学生应该留意这些在身边的资源,加以充分利用,不但能更好地提高自己判断分析和把握机遇的能力,而且也可能孕育着很好的机会。

(1)高校创业教育与创业指导。这些资源首先是各高校几乎都有的创业课程、创业者协会、科技和发明协会以及讨论或者实践创业的学生社团、沙龙、论坛和讲座等。在这些团队里有规章,有固定的活动时间,学生们可以和志同道合的朋友交谈,甚至有时候可能会有向成功企业家请教的机会。记学分的创新创业课程不仅由学校的老师来讲,也会邀请校外企业家授课,采取大班讲座、小班操练、案例剖析、创业比赛、专家辅导、实战模拟等一系列创新的教育方法和手段,帮助同学们对创业要素、创业过程以及创业者所涉及的问题有更为透彻全面的了解。

(2)创业基金。为鼓励创业,政府出台了一系列支持计划,不同部门设置了不同的大学生创业基金。各地也先后出台了有关计划或者设置相应的基金。比如上海市出台了《上海市高校学生科技创业基金》(即天使基金)。其政策措施以及计划、基金切实地帮助了很大一部分青年大学生创业。另外,很多高校或者学团组织也设置有大学生创业基金。

本章小结

　　创业过程可划分为机会识别、资源整合、创办新企业、新企业生存和成长四个主要阶段。本章介绍了大学生创业需要做的准备内容,并制定出实施步骤供大学生参考,让大学生了解初创企业的基本管理知识,熟悉新开办企业的法律问题,学会经营。

复习思考题

- 1. 如何识别创业机会?
- 2. 创业团队组建的要点有哪些?
- 3. 创业计划书的撰写要点有哪些?
- 4. 请描述新企业的注册流程。

◆ 即测即评

第十五章　大学生创业运行管理与风险评估

本章提要

　　初创企业成长是一个动态的实践过程,需要通过创新、变革和强化管理等手段积蓄、整合并促使资源增值进而追求企业持续发展。新企业成立初期应以生存为首要目标,其特征是主要依靠自有资金创造自由现金流,实行充分调动"所有的人做所有的事"的群体管理,以及"创业者亲自深入运作细节"。新企业成立初期易遭遇资金不足、制度不完善、因人设岗等问题。创业中的风险是难以避免的,创业者应有强烈的风险意识,才可能提高成功的概率。

　　通过本章的学习,可以了解创业的前期管理的特点及主要策略,了解团队建设、营销、融资与财务管理等知识,理解创业是有风险的,创业风险是可以识别并控制的,并掌握创业风险的识别与防范方法。

案例导入

给大家分享一个创业故事,这是一群来自上海临港大学城的几个本科生,他们发现学校普遍存在一个现象,每个学期考试完后,同学手中大量书籍闲置,如果这些闲置书籍能够及时进入市场流通,不仅出售书籍的同学可以得到远高于"废纸回收"的价格,有购买需求的同学也可以得到实惠的二手书。对于该现象,团队进行了大量的调研,最后得出该项目具有可行性。他们的创业故事从此开始了。

布克共享书致力于为当代大学生提供价格更优惠,种类更齐全的二手书与新书,同时鼓励同学租赁教材,改良传统高校教材行业,推进书籍循环使用。

1. 小回收,大力量

2015 年,一群无忧无虑的大学生做出了一个决定:"收废品,做回收","65 回收"就这样诞生了,从此他们在回收的路上越走越远。他们不理会周围同学异样的眼光,不在乎别人的冷嘲热讽,每天与塑料瓶、易拉罐、废纸为伍,尽管那时候的大家每天累得不行,但苦并快乐着。在这中间,他们也有过彷徨迷茫,但是半年后他们只剩一颗把事情做好的心。

幸运的是,回收废品帮他们积攒了第一批书籍,当时团队的第一感觉就是把这些书当做废纸处理太可惜了,于是他们开始各个渠道宣传呼吁学生使用二手教材,为教材的循环利用,为保护环境贡献自己的一份力量。最终结果给了他们一个惊喜,一个月内他们卖出近一万册书,累计近十万的销售额,从此团队重心转向二手书即布克。

2. 二手教材路上的摸爬滚打

当他们开始重点运营二手教材时,面临的第一个问题就是存量,因此他们迈出临港,进军上海奉贤、松江、宝山等高校市场,布克团队的脚步也因此踏遍了几乎上海每一所高校。在这当中他们也遇到了许多困难,比如被保卫部门"约谈",遭受学校收废品人员的阻挠,但是他们仍然坚持把上海每一所高校的书籍运回临港的仓库,以满足同学们大量的二手教材需求。

进军其他市场时,他们由于人员以及资金等的限制,不得不每天傍晚 6 点钟驱车 2 个小时到奉贤、松江、宝山等地区的高校,一轮回收完毕后,往往已是深夜 11 或者 12 点,回到临港时一般也就到了凌晨,这样的日子布克团队坚持了一个学期,最终他们库存达到十余万册。

他们也曾顶着 40 摄氏度的高温,将十余万册书搬迁至新仓库;也曾在学生放假回家后一一打包以确保同学新学期正常使用教材上课;也曾在新学期之初马不停蹄地处理配送订单,只为给同学们提供更好的服务,只为让更多的人一起推动教材循环使用。

3. 布克人一直在努力

虽然已经开设了 2 家线下实体店,但是二手书存量有限,他们竭尽全力却无法满足同学们对教材的需求,他们开始思索,探讨,最终决定自我革命,推出布克的教材租赁平台。

人世中的许多事,只要想做,都能做到,该克服的困难,也都能克服,不一定需要钢铁般的意志,更用不着什么技巧或谋略。只要一个人还在朴实、努力而饶有兴趣地生活着,他终究会实现他的目标。

第一节　大学生创业的前期管理

创业者在决定创业之前,首先应该清楚自己该不该设立企业,以及何时设立。大量的调查表明,企业的设立时机得当与否对新创企业的成功有着重要的影响。创业需要有适当的制度环境、政策环境、金融环境、市场环境、科技环境和人文环境等。良好的外部环境为很多创业者提供了设立企业的良好时机。

一、创业团队建设

大学生创业团队通常是由拥有并得到某项技术、产品的专利或新创意的某个核心创业者组织建立,团队是核心创业者通过在大学的人际关系网,邀请不同专业背景的同学、朋友、亲戚等组成,保证团队能力的多样性。

1. 团队愿景

共同愿景是一个组织的旗帜和灵魂,感召着团队中的每个成员激情澎湃、热血沸腾地为这一长期目标共同奋斗。团队愿景是团队成员所共同持有并为之奋斗希望达到的前景,它建立在一个高远的目标上,用以激发新的思考与行动,起指引方向和激励成员奋斗的作用。团队愿景最简单的说法是"我们想要创造什么?设想一下实现愿景以后我们有什么样的状态",它来源于成员对团队共同的关切,团队运营过程中需要激发出大家对达到愿景的强烈渴望。

2. 团队目标

团队愿景是团队长期目标,那么团队目标更侧重的是团队的短期目标。各项目标应该从愿景引导出来,它是行动的承诺,借以实现团队的任务,目标是团队的基本战略。

目标必须具体化为工作。而工作始终是具体的,始终有着或应该有清楚、明晰、可以衡量的结果,完成的期限以及责任的具体分配。

3. 团队协同

(1)团队领导。团队的发展必须有一位优秀的团队领导,他应该是善于用团队愿景引领团队的舵手,是团队沟通顺畅的媒介,是有独特视角及敏锐洞察力的战略家。团队领导应该具有以下品质:

第一,团队领导应正直、勇于承担责任,甚至主动替别人承担责任。

其二,团队领导应具有胆识。团队领导不仅要是一个有见识的人,而且还要在见识的基础上加上决策和实践能力,这样才能带领团队做出成果来。

第三,团队领导要有牺牲精神。牺牲是指为了团队整体利益、为了他人利益愿意做出自我利益牺牲的想法、姿态和行为。这样才能获得大家的信任和爱戴。

第四,谦虚有亲和力,善解人意,有较好的"群众基础"。

第五,须培养独特的视角及敏锐的洞察力,目光长远,有战略头脑。

(2)用人策略。优秀的创业团队核心成员之间必须有明确分工。绝大多数创业团队的核心成员都很少,很多人认为这样易于管理,实际上团队成员虽少,但是都有自己的想法和观点,彼此之间协同发展尤为重要。成员的才能要得到发挥,即人尽其才,才尽其用;大胆放权,切勿独裁,也不要过于民主。

4. 团队学习

未来竞争将是学习能力的竞争,是知识水平的竞争。创建学习型团队,已经成为大多数创业团队生存发展的必经之路。当团队内部变革速度慢于外部的变革速度时,危险就将来临。

团队学习要注意以下4点:

(1)形成学习共享与互动的团队氛围,重在团队文化,如开展例会学习(例会上每人讲述一个知识点)。

(2)鼓励主动进取,倡导谦虚好学风气,形成学习的好氛围。

(3)参加公司组织的集体讲座,学习先进实用的理论知识。

(4)利用图书馆宝贵资源,在团队中,队员看到有价值的信息与团队共享时,给予提升业绩的奖励。

5. 规章制度

(1)日常规章制度。日常规章制度是规范公司成员职务行为的,是创业工作得以执行的保证力。创业初期,大家都能靠团队的文化和平时作风严格约束自己。公司创立初期,就要严格按照规章制度来办,公司的管理就会规范,各项业务才会正常开展。

(2)奖惩制度。奖惩制度的目的在于规范成员的行为,鼓励和鞭策成员奋发向上,调动成员积极性,以创造更好的成绩。当成员取得较好的成绩时,团队给予成员奖励,如:安排假期旅游、发放实物等奖励。奖励应及时、公平、公开和公正。惩罚的方式要合情合理,以使其提高觉悟为原则。

(3)例会制度。团队例会主要是反馈总结以前工作、共同学习、共同探讨解决问题的办法并安排进一步工作的内部会议。

① 反馈总结:让团队成员对目前的工作有一个整体的把握,相互交流经验与教训,进行总结学习,总结学习这一环节是不可缺少的。

② 信息共享:例会的讨论机制可以帮助解决争议,激发新创意,在例会上采用头脑风暴法往往是高效的,与团队成员单独思考相比,采用头脑风暴会产生更多的创造性想法,当然也更易于解决问题。

③ 安排后续工作:明确每个成员下一步工作的具体任务和责任,中心任务是什么,主要负责哪一环节等。

(4)财务制度。内部财务制度是创业团队内部管理制度的一个核心部分,是团队成员获得公平利益的保证。公是公,私是私,因公花销大家都要开收据而后入账,实行钱账分管、例会报账,严格控制报销的制度。

作为创业团队内部控制的关键环节,创业团队内部财务制度随着创业团队制度的逐步建立而日益显现其重要性。

如何建立比较完善的财务制度需要团队成员共同探讨,一般会计和出纳由两个人来担任,剩余的人做监督员,会计可以是专职,其余兼职即可。团队财务是个细活,需要安排能耐得住寂寞、细心耐心有财务功底的成员来做会计。

(5)进入退出结算制度。创业团队的管理应该是严肃的,从起始的进入就应该用规范的合同约束,明确规定进入有什么权利和义务,退出应负什么责任。要高门槛,要"严"入,一定不能松入,然后再花大力气磨合,培养习惯爱好及价值观;进入以后要"宽",宽不代表纵容,而是指宽容,企业家精神的核心就是宽容失败,鼓励创新,鼓励尝试;退出要"决",坚决快刀斩乱麻,不合群因素坚决剔除,决不留后患。

二、创业营销

创业营销,即创业者把握市场机遇,在获得人力资源与产品资源后将产品或服务推向市场的营销行为。创业营销是包括企业建立直至获利的整个动态营销过程。创业者需要积极主动地甄别机会,开发市场,利用创新手段来开发潜在客户并加以维系。

1. 树立创业营销理念

大学生在创业过程中要充分意识到营销理念的重要性,认识到营销理念是营销成功与否的决定因素,从而在企业内部深化营销理念,建立以市场需求为准的营销理念。这对于大学生创业企业的健康、稳定、可持续发展有着至关重要的作用。大学生创业企业要获得成功的市场营销就需要企业内部不同的部门相互配合,相互合作,同时争取销售商的尽力配合,在充分兼顾销售商的需求下调动企业员工工作的积极性是营销成功的关键。

2. 明确营销市场定位

市场定位是企业营销的重要工作之一,要明确市场定位就需要对市场进行细分,并且判断企业在目标市场中所处的位置,进而根据自身的实力与顾客的需求来帮助企业在市场中精确划分自身位置。目标市场定位必须要做到精确清晰,大学生创业人员可以选择空当定位法、产品使用对象定位法等方法来明确市场定位。

3. 加强产品设计

大学生要积极发挥创意,首先要做好产品的设计。产品是一个初创企业非常重要的核心竞争力,可以是实际的产品,也可以是虚拟产品,但是需要注意的是,这个产品必须要满足一定的市场需求,只有满足消费者的需求,才会有消费者买单。在进行产品设计时,要将产品的研发、销售等看作一个一体化过程,重视消费者的反馈意见。比如当前有的大学生进行游戏开发的创业,这种产品就是一种虚拟产品,但是有很庞大的消费群体。在创业的过程中,应该对游戏玩家的需求进行调研,从而在玩家的反馈中不断调整产品的设计,不断更新,使得游戏开发的成果能够更加符合用户的使用习惯,为消费者所接受和喜欢。

4. 加强新型营销模式的应用

在创业的过程中,如果没有新媒体的营销,则很难对大学生创办的企办进行有效的推广。在新时期,大学生创业的营销要找准方向,要树立企业品牌,并且要对品牌的价值进行提升和推广,使大学生创业的价值得到有效的展示。为了实现这一目的,首先市场营销人员应该要有敏感的现代市场营销意识,比如可以结合当前社会上发生的一些热点事件,找到事件的突破点,从中挖掘出与企业有关的内容,从而借助各种事件进行营销。这种市场营销方式又叫做事件市场营销,通过新媒体对各种事件进行传播和报道,从而实现有效的宣传和推广。在这个过程中,网络媒体扮演了重要的角色。市场营销的立足点首先应该是满足大众的诉求,其次才是利益。可以通过网络媒体进行市场调研,在营销的过程中倡导一种正能量,不要歪曲现实,也不要产生负面的舆论,使人们能够加深对大学生初创企业的良好印象,达到市场营销的目的。在这个过程中,营销人员要随时对市场动态以及人们的需求进行了解,从而才能找准营销的方向。

三、创业融资

创业资金的筹集无疑是阻碍大学生创业成功的一大拦路虎。创业融资的风险是大学生在创业初期不得不慎重考虑的问题。那么大学生创业融资的方式主要有哪些呢?

1. 政策基金

政府提供的创业基金通常被称为创业者的"免费皇粮"。优势:利用政府资金,不用担心投资方的信用问题;政府的投资一般都是免费的,降低或者免除了融资成本。劣势:申请创业基金有严格程序要求;政府每年的投入有限,融资者需面对其他融资者的竞争。

2. 高校创业基金

高校为鼓励、促进大学生创业,大多数都设立相关的创业基金以鼓励本校学生进行创业尝试。优势:对于大学生这个群体而言通过此途径融资比较有利。劣势:资金规模不大,支撑力度有限,面向的对象不广。

3. 亲情融资

亲情融资即向家庭成员或亲朋好友的筹款。优势:这个方法筹措资金速度快,风险小,成本低。劣势:向亲友借钱创业,会给亲友带来资金风险,甚至是资金损失,如果创业失败可能影响双方感情。

4. 金融机构贷款——银行小额贷款

银行贷款被誉为创业融资的"蓄水池"。优势:银行财力雄厚,融资相对容易。劣势:手续烦琐,需要经过许多"门槛",任何一个环节都不能出问题。

5. 合伙融资

寻找合伙人投资是指按照"共同投资、共同经营、共担风险、共享利润"的原则,直接吸收单位或者个人投资合伙创业的一种融资途径和方法。优势:有利于对各种资源的利用和整合,增强企业信誉,尽快形成生产能力,降低创业风险。劣势:很容易产生意见分歧,降低办事效率,也有可能因为权利与义务的不对等而产生合伙人之间的矛盾,不利于合伙基础的稳定。

6. 风险投资

风险投资是一种融资和投资相结合的全新投资方式,是指创业者通过出售自己的一部分股权给风险投资者获得一笔资金,用于发展企业、开拓市场。当企业发展到一定规模时,风险投资者出卖自己拥有的企业股权获取收益,再进行下一轮投资。许多创业者就是利用风险投资使企业度过幼小阶段。优势:有利于有科技含量、创新商业运营模式、豪华团队背景和现金流良好、发展迅猛的项目融资。劣势:融资项目有局限。

7. 天使基金

天使投资是自由投资者或非正式风险投资机构,对处于构思状态的原创项目或小型初创企业进行的一次性的前期投资。优势:民间资本的投资操作程序较为简单,融资速度快,门槛也较低。劣势:很多民间投资者在投资的时候总想控股,因此容易与创业者发生一些矛盾。

第二节　初创企业财务管理

营销固然重要,但是营销的策划和实施过程及结果还是要靠收入和费用说话;投资和融资的多少,投资额需要多大,将花费的融资成本是多少,投融资的效益怎样等问题都需要用数据来解释,而财务管理正是处理数据,通过数据测算和数据间的关系考察企业的经营业绩并利用数据指导管理。

一、什么是财务和财务管理

1. 财务的概念

在现代社会中,任何组织都要依靠货币来运行。货币几乎触及我们所做的每一件事。财务就是从事与货币有关的包括决策和执行的交易活动。如果创业者想要创办自己的企业,为了生存必须掌握财务概念,需要懂得很多财务知识;即使创业者并没有打算从事与财务专业相关的职业,但是懂得一些基本的财务概念对于日常的公司经营决策是很重要的。在企业中,与货币有关的活动称作资金运动或资金周转。资金这一概念,如果从企业资金的具体形态方面来理解,是指企业的资产,包括财产、债券和权利等。也就是说,资金既有有形的物质形态,如企业的现金、各类存货、厂房和设备等,还有无形的表现形态,如应收及预付款项、债券、专利权、商标权、特许经营权、商誉等无形资产。如果从资金来源性质上解释,资金是指企业的负债和所有者权益或者股东权益。负债代表企业和向企业提供债务性资金的债权人之间存在信用关系,企业必须按期偿还本金,有些债务还需支付利息。所有者权益包括企业的所有者或者股东投入的本金、企业从净利润中留存的盈余以及属于所有者的共有资本,它们表明企业所有者拥有的权利,是一种剩余要求权。广义的财务,既包括上述与货币相关的活动,还包括会计。本节侧重于货币相关的业务决策和执行的交易活动,基本不涉及财务会计实务。

任何企业从事生产和经营活动的主要目的都是获得利润以谋求自身价值的扩大,寻求发展,从而满足各个利益相关者的要求。企业创立初期就要筹集资本,然后把筹到的钱投到能产生经济利益的方方面面。新创立企业的投资活动包括购置或者租赁各种机器设备,购建或者租赁厂房、建筑物,购买专利、许可证等。新创立的企业日常管理活动更为频繁,如日常商务和行政事务、文件的处理和数据的汇总与编辑、研究和开发活动以及法律服务等都需要资金的支持。企业财务包括筹集资金活动、投放资金活动等,以及由此产生的各种财务关系。

2. 财务管理

企业的财务管理是为了解决在资金稀缺和存在风险的条件下如何有效筹资和投资的问题。资金的筹集管理和资金的投放管理是企业财务管理的两个基本内容。可靠的资金来源、合理的资本结构、恰当的资产组合及其运用和控制,是企业生产经营按照既定目标运行的基本条件和手段。企业充分发挥财务管理的作用,能直接和间接降低资金循环周转中存在的风险和成本,从而保证增加收入和提高经济效益。概括而言,财务管理就是企业有效地获取资金并合理地投入使用。

二、初创企业财务管理的基本内容

1. 资金筹集管理

筹集资金是企业生产和经营的起点和前提。在财务管理中,涉及融资的内容主要有:分析并确定资本结构,确定短期资金来源和长期资金来源的形式和渠道,使企业所筹资本的成本最小,风险和报酬达到均衡。同时,建立股本金的管理制度,以维护企业的所有者和债权人的经济利益。企业在融资时首先要确定筹资的规模。贷款融资的企业应考虑日后每期支付利息的现金流如何,否则,拖欠利息会损害企业的信誉,给日后再贷款造成不良影响甚至再也无法借到款项。创业期的企业应分不同发展阶段提前制定相应的融资方案,初创期主要遵循商机来驱动融资的原则并量力而行。企业有了初步的市场后,为满足自己产品或者服务的市场日益增长的需求,要对下一轮融资和以后的几轮融资做超前估计和安排。

2. 固定资产投资管理

固定资产是企业最重要的资产,固定资产投资具有投资额大、成本回收时间长等特点,对它投资的成败直接关系到企业的命运。因此,固定资产投资的决策分析在财务管理中占首位。初创企业开始添置设备等固定资产时需考虑资金情况和未来经营的变化,不可一步到位把想到的所有设备都购置齐全。财务管理中的固定资产投资管理主要侧重在:根据市场情况和企业发展规划确定固定资产的需要量,对增加和追加固定资产投资的各项方案或者固定资产重置方案进行分析评价和决策等。

3. 红利政策的制定

红利政策制定的好坏既关系到企业的融资和市场价值问题,又涉及企业能否恰当处理与股东、债权人及其他利益相关者之间的关系。因此,企业要十分重视红利政策的制定。红利政策包括红利支付程序、红利再投资计划、红利股利等内容。中小微企业在初创期通常不分发红利,到了成长期并转入高速发展期的时候才去派发红利,这主要是为了保证企业在初创期的生存和快速发展。

4. 营运资本管理

营运资本管理的主要目的在于使企业资金保持充足的流动性,以使企业价值达到最大,因此,企业应当使流动资产和流动负债各个项目之间保持均衡。营运资本管理的内容有流动资产的投资政策和融资政策的制定、现金及可交易证券的管理、应收账款管理、存货管理、商业信用管理、各种短期融资方式的管理等。

三、创业者财务管理分析

创业企业的投资者最关心的未来问题:一个是产品或服务项目的经济效益,另一个就是资本的回收和退出。财务部分的介绍主要涉及企业未来经济效益的产生和测算过程,包括创业企业未来的资金估算、投资预算、资金的来源、成本的预算、收入的预测、经济效益指标分析和数值说明等。

具体包括如下内容:

（1）投资预算和资本结构;

（2）营业收入预测、成本费用预测和利润估计值；

（3）预计财务报表，包括预计资产负债表、预计利润表和预计现金流量表，必要时提供一份较明细的财务预算表；

（4）经营保本点分析和经营风险分析及其解释；

（5）未来盈利能力分析及其解释；

（6）未来资产营运能力分析及其解释；

（7）未来资产流动性分析及其解释；

（8）未来总资产回报率和所有者权益回报率分析及其解释；

（9）发展能力分析及其解释。

创业者正确的态度：财务部分的预测，估计值应当是一个比较保守的数据，不可盲目乐观。在创业计划书里，最好对投资人敏感的指标如营业收入预测、成本预测和利润估计值，以及总资产回报率和所有者权益回报率等分别做出最好情况、最差情况和最可能情况的预测数值。而预计财务报表只按照最有可能发生的那种情况编制提供。这种做法，可以看出创业企业对未来的估计、预测还是建立在一个比较客观和比较扎实的数据基础上的。创业计划书的阅读者也可以看出创业者的努力和诚意。

四、初创企业财务管理的基本方法

1. 财务预测和财务计划方法

财务预测和财务计划是企业的资金筹集管理和资金投放管理的重要手段。财务预测是根据财务活动的历史资料、现实条件以及未来的变动因素等，运用专门的方法对企业未来的财务状况及经营成果的变化程度和趋势进行估计与预算，目的在于为各项资金投放决策和筹资决策、编制财务计划、进行财务控制提供依据。企业财务预测的主要内容包含销售预测和利润预测等。财务预测的环节：确定预测目标、拟定预测方案、收集和整理预测资料、进行具体的测算和分析预测结果。

2. 财务决策方法

决策是企业现代经营管理的核心。财务决策贯穿于财务管理始终。正确的财务决策是财务工作达到预期目标的重要环节，并首先保证财务活动的顺利开展和代理关系的有效协调；反之，财务决策失误，则会对财务活动乃至企业生产经营活动产生不利影响，使得企业处于被动地位，甚至造成不可挽回的损失。

财务决策的内容主要有融资结构决策、固定资产投资决策、运营资本管理政策的确定、资金来源渠道和方式的选择、红利政策决定和各项流动资产最佳占有水平的确定等。财务决策主要根据财务预测所提供的各个方案，特别是销售水平预测的方案做出。企业财务管理人员根据一个未来最有可能实现的利润和销售的预测方案编制预计财务报表，确定各类资产的分布，然后再按照现有资金情况，进一步确定所需筹措的资金总量、筹资方式和最佳资本结构等。企业财务决策的方法既有严谨的数学模型，也有定性的描述方法。

3. 财务分析方法

财务分析主要是运用财务报表等资料对企业财务决策和财务计划的执行结果所做的分析

和评价。财务分析必须利用财务报表及相关数据资料,运用专门方法,有目的地分析企业过去的经营业绩并评价当前的财务状况和现金流量,并通过与计划指标、历史情况和同行业指标相比较,揭示企业财务中存在的问题并找到原因,提出解决的方案。从财务管理工作的程序上看,财务分析一般是财务管理最后阶段的工作,但是从企业持续经营和寻求发展的角度看,财务分析是下一轮财务管理工作的起点,因为财务分析的结果能反映企业过去财务决策的得与失。

财务分析法包括比率分析法和现金流量分析法。两种方法可以评价企业短期偿债能力的流动性,揭示财务杠杆利用程度和资产管理效果,考察企业发展潜力和所有者及其他利益相关者要求的获利能力、现金流量等。

4. 财务控制方法

为了实现财务决策规定的目标,企业应按照财务计划对财务活动进行经常、系统的控制。财务控制方法包括:

(1)将财务计划的各个指标进行分解和归口,落实到每个部门和人。

(2)健全各项财务活动的日常记录制度和标准,随时检查财务活动以把握其动态。

(3)预先确定纠正偏差的具体措施,以便在发生偏差时及时调整。

(4)健全责权利及相关薪酬的财务制度。

五、大学生实际创业财务管理案例

某大学生的创业项目:微学堂——基于微信小程序和微信公众号实现的多元化学习系统。微学堂完美地连接课堂和课后、学习与生活,旨在为学生营造良好的学习交流环境,为教师提供更加快捷有效的教学服务。微学堂在签到的基础上扩展研发出学习资源共享,线上线下(学生与学生,学生与老师)学习互动交流。利用 ibeacon 的先进技术,大力挖掘数据,最优化处理打包数据。

下面是该项目财务管理的简单方案:

1. 资金运用比例

公司注册费用、公司网站的开发费用与维护费用、管理费用、流动资金、固定资产费用、员工薪酬、广告宣传费用及占比如表 15-1 所示。

表 15-1　资金运用比例

项目	金额	比例
公司注册费用	10 万	3.3%
网站开发与维护	40 万	13.3%
管理费用	20 万	6.7%
流动资金	60 万	20%
固定资产费用	50 万	16.7%
员工薪酬	50 万	16.7%
广告宣传费用	70 万	23.3%
合计	300 万	100%

2. 资金来源分析

公司注册资金 500 万元,结构规模如表 15-2 所示。后期公司资金来源主要靠系统软件的使用和后续的技术升级服务费用。

表 15-2　资金来源分析　　　　　　　　　　　单位:元

项目	公司外部	公司内部	
		团队其他人入股	计划人入股
金额	250 万	100 万	150 万
比例	50%	20%	30%

3. 投资收益

主要假设:公司的设备供应商的信誉足够好,设备到货、安装、调试在 3 个月内完成,生产中能够保证产品质量,投资现金流表如表 15-3 所示。

表 15-3　投资现金流表　　　　　　　　　　　单位:万元

时间 项目	初期	第一年	第二年	第三年	第四年	第五年
固定资产投资	6.35					
流动资金	5.00					
销售收入		57.90	115.8	173.7	231.6	231.6
变动成本		24.60	48.40	72.00	95.60	95.60
固定成本		6.00	8.00	15.00	22.00	29.00
税前利润	0.00	27.30	59.40	86.70	114.0	114.0
税收		10.37	22.57	32.95	43.32	43.32
税后利润 + 折旧	0.00	16.93 0.60	36.83 0.60	53.75 1.20	70.68 1.20	70.68 1.80
无形资产摊销		0.00	0.00	0.00	0.00	0.00
净现金流量	5.00	16.33	36.23	52.55	69.48	68.88

注:前半年为建设期(初期),后半年投入生产,计入第一个会计年度。

租赁办公用地,选址在中小型企业孵化基地创业,付租金装修后即可运营。

投资净现值:

$$NPV = \sum_{t=1}^{n} (CI - CO)(1+i)^{-t}$$

式中,NPV 是净现值,CI 是第 i 年收益,CO 是第 i 年支出,i 是基准收益率,t 是投资期,n 是总投资期数。

考虑到目前资金成本中等,以及资金的机会成本和投资的风险性等因素,i取10%(下同),此时,$NPV=400.16$(万元),远大于零。计算期内盈利能力很好,投资方案可行。

投资回收期:

回收期 = 累计净现值出现正值年数 −1+(未收回现金 / 当年现值)

通过净现金流量、折现率、投资额等数据用插值法计算,投资回收期为四年,投资方案可行。

内含报酬率:

根据现金流量表计算内含报酬率(IRR)如下:

$$NPV(IRR) = \sum_{t=1}^{n} (CI - CO)(1 + IRR)^{-t} = 0 \Rightarrow IRR = 92\%$$

内含报酬率达到92%,远大于资金成本率10%,主要因为本产品优质低价,使得销售利润率较高,而且,前5年内市场增长性很好。

4. 投资回报

根据对未来几年公司经营状况的预测,公司能保持较高的利润增长,拟从净利润中提取合理比例的资金作为股东回报。为此,公司第一年不分红,第二年以后每年分红。

第三节　大学生创业存在的风险及防范

风险是指在一定条件下和一定时期内,由于各种结果发生的不确定性而导致行为主体遭受损失的大小以及这种损失发生可能性的大小。创业风险是指企业在创业过程中存在的风险,是指由于创业环境的不确定性、创业机会与创业企业的复杂性,创业者、创业团队与创业投资者的能力与实力的有限性而导致创业活动偏离预期目标的可能性。

一、大学生创业存在的风险

大学生创业既存在着一般创业风险,同时大学生作为创业的一个特殊群体,受教育背景、社会环境与创业政策的影响,又具有与众不同的风险特征。

大学生创业存在的风险主要体现在6个方面,分别是机会风险、资金风险、技能风险、资源风险、管理风险以及环境风险。

1. 机会风险

创业的机会风险是指创业者能否在选择创业项目时做出正确的决定,抓住正确的方向。如果对机会把握不准或者推理偏误,则会使创业在开始就面临方向错误的风险,也会存在由于创业而放弃原有学业所面临的机会成本风险,或者选择创业就放弃了就业的选择,也是该阶段存在的风险。

2. 资金风险

资金风险是指因资金不能适时地筹集和供应而导致创业失败的可能性。可以说,资金风险贯穿在创业活动的整个过程。当今社会,白手起家的创业奇迹越来越少,如果没有足够的流动资金,很可能会导致在创业初期就遭遇失败,资金风险普遍是创业前期的"命门"。大学生更是缺乏财务分析能力,在资金管理上表现出明显的不足,相当多的大学生创业企业会在创办初期因资金紧缺而严重影响业务的拓展,甚至错失商机而不得不关门停业。

3. 技能风险

大学生从象牙塔走出来,还未实现由"学校人"向"社会人"的完全转变,年龄、阅历、心理等与有社会经验的人相比处于劣势。创业本身是一个复杂的系统工程,市场不会因为创业者是学生就网开一面,在单纯的校园环境中成长起来的大学生,在面对社会和市场时,比有社会经验的人更容易迷失和迷茫,思考问题理想化,对困难估计不足。大学生还缺乏创业必备的知识和能力,不了解创业的相关政策法规。大学生创业基本技能的匮乏直接影响创业成功。

4. 资源风险

这里所说的资源风险主要是由于社会资源贫乏而产生的风险。大学生创办企业、开拓市场、产品或服务宣传等工作都需要调动社会资源。但是大学生在校期间进行创业策划所能利用的社会资源相对较少,有老师、同学的帮助支持,无须太多宣传公关。当走入社会实施创业时,在宣传广告、市场营销、工商税务、融资租赁、生产服务等方面将会遇到很多挫折和困难,耗费很大精力。

5. 管理风险

由于长期接受应试教育,不熟悉经营"游戏规则",一些大学生创业者虽然在技术上出类拔萃,但财务、营销、采购、广告、管理等方面的能力普遍不足。大学生有理想与抱负,但初涉商场,知识单一,又缺乏实践经验,往往受困于决策随意、信息不通、理念不清、用人不当,对具体的市场开拓缺乏相关的经验与知识。在这种情况下,大学生创业就会遇到各种不可预见的问题,很可能会使创业者犯一些低级错误,导致创业困难。

6. 环境风险

环境风险是指在创业过程中由于环境发生变化而给创业带来的利益损失。这一风险也贯穿在创业的过程中,但在中、后期的表现更为突出,一旦发生,可能给企业带来致命的打击。特别是高技术产品的创新活动,由于所处的社会、政治、政策、法律环境变化或由于意外灾害发生而导致失败的可能性更大,而且对于这种变化,创业者自身是无法改变的。

二、大学生创业风险产生的原因

从外部环境来看,职业精神和道德秩序的缺失是形成创业风险的前提。一个成熟的、健康的竞争生态圈,不是简单地在政府所提供的若干法律、法规的框架内追求利益,它更应该体现为法律与道义传统、社会行为规范的整体协调。目前对中国的创业者们来讲,要想事业成功并成为这个社会和时代的主流,最重要的工作是塑造中国企业家的职业精神和重建中国企业的道德秩序。企业家及创业者以道德为约束,以诚信、平等、公正、公开为信条,创造中国特色的商业环境也是我们这一代大学生创业者的责任与义务。

从内部环境来看,创业者决策的独断和无制约;企业盲目的扩张和多元化;创业者一夜暴富的投机性;内部管理不善,创办人缺少必要的经营企业的经验,财务上没有遵循审慎原则;错误用人等一系列的问题,使得创业时时有风险、处处有风险。

从大学生创业者自身来看,大学生创业中容易出现以下情况:

第一,眼高手低,盲目乐观。比尔·盖茨的神话使 IT 业、高科技行业成为大学生眼中的创业金矿,以至于不少学生不屑于从事服务业或技术含量较低的行业。大学生如果对自身经验和能力认识不足,对创业的期望值又过高,则很容易失败。

第二,纸上谈兵,经验不足。缺乏经验是目前大学生创业中普遍存在的问题,不少大学生创业者不习惯对其产品或项目做市场调查,而是进行理想化的推断,例如:"如果有 3 亿人需要我们的产品,每件售价 100 元,我们就有 300 亿元的销售市场"这种推断方法是站不住脚的,而且常常起着误导作用。

第三,单打独斗,缺乏合作。在强调团队合作的今天,创业者想靠单打独斗获得成功的概率正大大降低。团队精神已成为不可或缺的创业素质,风险投资商在投资时更看重有合作精神的创业团队。如今大学生一般都有个性,自信心较强,在创业中常常自以为是、刚愎自用,这些都影响了创业的成功率。

另外,大学生创业时资金准备不足、市场应变不灵、法律意识淡薄、对创业项目缺乏深度审视、对市场前景缺乏理性评估等,都是造成创业风险的重要原因。

三、大学生创业风险防范

风险的存在是必然的。面对风险,大学生要克服畏难情绪和惧怕心理,胆子要大,步子要稳,要迎着风险,迎着困难上。大学生创业应在以下方面做好风险的防范。

1. 提升大学生自身能力和素质

大学生创业所存在的风险往往是由大学生这个特殊的群体在创业过程中具有的劣势造成的,因此想要规避风险,就必须从实际出发,提升大学生自身能力,具备各项创业所需的技能与素质。分析众多大学生创业成功的案例,可以将他们的成功归因于以下几方面的能力:创新能力、策划能力、组织能力、领导能力、管理能力以及公关能力。只有同时具备这几方面的能力,大学生在创业中才能技高一筹,降低失败的概率。

2. 准备好创业必备的硬件

俗话说:"巧妇难为无米之炊",没有充分的硬件准备,再好的创意也难以转化为现实的生产力,再优秀的人才也没有用武之地。大学生创业所需要具备的硬件主要是经验、资本和技术。经验的积累避免陷入眼高手低、纸上谈兵的误区;资金为成功创业建立物质基础;技术则是大学生想要在高科技领域占有一方天地的王牌。

3. 进行风险意识教育

各高校可以有计划地开设关于创业风险的课程,通过实际案例理性分析创业活动的复杂性,让大学生能够清醒地认识到创业过程中存在的风险,以及如何防范和应对风险,指导大学生在创业前期、创业当中合理对待和化解创业风险,促进大学生创业能力的自我培养和技能的提高。

4. 了解政策和相关法律

近年来,为支持大学生创业,国家各级政府出台了许多优惠政策,了解这些政策,才能走好创业的第一步。同时要学习相关的法律知识,如工商注册登记、经济合同和税务等法律知识。这些是大学生创业过程必备的知识。只有懂法、守法,并依据法律保护自己的合法权益,才能确保大学生们的创业稳健与长久。

当然,真正实际操作进行创业时,无论是创业前期的准备、创业中期的运行还是创业后期的完善,都有许多问题需要注意。在创业前期,要谨慎选择项目,避免盲目跟风,合理组建团队,注重实践磨炼,切忌准备不足;在创业中期要强化内部管理,培养骨干队伍,积极参与竞争,杜绝急功近利,加强内涵建设,创立品牌形象;在创业后期,面对"守业"的艰巨任务,要懂得建立激励机制,凝聚创新人才,尝试权力授予,完善组织架构,逐步合理扩张,健全制约机制。如此,才能算得上成功创业。

 本章小结

初创企业管理并非易事,会遇到各种各样的问题。本章详细介绍了初创企业的前期管理特点及主要管理策略,特别介绍了团队、营销、资金、管理等方面的知识。此外,还介绍了大学生创业存在的风险隐患及防范的方法,希望能够切实帮助大学生成功创业。

复习思考题

- 1. 如何开展创业营销?
- 2. 创业融资的方法有哪些?
- 3. 大学生创业风险防范的方法有哪些?

◆ 即测即评

参考文献

1. 王颖娜,申承林.职业人格:工匠精神培育的基础和关键.中国职业技术教育,2017（20）:91-96.

2. 郑雪.人格心理学.广州:暨南大学出版社,2007.

3. 罗伯特·里尔登,珍妮特·伦兹,加里·彼德森,等.职业生涯发展与规划.4版.侯志瑾,等译.北京:中国人民大学出版社,2016.

4. 钟思嘉.生涯咨询实战手册.北京:中国轻工业出版社,2010.

5. 钟谷兰,杨开.大学生职业生涯发展与规划.上海:华东师范大学出版社,2008.

6. 林少波.毕业5年决定你的一生.北京:中国华侨出版社,2011.

7. 崔颖.大学生职业生涯规划教育体系研究.北京:首都经济贸易大学,2012.

8. 王方全.生涯教育,让学生更理性.教育科学论坛,2018（2）.

9. 蒋承勇.大学生职业发展规划与就业创业指导.北京:高等教育出版社,2015.

10. 胡恩立.大学生职业生涯规划与就业指导.北京:清华大学出版社,2013.

11. 王珍,张树桂,张福珍,等.职业指导.北京:地质出版社,1995.

12. 黄希庭,张进辅,李红.当代中国青年价值观与教育.成都:四川教育出版社,1994.

13. 国家职业分类大典和职业资格工作委员会.中华人民共和国职业分类大典.北京:中国劳动社会保障出版社,1999.

14. 刘爱东.决策理论与方法.北京:经济科学出版社,2012.

15.《上海教育》编辑部.上海高校毕业生就业工作实务与研究文集.上海:中西书局,2017.

16. 大学生毕业流程:大学生就业基本权益保护.中国教育在线网站,2014-04-23.

17. 邸飞,李健.3分钟说求职[M].北京:光明日报出版社,2021.

18. 小红书的博主们.新潮职业[M].北京:人民邮电出版社,2022.

19. 盖尔·拉克曼·麦克道尔.程序员面试金典[M].6版修订版.刘博楠,赵鹏飞,李琳骁,等译.北京:人民邮电出版社,2023.

后记

    本教材根据教育部和上海市教委相关文件、大学生职业生涯规划与就业创业指导教学实践需要而组织编写。参加编写的人员为上海海洋大学长期从事职业生涯规划和就业创业指导工作的一线教师。他们中有的有丰富的大学生职业、就业、创业方面的教学经历,有的开展了形式多样的职业生涯规划、就业创业指导和咨询工作,为大学生们提供了充实和丰富的人生经验和成长指导。本书为配合高校职业生涯规划和就业创业指导课程的配套教材,包含生涯规划、就业指导和创业启蒙三部分内容,高校可根据实际情况选择使用。

    本教材撰写分工如下:

前言　孙红刚

第一章　职业生涯规划导论:王梦昭　晏萍

第二章　认识自我:矫璐蔚

第三章　了解环境:陈星

第四章　职业决策:张亚琼

第五章　职业生涯规划书:陆烨

第六章　大学生职业生涯规划管理:胡娜

第七章　大学生就业指导导论:商利新

第八章　大学生就业制度与就业政策:王方方

第九章　大学生求职择业准备:刘海为

第十章　大学生求职择业的方法与技巧:成茜　孙红刚

第十一章　大学生就业权益与法律保障:邓高燕

第十二章　大学生职业适应与职业发展:刘鹏

第十三章　大学生创新创业导论:张宇峰　王位　罗汝坤

第十四章　大学生创业过程:闫咏　翟斯凡　张宇峰

第十五章　大学生创业运行管理与风险评估:闫咏　李杰　陈少华

    孙红刚和罗汝坤总体负责全书的编写组织和内容结构体系设计,并负责最后的综合审定工作。晏萍、张宇峰和刘鹏分别负责生涯规划、就业指导和创业启蒙的编写组织工作及统稿、初审工作。

    一线教师付出非常多的时间和精力编写本书,非常感谢他们能够牺牲照顾家庭的时间精心编撰,为此,他们倾注了大量心血,融入了多年的教学心得和工作经验,使得本书内容翔实,富有内涵,特色十足。希望本书的出版和使用能够为高校职业生涯规划和就业创业指导工作做出贡献。

由于编者水平和能力有限,疏漏和不足之处在所难免,敬请有关专家、同行和读者不吝指教,编者将在以后的再版修订中一一补足。

编者

2023 年 12 月 15 日

教学支持说明

建设立体化精品教材，向高校师生提供整体教学解决方案和教学资源，是高等教育出版社"服务教育"的重要方式。为支持相应课程教学，我们专门为本书研发了配套教学课件及相关教学资源，并向采用本书作为教材的教师免费提供。

为保证该课件及相关教学资源仅为教师获得，烦请授课教师清晰填写如下开课证明并拍照后，发送至邮箱：yangshj@hep.com.cn，也可加入 QQ 群：184315320 索取。

编辑电话：010-58586042。

证　　明

兹证明_____大学_____学院/系_____专业
第_____学年开设的_____课程，采用高等教育出版社出版的
《_____》(_____主编)作为本课程教材，授课教师为
_____，学生_____个班，共_____人。授课教师需要与本书配套的课件及相关资源用于教学使用。

授课教师联系电话：_____ E-mail：_____

学院/系主任：_____(签字)

(学院/系办公室盖章)

20_____年____月____日

郑重声明

高等教育出版社依法对本书享有专有出版权。任何未经许可的复制、销售行为均违反《中华人民共和国著作权法》，其行为人将承担相应的民事责任和行政责任；构成犯罪的，将被依法追究刑事责任。为了维护市场秩序，保护读者的合法权益，避免读者误用盗版书造成不良后果，我社将配合行政执法部门和司法机关对违法犯罪的单位和个人进行严厉打击。社会各界人士如发现上述侵权行为，希望及时举报，我社将奖励举报有功人员。

反盗版举报电话　（010）58581999　58582371

反盗版举报邮箱　dd@hep.com.cn

通信地址　北京市西城区德外大街4号　高等教育出版社法律事务部

邮政编码　100120

防伪查询说明

用户购书后刮开封底防伪涂层，使用手机微信等软件扫描二维码，会跳转至防伪查询网页，获得所购图书详细信息。

防伪客服电话　（010）58582300

网络增值服务使用说明

使用微信扫描本书内置的二维码，输入封底防伪二维码下的20位数字进行微信绑定后即可免费访问相关资源。（只需输入一次，再次使用不必输入。注意：微信绑定只可操作一次，为避免不必要的损失，请您刮开防伪密码后立即进行绑定操作！）